*JESUS
DIE SIEBEN WUNDER SEINER
WELTGESCHICHTE*

# Jesus
# Die sieben Wunder
# seiner WeltGeschichte

David Pawson

Anchor Recordings

Copyright © 2021 David Pawson Ministry CIO

JESUS - Die sieben Wunder seiner WeltGeschichte
English title: JESUS: The Seven Wonders of HIStory

David Pawson ist gemäß dem Copyright, Designs and Patents Act 1988 der Urheber dieses Werkes.

Alle Rechte vorbehalten.

Herausgeber der deutschen Ausgabe 2021 in Großbritannien:
Anchor, ein Handelsname von David Pawson Publishing Ltd.
Synegis House, 21 Crockhamwell Road,
Woodley, Reading RG5 3LE UK

Dieses Werk ist urheberrechtlich geschützt. Ohne vorherige schriftliche Genehmigung des Verlages darf kein Teil dieses Buches in irgendeiner Form vervielfältigt oder weitergegeben werden. Das betrifft auch die elektronische oder mechanische Vervielfältigung und Weitergabe, einschließlich Fotokopien, Aufzeichnungen und Systemen zur Informations- und Datenspeicherung und deren Wiedergewinnung.

Weitere Titel von David Pawson, einschließlich DVDs und CDs:
**www.davidpawson.com**

KOSTENLOSE DOWNLOADS:
**www.davidpawson.org**

Weitere Informationen:
**info@davidpawsonministry.com**

# ISBN 978-1-913472-54-2

Gedruckt von Ingram

# INHALT

Vorwort: WESSEN GESCHICHTE? — 9

1 **Das Wunder seiner GEBURT** — **21**

2 **Das Wunder seines TODES** — **57**

3 **Das Wunder seines BEGRÄBNISSES** — **101**

4 **Das Wunder seiner AUFERSTEHUNG** — **125**

5 **Das Wunder seiner HIMMELFAHRT** — **157**

6 **Das Wunder seiner WIEDERKUNFT** — **191**

7 **Das Wunder seines GERICHTS** — **215**

Nachwort: DEINE GESCHICHTE? — 237

Dieses Buch entstammt einer Serie von mündlichen Vorträgen. Da es die gesprochene Sprache zur Grundlage hat, unterscheidet es sich im Stil von meinen anderen Büchern. Diese Tatsache wird hoffentlich niemanden davon abhalten, die biblischen Inhalte, die darin enthalten sind, auf sich wirken zu lassen. So wie sonst auch, empfehle ich dem Leser, alles, was hier geschrieben steht, mit dem Wort Gottes zu vergleichen, und, falls sich irgendwelche Konfliktpunkte ergeben sollten, der klaren Lehre der Schrift zu vertrauen.

*David Pawson*

# VORWORT
## Wessen Geschichte

Reg war leitender Bilanzbuchhalter bei der British Overseas Airways Corporation (BOAC), dem Vorgänger von British Airways (BA). In seiner Freizeit leitete er eine Pfadfindergruppe. Er lebte mit seiner Familie in Buckinghamshire. Er hatte drei Söhne, von denen einer auf tragische Weise ums Leben kam, als er bei der berühmten Fastnet-Regatta von Bord einer Segeljacht gespült wurde, als diese unerwartet von einem Brecher im stürmischen Atlantik getroffen worden war. Die fünfköpfige Familie besuchte unsere Kirchengemeinde in Chalfont St. Peter. Die meisten hätten ihn für einen guten Christen gehalten, aber da lagen sie falsch.

Er sang mit uns kein einziges Kirchenlied mit, sondern stand mit verschlossenen Lippen still da. Als ich ihn einmal darauf ansprach, sagte er mir, dass er nicht unehrlich sein und nicht etwas singen wolle, was er nicht glaube. Seine Ehrlichkeit machte großen Eindruck auf mich, und mein Respekt ihm gegenüber nahm zu. Seitdem unterlasse auch ich es, etwas mitzusingen, wozu ich nicht stehe. Diese meine Zurückhaltung hat zugenommen, seitdem eine Flut von neuen Liedern im Gottesdienst gesungen wird, die immer sentimentaler und immer weniger schriftgemäß sind.

An irgendeinem Sonntag, kurz nachdem ich Pastor der Kirchengemeinde geworden war, bemerkte ich, wie er aus ganzem Herzen kräftig mitsang. Da wusste ich, dass er zu einem „richtigen" Christen mit einem persönlichen Glauben geworden war. Er war der erste Mann, den ich jemals in einer Erwachsenentaufe durch Untertauchen getauft habe (ein paar Minuten vorher hatte ich meine eigene Ehefrau getauft).

Ich forderte ihn auf, von der Kanzel aus sein „Zeugnis" zu erzählen (d.h. die Geschichte seiner Bekehrung). Und genau das waren seine Worte: „Ich glaube an Gott, den Vater, den Allmächtigen, den Schöpfer des Himmels und der Erde. Und an Jesus Christus, seinen eingeborenen Sohn, unsern Herrn, empfangen durch den Heiligen Geist, geboren von der Jungfrau Maria, gelitten unter Pontius Pilatus, gekreuzigt, gestorben und begraben, hinabgestiegen in das Reich des Todes, am dritten Tage auferstanden von den Toten, aufgefahren in den Himmel; er sitzt zur Rechten Gottes, des allmächtigen Vaters; von dort wird er kommen, zu richten die Lebenden und die Toten. Ich glaube an den Heiligen Geist, die heilige katholische Kirche, Gemeinschaft der Heiligen, Vergebung der Sünden, Auferstehung der Toten und das ewige Leben. Amen."

Reg machte eine Pause und fügte hinzu: „Als Ministrant sagte ich diese Worte jede Woche auf, aber sie hatten keine Bedeutung für mich. Aber jetzt glaube ich sie von ganzem Herzen!" Er sprach es und setzte sich auf seinen Platz. Es herrschte eine knisternde Spannung im Saal. Jeder von uns musste sich an Worte erinnern, die er in der Gemeinde gesprochen oder häufiger noch gesungen hatte, die er eigentlich so gar nicht sagen wollte oder manchmal auch noch nicht einmal verstanden hatte. Irgendwie fühlten wir uns alle etwas schuldig.

Er hatte einfach die Worte des Apostolischen Glaubensbekenntnisses rezitiert, welches nur eines von mehreren Glaubensbekenntnissen ist. Sie alle sind eine Zusammenfassung der wesentlichen christlichen Glaubensinhalte, die in öffentlichen Anbetungszeiten

# VORWORT

die Anbeter an das erinnern sollen, was sie als Wahrheit angenommen haben. Im Englischen heißt Glaubensbekenntnis „creed", was vom lateinischen „credo", „ich glaube" kommt. Obwohl „credo" in der ersten Person Einzahl steht, sind „creeds", also Glaubensbekenntnisse, nicht nur für die persönliche, sondern auch für die gemeinschaftliche Anbetung gedacht. Sie sollen, positiv betrachtet, die Wahrheit bestärken, und negativ betrachtet, den Irrtum ausräumen.

Das Apostolische war eines der ersten Glaubensbekenntnisse (Konfessionen). Es wurde wohl nicht von den Aposteln selbst verfasst, wurde aber weithin als Zusammenfassung ihrer Lehre akzeptiert. Ein weiteres sehr bekanntes Glaubensbekenntnis ist das Nicäische Glaubensbekenntnis, benannt nach der Stadt Nicäa in der heutigen Türkei. Kaiser Konstantin hatte dort ein Kirchenkonzil abgehalten, mit dem er die Einheit der Lehre demonstrieren wollte, denn es gab unter den Christen damals schon viele unterschiedliche Lehrmeinungen und sogar häretische Strömungen. Es ist wesentlich länger und auch „polemischer", aufgeladen mit Fachausdrücken aus der griechischen Philosophie. Jesus wird dort als „Gott aus Gott, Licht aus Licht, wahrer Gott aus wahrem Gott, gezeugt, nicht geschaffen, eines Wesens mit dem Vater" beschrieben. Es verwundert nicht, dass das ältere und einfachere Apostolische Glaubensbekenntnis größeren Zuspruch gefunden hat.

Beide Glaubensbekenntnisse weisen drei Bereiche auf, die den drei unterschiedlichen Personen der Gottheit entsprechen: Vater, Sohn und Heiliger Geist. Wenn sie auch den Ausdruck „Dreieinigkeit" nicht verwenden, so zeigen sie doch an, dass der christliche Glaube von Anfang an trinitarisch war.

Vor Jahren habe ich einen Hymnus verfasst, der die Unterschiede zwischen Islam und Christentum herausstellen soll. Er lehnt sich an das bekannte Kirchenlied „Die Kirche steht gegründet, Gotteslob 482" an und endet nach jedem Vers mit dem Chorus:

> Es gibt keinen Gott außer Abba
> Und Jesus ist sein Sohn
> Und mit dem Heil'gen Geist ist der Herr unser Gott
> Einer (auf dem Thron)

Die ersten beiden Zeilen sind ganz bewusst ein Echo auf das islamische Glaubensbekenntnis, die Schahada (Es gibt keinen Gott außer Allah und Mohammed ist sein Prophet). Die letzten beiden Zeilen (der Herr unser Gott ist Einer) sind ein Zitat aus dem jüdischen „Schma Israel" aus Deuteronomium 6,4. Im Hebräischen steht das Wort für Gott „Elohim" im Plural, und bedeutet mindestens „drei" (denn das Hebräische kennt auch den Dual, der eine Zweizahl anzeigt). Das Wort für „Einer" hat die Bedeutung von „Einigkeit" und nicht von „singulär", genauso wie Adam und Eva EIN Fleisch wurden. Der Chorus ist also – ähnlich wie die Glaubensbekenntnisse – trinitarisch, ohne das Wort „Dreieinigkeit" (was Drei-Einheit bedeutet) zu verwenden.

Das vorliegende Buch betrachtet also den mittleren Abschnitt des Apostolischen Glaubensbekenntnisses und fördert hoffentlich einige frische Erkenntnisse bezüglich der außerordentlichen Aussagen, die die zweite Person der Gottheit für sich in Anspruch nimmt, zu Tage. Der zweite Abschnitt des Glaubensbekenntnisses ist der längste, und er ist das Herzstück des christlichen Glaubens. „Christentum ist Christus", diese Floskel ist mittlerweile so abgedroschen, dass sie in der Gefahr steht, ihre Wirkung zu verlieren. Aber es ist und bleibt die Wahrheit. Das Zentrum aller christlichen Überlegungen finden wir in einer Person. „Was denkt ihr vom Christus?" (Matthäus 22,42) ist die wichtigste Frage, die jemals gestellt wurde. Die Antwort darauf ist entscheidend für das ewige Schicksal eines jeden Menschen.

# VORWORT

Erst wenn wir erkennen, wer er *ist*, werden wir wertschätzen können, was er für uns *getan* hat. Deshalb beginnt dieser Abschnitt des Glaubensbekenntnisses mit einer vierfachen Aussage über seine Person, bevor er sein Werk beschreibt. So kann man einen Christen als jemanden beschreiben, der zur Überzeugung gelangt ist, dass vier Eigenschaften in dieser einen Person vereint sind: „Jesus Christus, sein einziger Sohn, unser Herr."

Erstens: Sein *Menschsein*. Er war wirklich Mensch, der in unserer Welt gelebt hat. Es gibt nur wenige, die das leugnen. Bei seiner Geburt wurde ihm der Name Jesus gegeben, ein Name, der ihn weltberühmt gemacht hat. Es war damals ein alltäglicher Name, es gibt in der Bibel noch andere mit diesem Namen (Kolosser 4,11). Auf Hebräisch heißt er Jeschúa, derselbe Name wie Josua im Alten Testament. Er bedeutet „Gott rettet". (Der Schalterbeamte unseres kleinen Postamts in Hampshire hieß übrigens Mr. Godsave, was dieselbe Bedeutung hat).

Zweitens, seine *Königswürde*. „Christus" ist nicht sein Nachname. Es ist kein Name sondern ein Titel. Er bedeutet „Der Gesalbte", eine Bezeichnung für Propheten und Priester im Alten Testament, aber vor allem für Könige. Die Salbung mit Salböl war Teil der Krönungszeremonie (auch heute noch geschieht dies, wenn in der Westminster Abbey britische Herrscher zum König gekrönt werden). Das griechische *christos* entspricht dem hebräischen *maschiach* (dt. Messias). Jesus wurde als König der Juden geboren und starb als König der Juden (Matthäus 2,2; 27,37). In seinen Adern floss königliches Blut, denn er war mütterlicherseits ein leiblicher (Lukas 3) und väterlicherseits ein rechtmäßiger (Matthäus 1) Nachkomme von König David. Es wäre eigentlich zutreffender, wenn man ihn „König Jesus" nennen würde anstatt „Jesus Christus". Vor allem aber verbindet ihn dieser Titel mit dem jüdischen Volk, weswegen ihre Schriften (die sie „Tanach" nennen, während wir „Altes Testament" dazu sagen) auch Teil unserer Bibel sind.

Drittens, seine *Göttlichkeit*. Gott war sein Vater. Er war es und wird es immer sein. „Der Einzige" zeigt das einzigartige Verhältnis zwischen ihnen auf. Jesus war der einzige seiner Art, der einzige „natürliche" (im Sinne von „gezeugte") Nachkomme Gottes. Menschliche Wesen können in diesen engen Familienverband nur durch Adoption eintreten. Wir dürfen uns auch nicht vorstellen, dass Gott zuerst für sich alleine war und dann erst einen Sohn hervorgebracht hat. Die Vater-Sohn-Beziehung war keine Folge eines Geschlechtsaktes, so wie es die Moslems fälschlicherweise annehmen (und deshalb ablehnen), sie ist eine ewige Beziehung und war schon immer. Deshalb können Christen auch sagen „Gott ist Liebe". Denn „Er" war schon immer mehrere Personen in Beziehung zueinander. Alles was der Vater ist, wird im Sohn sichtbar (Johannes 14,9; Kolosser 1,19).

Viertens, seine *Autorität*. Das allererste „Glaubensbekenntnis" bestand aus nur drei Worten: „Jesus ist Herr" (1. Korinther 12,3). Später konnte ein solches Bekenntnis in der Öffentlichkeit jemandem das Leben kosten, da man in einem Reich lebte, das von einem Mann regiert wurde, der diesen Titel für sich selbst beanspruchte, und dadurch auch behauptete, göttlich privilegiert zu sein. Jesus als „Herrn" zu bekennen, bedeutete Hochverrat und wurde mit dem Tode bestraft. Jesus erhielt diesen Titel nachdem er gekreuzigt worden und auferstanden war. Sodann wurde er auf den Thron im Himmel erhoben und bekam die höchste Kraft und Autorität im Universum (Matthäus 28,18; Philipper 2,9-11). Wenn wir Christen sagen „unser Herr", dann erkennen wir seine Herrschaft über uns persönlich, aber auch gemeinschaftlich an.

Diese vier Eigenschaften bilden die Grundlage für alles andere, was wir von ihm wissen. Und genauso ging es seinen ersten Nachfolgern. Erst als sie erkannten, wer er wirklich war, konnte er mit ihnen weitergehen und die

## VORWORT

Dinge in Angriff nehmen, für die er eigentlich gekommen war (Markus 8,27-31). Mit diesen grundsätzlichen Aussagen im Hinterkopf sind wir nun in der Lage, uns den außerordentlichen Ereignissen zuzuwenden, die von den Autoren der Glaubensbekenntnisse als unverzichtbar für den christlichen Glauben angesehen wurden.

Ich habe sie „Die Sieben Wunder seiner Welt-Geschichte" genannt, weil sie einzigartig sind. Sie sind nur einmal in der Weltgeschichte und nur bei dieser einen Person geschehen. Welch großartige Geschichte!

Und es ist wahr. Als erstes beeindruckt uns, dass sie als knallharte *historische* Fakten präsentiert werden. Da gibt es keine beschönigenden Adjektive, nur klare Sätze mit Verben und Substantiven. Auch auf Gefühlsduselei wird verzichtet. Christentum ist Fakt und nicht Gefühl. Glaube hat eine solide Grundlage, andernfalls würde er zusammenstürzen, wenn er erschüttert würde.

Selbstverständlich muss der Glaube die Fakten als wahr akzeptieren. Aber er muss dabei nicht blind und kritiklos sein. Er wird von derselben Art von Beweisen gestützt, die auch jedes Gericht davon überzeugen würden, dass ein Ereignis zweifelsfrei stattgefunden hat, nämlich aus einer Kombination von Augenzeugenberichten und Indizienbeweisen. Bei Jesus sind diese übrigens weit zahlreicher als beispielsweise die Beweise für Julius Cäsar. Letztendlich aber bleibt es bei der ganz persönlichen Entscheidung: Wollen wir glauben?

Von den sieben Ereignissen liegen fünf bereits in der Vergangenheit, während zwei noch zukünftig sind. An die fünf vergangenen Ereignisse zu glauben und die zwei zukünftigen anzuzweifeln, wäre inkonsequent, ja geradezu irrational. Von den 737 Vorhersagen der Bibel sind 596 (81%) bereits buchstäblich in Erfüllung gegangen. Man benötigt keinen sonderlich großen Glauben, wenn man annimmt, dass der Rest ebenso in Erfüllung gehen wird. Man muss aber auch ganz klar hinzufügen: Wenn man eines oder mehrere dieser sieben Ereignisse leugnet, verfehlt man den wahren christlichen Glauben. Mir kommt da der berühmte Fall eines bekannten Bischofs in den Sinn, der sowohl die Jungfrauengeburt als auch die körperliche Auferstehung ablehnte, obwohl er nicht zögerte, das Apostolische Glaubensbekenntnis im Gottesdienst zu rezitieren!

Als nächstes fällt uns auf, dass diese Beweise in erster Linie *physische* Tatsachen sind, die mehr mit dem Leib als mit der Seele Jesu zu tun haben. Seine Zeugung, seine Geburt, sein Leiden, sein Begräbnis, seine Auferstehung, ja sogar seine Himmelfahrt und seine Wiederkunft, sie alle finden „im Fleisch" statt. Kein Wunder, dass ein früherer Erzbischof von Canterbury (William Temple) sagte, dass das Christentum „die materialistischste aller Weltreligionen ist". Deswegen fährt das Apostolische Glaubensbekenntnis in seinem dritten Abschnitt fort: „Ich glaube an... die Auferstehung des Leibes", und nicht „an die Unsterblichkeit der Seele". Und deshalb spricht Paulus auch davon, dass sterbliche Seelen einen unsterblichen Leib anziehen werden (1. Korinther 15,53-55).

Als drittes überrascht uns, dass Jesus zumindest in den fünf bereits vergangenen Ereignissen eine eher *passive* Rolle einnimmt, nämlich in dem was ihm angetan wird und nicht in dem, was er tut. Er wurde gezeugt vom Heiligen Geist, geboren von Maria, litt unter Pilatus, gekreuzigt von römischen Soldaten, begraben von Josef und Nikodemus, zum Leben erweckt von Gott selbst, in den Himmel aufgenommen von einer Wolke. Wenn man aber annimmt, dass er selbst nichts gemacht hat, liegt man falsch. Er hat all dies nicht nur zugelassen, sondern entschied sich dafür, dass es mit ihm so geschieht. Jeder dieser Handlungen stimmte er zu. Er entschied sich dazu, geboren zu werden, was niemand von uns getan hat noch tun wird. Er entschied sich dazu, vorzeitig zu sterben, sogar den Zeitpunkt, den Ort und die Todesart wählte er. Dabei hat er sich nicht nur in die Hände anderer begeben, sondern sich in allem dem Willen seines Vaters unterworfen: „Nicht mein Wille, sondern der deine geschehe" (Markus 14,36).

Man kommt nicht umhin, *Lücken* in diesem Glaubensbekenntnis zu entdecken. Was zwischen seiner Geburt und seinem Tod stattgefunden hat, wird ausgelassen. Auch seine Taufe im Alter von dreißig Jahren wird nicht erwähnt, ebenso wenig wie die anschließende Versuchung. Über seinen dreijährigen öffentlichen Dienst wird kein Wort verloren, auch nicht über seine Botschaft und seine Wunder. Warum ist das so? Ganz einfach, Glaubensbekenntnisse fokussieren sich auf die Punkte, die essentiell für den Glauben sind. Der Beginn und das Ende seiner Lebensgeschichte sind bedeutsamer als alles, was dazwischen geschehen ist. Jesus wurde geboren, um zu sterben. Theologisch kann man das folgendermaßen ausdrücken: Fleischwerdung und Sühnung gehören zusammen. Paulus bestimmt die wichtigsten Punkte des Evangeliums mit dem Tod, dem Begräbnis und der Auferstehung Jesu (1.Korinther 15,3.4). Ein Drittel aller vier Evangelien handelt von seinem Tod.

Die größte Lücke im Glaubensbekenntnis besteht aber darin, dass nichts *erklärt* wird. Es ist eine Auflistung von dem, was geschehen ist, aber es gibt keinen Hinweis, warum es geschehen ist. Wahrscheinlich deshalb sagt das später entstandene Nicäische Glaubensbekenntnis, dass Jesus „vom Himmel herab kam... Mensch wurde... für uns Menschen und für unsere Errettung". In vorliegendem Buch gehe ich sowohl den Ereignissen selbst, als auch ihrer Bedeutung auf den Grund, also was wirklich stattgefunden hat und wie es alles zu Gottes Plan und Vorsatz passt.

## DIE SIEBEN WUNDER SEINER WELTGESCHICHTE

Schließlich möchte ich in dieser Einleitung noch etwas klarstellen und einen persönlichen Kommentar abgeben: Die folgenden Kapitel basieren auf Mitschriften von Vorträgen, die ich vor einer großen Menge von jungen Leuten im International House of Prayer (IHOP) in Kansas City, Missouri, USA gehalten habe. Bei diesen Vorträgen ging es sehr lebendig mit Applaus, Jubel, Klatschen und viel Hurra zu. Es wurde getuschelt und mit markigen Kommentaren im Internet getwittert, und das auch während meiner Redezeit („so ein süßer alter englischer Gentleman"). Die Versammlungen wurden ausgestrahlt und können heute noch im Internet unter „IHOP" angeschaut werden.

Dieser mündliche Vortrag blitzt natürlich immer wieder durch das geschriebene Wort hindurch – persönliche Anrede, rhetorische Fragen, Wiederholungen usw. Hoffentlich stößt das den Leser nicht ab, sondern hilft viel mehr, dass er mit einbezogen wird.

Heute bin ich zweiundachtzig Jahre alt (ein Knessetabgeordneter sagte mir neulich, dass ich nicht einen Tag älter als achtzig aussehe!). Ich bin mir darüber im Klaren, dass jedes Buch, das ich in Angriff nehme, mein letztes sein kann. Manche meinen, dass meine Lehren (Prämillenarismus, Zukunft Israels usw.) nicht mehr zeitgemäß sind und nicht mehr zur Evangelisation von Heute passen. Deshalb möchte ich zeigen, bevor ich zu meiner endgültigen Bestimmung Abschied nehme, dass ich, was die grundlegenden Glaubenslehren betrifft, kerngesund bin. Hier sind sie also!

Wie immer, fordere ich den Leser auf, alles was ich sage oder schreibe mit dem zu vergleichen, was in der Bibel geschrieben ist, und sich im Zweifelsfall immer an die klare Lehre der Bibel zu halten.

J. David Pawson

# VORWORT

PS: Mein Dank gilt einer Studentin der IHOP-Universität, Erica Grimaldi und ihrem Team, die meine Vorträge zu Papier gebracht haben, und Peter und Justin Byron-Davies, meinen Herausgebern, die dieses Buch verlegt haben.

# 1

## Das Wunder seiner GEBURT

Unser Glaube, wie er im Apostolischen Glaubensbekenntnis ausgedrückt wird, ist ein sehr körperlicher Glaube. Jesus wurde geboren, er wurde getötet, er wurde begraben, er wurde auferweckt, und das alles geschah mit seinem Körper. Unser Glaube gründet sich also nicht nur auf Tatsachen, sondern auf *körperliche* Tatsachen. Ist das nicht schön? Unsere Religion spielt sich nicht, wie viele andere, irgendwo „hinter den Wolken" ab, sondern ist sehr irdisch.

Die Dinge, die im Glaubensbekenntnis bekräftigt werden, geschahen *an* Jesus. Es sind nicht die Dinge, die er tat oder sagte. Er wurde gezeugt, er wurde geboren, er wurde gekreuzigt, er wurde begraben und er wurde auferweckt. Das mag manche überraschen. Die nächste große Überraschung ist, wie viel beim Glaubensbekenntnis ausgelassen wird: Nichts über seine Taufe, nichts über seine Lehre und seine Wunder. Das Glaubensbekenntnis ist ein sehr unvollständiger Bericht, aber ohne diese körperlichen Tatsachen würde unser Glaube in sich zusammenfallen. Sie sind tatsächlich die Grundlage unseres Glaubens.

Wir wollen mit der Zeugung und der Geburt Jesu beginnen. Er wurde ***vom Heiligen Geist gezeugt*** und ***von der Jungfrau Maria geboren***. Ich werde mit der Geburt beginnen, was überraschend sein mag, und dann mit der Zeugung fortfahren, die weit wichtiger als seine Geburt ist. Warum machen wir so viel Aufhebens um seine Geburt und interessieren uns so wenig für seine Zeugung? Ich weiß es nicht, aber das eigentliche Wunder geschah bei seiner Zeugung. Seine Geburt war relativ normal, aber seine Zeugung war einzigartig und war das erste Wunder „Seiner Geschichte", das wir betrachten wollen.

## DIE GEBURT JESU

Keine andere Geburt der Weltgeschichte wird so ausgiebig und weltweit gefeiert wie die Geburt Jesu. Weihnachten ist mittlerweile ein weltweites Phänomen, und in den Geschäften beginnt Weihnachten oft schon Mitte August. Man macht damit Werbung, dass es nur noch so und so viele Tage bis Weihnachten sind. Die Schaufenster werden geschmückt, und die Straßen mit Weihnachtsbeleuchtung versehen. Gerade in der westlichen Welt ist Weihnachten das größte Ereignis im Jahr. Wahrscheinlich ist die Geburt Jesu das wohlbekannteste Ereignis im Leben Jesu, obwohl es viele tausend Kilometer von uns entfernt stattfand. Außerdem ist es zweitausend Jahre her – und immer noch bringen wir viele Wochen damit zu, es zu feiern, ganz abgesehen von dem vielen Geld, welches wir dafür ausgeben.

Auf den ersten Blick war es eine ganz normale Geburt, und auch sonst schien sich die Situation nicht groß von anderen zu unterscheiden. Wir wollen zunächst die menschliche Seite der Geschichte anschauen. Gerne vernachlässigen wir die menschliche Seite der Bibel, aber wir wollen unseren Blick jetzt genau darauf richten, denn die Bibel ist sowohl ein menschliches als auch ein göttliches Buch. Die menschliche Seite der Geschichte ist gar nicht so ungewöhnlich. Es ist die Geschichte eines jungen jüdischen Paares. Sie sind noch nicht einmal zwanzig Jahre alt, sie hatten in Eile geheiratet, denn sie war vor der Hochzeit schon schwanger geworden – man bezeichnet das manchmal als „Blitzhochzeit" oder gar

# DAS WUNDER SEINER GEBURT

als „Zwangsehe". Als das Kind zur Welt kam, waren sie weit weg von der Heimat, sie hatten eine lange Reise hinter sich.

Wie kommt es, dass eine schwangere junge Frau meilenweit auf einem Esel reist? Für eine schwangere Frau ist das gar nicht ratsam. Die Antwort ist, dass in ihrem sozialen Umfeld eine voreheliche Schwangerschaft sehr verpönt war. Sie hätte sogar die Todesstrafe nach sich ziehen können, aber jetzt ist sie von ihrem sozialen Umfeld weit entfernt und niemand kümmert sich mehr um sie, außer ihrem neuen Ehemann. Sie musste ihn begleiten, denn ein Kaiser hatte viele tausend Kilometer entfernt eine Steuereinschreibung angeordnet und bestand darauf, dass sich jeder Bürger registrieren ließ. Sie mussten zu ihrer angestammten Heimat reisen und sich dort zusammen mit ihrer Verwandtschaft registrieren lassen. Deshalb war dieser junge jüdische Mann zusammen mit seiner jungen Frau unterwegs. Sie war wahrscheinlich erst fünfzehn Jahre alt, und er war siebzehn oder achtzehn Jahre alt, was ein übliches Alter für solch ein Paar war. Sie mussten zu einer Reise von mehr als einhundert Kilometern aufbrechen, um zu dem Ort ihrer Registrierung zu gelangen. Wäre sie zu Hause geblieben, hätte sich niemand um sie gekümmert. Sie gelangten zu ihrer angestammten Heimatstadt Bethlehem, wo sich nun viele ihrer Verwandten, denen es ebenso erging, aufhielten. Aber auch dort kümmerte sich niemand um das junge Mädchen.

Deshalb mussten sie zur örtlichen Herberge gehen, um einen Schlafplatz zu bekommen. Damit wir die Geschichte besser verstehen, müssen wir uns erst einmal vor Augen halten, wie eine Herberge zu damaliger Zeit im Nahen Osten aussah. Stellt euch eine sehr hohe Mauer ohne Fenster um einen quadratischen Platz vor. Diese Mauer hat nur eine Tür, eine Doppeltüre mit einem gewölbeartigen Türstock; da müsst ihr durch, und dann seid ihr drinnen. Man hat es deshalb so angelegt, um den Reisenden mit ihren Tieren vor Räubern und sonstigen Ganoven über Nacht Schutz zu bieten. Wenn man durch die Doppeltüre hindurchgegangen ist, sieht man an den Mauern rundum kleine angebaute Räume, die manchmal auch zweistöckig sein können. Alle Fenster dieser Räume sind auf den Platz gerichtet. Sie fragen an: „Ist noch ein Zimmer frei?" Sie erhalten die Antwort, dass kein Raum mehr frei sei, was aber nicht bedeutet, dass kein Platz mehr vorhanden ist, sondern eben nur keiner dieser Räume. In der Mitte des Platzes ist ein Brunnen, um die Leute und ihre Tiere mit Wasser zu versorgen, und außerdem gibt es Futtertröge für die Tiere. Die Leute buchen ihren Raum und lassen ihre Kamele und Esel angebunden an Pfosten im Hof, wo sie sie auch tränken und füttern. Wenn ihr keinen Raum mehr bekommen könnt, bleibt euch nichts anderes übrig, als bei den Tieren zu übernachten. Genauso erging es dem jungen Paar – sie ließen sich für die Nachtruhe unter freiem Himmel bei den Tieren nieder.

Nach einigen Stunden in Geburtswehen, brachte diese junge Frau Maria, benannt nach der Schwester Moses (Hebräisch: Mirjam), einen kleinen Jungen zur Welt. Nachdem sie ihn in Windeln gewickelt hatte, legte sie ihn in einen der Futtertröge. So müsst ihr euch das vorstellen, es war kein Stall. Die Bibel erwähnt keinen Stall und schon gar keine Höhle. Sie sagt nur, dass in der Herberge kein Raum mehr frei war, dass sie ihren Sohn gebar und ihn in eine Krippe legte. Das war keine besonders hygienische Umgebung für eine Geburt. Möchtet ihr gerne, dass euer Kind in einem Kuhstall zur Welt kommt? Ich glaube, dass ich es so am besten beschrieben habe.

Wenn ein Kind geboren wird, kommen natürlich Besucher und wollen es sehen. Es ist interessant, dass von keinem Verwandten berichtet wird, der gekommen ist, um das Neugeborene zu sehen, obwohl die Stadt voll von

Verwandten war, von Cousins, Tanten und Onkeln. Trotzdem bekam das Baby Besuch, und zwar von zwei verschiedenen Gruppen. Die einen waren sehr arm und die anderen waren sehr reich, eine Gruppe arbeitete mit ihren Händen, die andere mit ihren Köpfen. Die einen kamen nur aus ein paar hundert Metern Entfernung, die anderen aus mehreren hundert Kilometern, um das Baby zu sehen. Die erste Gruppe waren Hirten aus der Nähe, die damals in ihrem sozialen Umfeld zu den ärmsten Personen gehörten. Könnt ihr euch daran erinnern, wie der Vater von David seine Söhne dem Propheten Samuel vorstellte, damit dieser einen davon zum König salben würde? Er stellte sie alle der Reihe nach dem Samuel vor, und dieser sagte: „Gott hat keinen von diesen erwählt. Hast du sonst keine Söhne mehr?" Davids Vater sagte: „Ja, da gibt es noch den jüngsten, einen Hirten, David, er ist bei den Schafen. Den kannst du doch nicht meinen, oder?" Schafhirten waren verachtet, sie waren der Bodensatz der Gesellschaft, und dennoch waren es genau solche, die kamen, um das Baby zu sehen – sie waren die Ersten.

Ein paar Monate später kamen einige Gelehrte aus einem fernen Land und sagten: „Wir wollen das Baby sehen." Sie hatten sehr kostbare Geschenke dabei, Gold, Weihrauch und Myrrhe, denn sie glaubten, dass das Baby königliches Blut in seinen Adern habe. Tatsächlich war das auch so, denn Maria und Joseph kamen deshalb in ihre angestammte Heimat Bethlehem, weil sie Nachfahren von David waren. Deshalb mussten sie in die Stadt Davids kommen. Allerdings kamen die Gelehrten nach ihrem langen Weg zunächst nach Jerusalem und nicht nach Bethlehem. Jemand, der als König geboren wird, muss schließlich in der Hauptstadt geboren werden.

Dann plauderten sie alles vor einem König, der Herodes genannt wurde, aus, dabei war dieser noch nicht einmal ein Jude. Er war ein Nachkomme Esaus und nicht Jakobs. Er war ein Edomiter und er hatte die Römer dafür bezahlt, damit diese ihm den Thron Israels verschafften. Herodes saß also auf dem Thron und die ahnungslosen Gelehrten kamen und sagten: „Wo ist der neu geborene König der Juden?" Herodes war eifersüchtig und sagte: „Wenn ihr den Jungen gefunden habt, sollt ihr zurückkommen und mir sagen, wo er ist, damit auch ich komme, um ihm zu huldigen." Was er natürlich meinte, war: „Damit ich komme und ihn umbringe." Als diese weisen Männer dann auf einer anderen Route und nicht über Jerusalem in ihre Heimat zurückkehrten, um Herodes zu sagen, wo das Baby sei, befahl Herodes, dass jeder Junge unter zwei Jahren in Bethlehem umgebracht wird. Deshalb wissen wir, dass sich diese Dinge einige Monate nach seiner Geburt abgespielt haben. Das war ein riesiges Gemetzel, und ihr dürft annehmen, dass viele der getöteten Kinder Verwandte von Jesus gewesen sind.

Die Geburt Jesu hat also viele Familien beraubt. So etwas werdet ihr auf keiner Weihnachtspostkarte sehen, aber es gehört zur Geschichte. Joseph und Maria, die jungen jüdischen Eltern, waren gerade noch rechtzeitig entkommen und wurden viele hundert Kilometer entfernt in einem fremden Land zu Flüchtlingen. Seine ersten Lebensjahre verbrachte der Junge in einer anderen Kultur, einer anderen Sprache, bis es der Familie, nachdem Herodes gestorben war, gelang, wieder in ihr eigenes Dorf im hohen Norden von Israel, nach Nazareth, zurückzukehren. Das ist also die menschliche Seite des Berichts, und das ist auch schon alles, was die Welt glaubt.

Ungläubige haben so ihre Schwierigkeiten mit der restlichen Geschichte. Obwohl es in Form von Krippenspielen in der Schule aufgeführt wird, und man mit allen Sinnen Weihnachten feiert und es genießt, belassen es ungläubige Menschen dabei, indem sie glauben, dass das Ganze der Vergangenheit angehöre – aber es ist bei weitem nicht die ganze Geschichte. Wir müssen nämlich alles noch einmal

## DAS WUNDER SEINER GEBURT

aufrollen und werden dabei feststellen, wie oft übernatürliche Dinge geschehen mussten, damit alles so passieren konnte. Die ganze Abfolge der Ereignisse hätte nie so stattfinden können, wenn Gott nicht an entscheidenden Stellen eingegriffen und Dinge getan und gesprochen hätte, um den Lauf der Dinge zu verändern. Es ist zwar eine romantische und faszinierende Geschichte, aber solange man nicht an die Wunder Gottes und an sein Eingreifen glaubt, kann man die Geschichte letztendlich nicht voll erfassen.

Bevor wir die übernatürliche Seite des Berichts dieser Ereignisse anschauen, möchte ich der Sache von damals bis heute auf menschlicher Ebene nachspüren und fragen: Warum wurde – ganz menschlich gesehen – Weihnachten zu dem was es heute ist? Warum feiern wir es so ausgiebig? Ich muss euch einen kleinen historischen Rückblick geben, denn es handelt sich hier um eine außergewöhnliche Geschichte. Die heidnischen Religionen auf der nördlichen Hemisphäre waren Fruchtbarkeitskulte bevor das Christentum Einzug hielt. Fruchtbarkeit und Fortpflanzung waren ihre grundlegenden Motive, was natürlich das Zentrum unseres ganz normalen Lebens darstellt. Lange vor Christus gab es auf der nördlichen Erdhalbkugel in Europa ein alljährliches Fest am 25. Dezember. Man feierte die „Wiedergeburt" der Sonne, von der ja unsere Ernte und alles andere abhängt. Der kürzeste Tag, der „Todestag" der Sonne, wenn man es so ausdrücken will, war am 21. Dezember. Bis zu diesem Zeitpunkt im Jahr gab die Sonne immer weniger Licht.

Danach wartete man noch ein paar Tage, um sicherzugehen, dass die Sonne „wiedergeboren" werden würde, und dann feierte man es. Die Römer nannten die Sonnengottheit *Mithras*. Der 25. Dezember war also der Geburtstag des „Sonnengottes". War das ein Fest! Mit Fressen, Saufen und Sex ohne Ende, geradezu hemmungslos. Kommt euch das bekannt vor? Sie sangen Jubellieder auf die Sonne, die nun wiedergeboren war. Sie veranstalteten große Freudenfeuer. Dazu fällte man einen großen Baum, den man „Julklotz" nannte, und ließ das „Julfeuer" brennen. Man feierte es mit immergrünen Bäumen, weil man dachte, dass Laubbäume, die im Winter kahl werden, erst zusammen mit der Sonne wieder zum Leben erwachen. Deshalb nahmen sie immergrüne Bäume und feierten damit den Geburtstag der Sonne. Wusstet ihr, dass daher auch der Christbaum kommt?

Das meiste, was wir an Weihnachten tun, geht auf diese Fruchtbarkeitskulte und die vorchristlichen Religionen zurück. Und wir meinen immer noch, dass es christlich sei! Ich wage es fast nicht zu erwähnen, aber die Feierlichkeiten dauerten zwölf Tage. Habt ihr schon einmal von dem Lied gehört „*On the Twelve Days of Christmas My True Love Said to Me*" (Deutsch: An den zwölf Weihnachtstagen sagte mir meine wahre Liebe. Anm.d.Ü.: Bekannt auf Deutsch als: „Die zwölf Weihnachtstage")? Warum heißt es darin „Meine wahre Liebe"? Jedes Dorf wählte einen Mann zum „Herrn des Festes". Zwölf Tage lang genoss er das fragwürdige Privileg, mit jedem Mädchen oder jeder Frau im Dorf schlafen zu dürfen. Er durfte auf diese Weise zwölf Tage lang „feiern". All das ist durch und durch heidnisch und wurde überall in Nordeuropa gefeiert, lange bevor Christus geboren wurde. Als der Papst seinen ersten Missionar nach England schickte, ging dieser in der Stadt Canterbury an Land. Er begann, die Menschen der Grafschaft Kent zu bekehren, welches später zum Königreich von Kent wurde – er schaffte es sogar, den König zu bekehren, den er auch taufte. Aber als er dem Papst Bericht abstattete, sagte er: „Leider gelang es mir nicht, den Briten ihr Mittwinterfest abzugewöhnen. Es ist ein schrecklicher heidnischer Fruchtbarkeitskult, und sie hängen so sehr daran, dass ich es ihnen nicht wegnehmen kann." Da sagte der Papst etwas, das seitdem typisch für die römisch-katholischen Missionierungsmethoden ist: „Nun, versuche sie nicht davon abzuhalten, sondern „taufe es in Christus" (m.a.W.: Mache es einfach zu etwas Christlichem), vereinnahme es einfach. Wenn du sie nicht rumkriegst, dann schließe dich mit ihnen zusammen" – das war seine Strategie.

So gelangte das alles in England zum christlichen Glauben. Es war das Ergebnis einer päpstlichen Entscheidung, und so wurde Christmas zu „Christ-mass" (Anm.d.Ü.: Engl. mass = Unordnung). Denn am Morgen des Geburtstags der Sonne „musst du den auferstandenen Sohn (in Anspielung auf Maleachi 3,20) mit Heilung unter seinen Flügeln feiern, und dann die Leute zusammenrufen (Engl: mass = „zusammenkommen" oder auch „Messe feiern"). Das Wort Christmas zeigt auf ganz genau diesen katholischen Ursprung des Festes hin. So macht man es, und so macht man es auch heute noch z.B. in Südamerika und auf den Philippinen, so leid es mir tut, das sagen zu müssen. Als ich auf den Philippinen war, sagte man mir, dass jetzt alle Menschen dort Katholiken seien – andererseits praktizieren sie Spiritismus und Animismus. Ich dachte: „Wie kann man das als Christ überhaupt machen?" Aber genau das ist die Strategie, wie man die bereits vorhandene Kultur in das Christentum importiert. Man meint, beides auf neue und harmonischere Weise vermischen zu können. Ich bin nicht überrascht, dass sich Weihnachten in meinem Land rapide zu seinen heidnischen Wurzeln zurückentwickelt, denn so mögen es gottlose Menschen. Weihnachten verliert seinen christlichen Inhalt.

Dass Weihnachten sich zu einem wahren Konsumfest, mit zu viel essen, zu viel trinken und zu viel Geld ausgeben, entwickelt hat, geht auf diesen Papst vor vielen Jahrhunderten zurück.

Es gibt noch weitere Hinzufügungen zur Weihnachtsgeschichte. Eine kommt aus der Türkei, wo es einen christlichen Bischof namens Nicholas gab. Bischof

## DIE SIEBEN WUNDER SEINER WELTGESCHICHTE

Nicholas war ein sehr mitfühlender Mann, dem die Nöte der Menschen sehr am Herzen lagen. In seiner Diözese gab es einen Mann, der drei Töchter hatte. Aber diese drei Töchter konnten nicht heiraten. Sie waren sehr hübsch, aber der Mann war so arm, dass er keine Mitgift für seine drei Töchter aufbringen konnte, ohne die sie keine Chance auf eine Heirat hatten. Der Bischof hörte davon, schlich sich eines Nachts auf den Hof des Mannes und legte dort einen Beutel mit Goldmünzen ab. Ich glaube nicht, dass er es in einen Strumpf oder einen Stiefel steckte, und ich glaube auch nicht, dass er es durch den Kamin hineinwarf!

Der arme Vater war überglücklich, denn jetzt hatte er genug für die Mitgift seiner Töchter und konnte sie verheiraten. Aus Nicholas wurde der „Heilige Nicholas", nur dass man damals nicht „Nicholas", sondern „Nicholaus" sagte. Bekannt wurde er als „Heiliger Nikolaus". Dämmert dir etwas? Das ist der Ursprung vom Nikolausfest und so kommt es, dass man heute dem Nikolaus seine Stiefel vor die Türe stellt, damit er dort seine Geschenke hineinlegt. Was für ein Mischmasch! Des Weiteren muss ich euch erzählen, dass Amerika den „Father Christmas" mit seinen roten Kleidern erfunden hat (heutzutage aus Baumwolle, ursprünglich war es ein Hermelinmantel). Diesen hat man also auch als reine Erfindung hinzugedichtet. Genauso wie Rudolf, sein Rentier mit der roten Nase, wobei ich nicht weiß, wo das herkommt, wahrscheinlich aus Skandinavien.

Eines Tages sagte mein kleiner Sohn zu mir: „Papa, gibt es einen Father Christmas?" Ich sagte: „Nein, mein Sohn. Das ist eine erfundene Geschichte, die man gerne glaubt". Er ging geradewegs in die Küche zu seiner Mutter und sagte: „Mama, Papa hat gelogen!" Ein ganzes Jahr lang bin ich bei ihm in Ungnade gefallen, bevor er selbst entdeckte, dass ich ihm doch die Wahrheit gesagt hatte. Ich will ein Kind nicht anlügen. Wenn sie mich etwas fragen, dann werde ich ihnen die Wahrheit sagen. Ich finde, dass es deiner Beziehung zu den Kindern sehr schaden kann, wenn man ihnen Dinge vorgaukelt, die sie dann später als Lüge entlarven.

Und so kam es, dass Weihnachten zu einer unglaublichen Vermischung von wahren Begebenheiten und reiner Fiktion wurde. Natürlich neigen wir dazu, Geschichten, die wir lieben, mit allerlei Ausschmückungen zu versehen. Zum Beispiel: Die Vorstellung, dass es *drei* weise Männer aus dem Morgenland gewesen sind. Die Bibel sagt das nicht – es kommt daher, dass drei Geschenke erwähnt werden. Ich habe schon so manches Krippenspiel gesehen, und es ist schon lustig, wenn die Kinder dabei einfach alles falsch machen. Ich erinnere mich daran, wie bei einem Krippenspiel der erste kleine Junge sagte: „Hier ist Gold für das Jesuskind", der zweite: „hier ist Myrrhe für das Jesuskind", der dritte sagte: „Und Wein auch". (Verzeiht mir, aber das ist mein Humor). Bei einem anderen Krippenspiel war der Gag folgender: Joseph und Maria kamen zur Herberge und fragten den Herbergsvater: „Ist noch ein Raum frei". Der Herbergsvater sagte: „Selbstverständlich, kommt rein, ihr könnt das beste Zimmer der ganzen Stadt haben". Jetzt war wirklich Improvisationstalent gefragt. Zum Glück hatte der Junge, der Joseph spielte, eine glänzende Idee. Er streckte seinen Kopf zur Türe hinein, wandte sich wieder zurück und sagte zu Maria: „Das Zimmer ist ja total unaufgeräumt, komm, wir schlafen lieber draußen im Stall!" So rettete er die Theateraufführung.

Wir glauben nicht nur, dass es drei weise Männer waren. Wir glauben auch, dass es Könige waren. Es gibt ja das berühmte Weihnachtslied „Wir sind die drei Könige aus dem Morgenland". Aber es waren durchaus keine Könige. Wir haben ihnen sogar Namen gegeben. Aber das Schlimmste ist, dass wir sogar behaupten, es wären Heiden gewesen, weil wir als Heiden natürlich gerne irgendwie in die

## DIE SIEBEN WUNDER SEINER WELTGESCHICHTE

Weihnachtsgeschichte involviert sein wollen. Aber es waren jüdische weise Männer, auch wenn die Heiden in irgendeiner Weise auch an der ganzen Geschichte beteiligt waren. Es waren jüdische weise Männer, die in Babylon zurückgeblieben waren, während die anderen Juden in ihr Land zurückgekehrt waren. (Wir werden noch darauf zurückkommen.)

Aber so ist es nun mal, wir sind mit Weihnachten geradezu übersättigt. Ich fürchte, dass ich predigen muss: „Holt Christus bitte aus Weihnachten heraus." Feiert seinen Geburtstag an dem Tag, an dem er wirklich geboren wurde, denn er ist sicherlich nicht im Dezember zur Welt gekommen. Im Dezember gibt es keine Hirten, die nachts ihre Schafe hüten. Im Dezember ist es in den Bergen Judäas sehr kalt! Nach meiner Bibel wurde er Ende September/Anfang Oktober geboren, und zwar während des Laubhüttenfests. Ich möchte euch dies anhand der Bibel aufzeigen. Man findet es im Lukasevangelium bei den Ereignissen, die vor seiner Geburt stattfanden. Zacharias, der Vater von Johannes dem Täufer, war in den Tempel gegangen, um zu beten. Eines seiner Probleme war, dass seine Frau Elisabeth unfruchtbar war und ihm noch kein Kind geboren hatte. Er betete und es wurde ihm gesagt: „Deine Frau wird einen Sohn bekommen."

Ich kann mir gut vorstellen, dass er nach seiner Rückkehr nach Hause das Abendessen schnell hinter sich brachte und sich dann zu ihr ins Bett legte. Sie empfing, und Johannes wurde geboren. Aber als sie im sechsten Monat schwanger war, kam derselbe Engel, der mit Zacharias gesprochen hatte, zu Maria und sagte ihr: „Du wirst einen Sohn bekommen, und wenn du ganz sicher gehen willst, dann geh zu deiner Cousine Elisabeth, denn sie bekommt auch ein Kind." Also ging Maria zu Elisabeth, als diese im sechsten Monat schwanger war, und Jesus wurde neun Monate später geboren. Es sind also insgesamt fünfzehn Monate (sechs Monate Schwangerschaft von Elisabeth plus neun Monate

## DAS WUNDER SEINER GEBURT

Schwangerschaft von Maria). Wenn wir nun wüssten, wann Zacharias in den Tempel zum Beten ging, dann hätten wir fünfzehn Monate später den Geburtstag von Jesus. Hier wird es ein bißchen mathematisch, aber ich bin mir sicher, dass ihr addieren könnt! Wir wissen, wann Zacharias in den Tempel ging, und wir wissen auch, zu welcher Priesterabteilung er gehörte. Jede Priesterabteilung versah zwei Wochen lang nacheinander den Tempeldienst. Seine Abteilung kam im dritten Monat an die Reihe. Das wissen wir aus dem Buch der Chronik im Alten Testament, wo die Priesterabteilungen aufgelistet sind. Wenn wir zum Ende des dritten Monats die fünfzehn Monate hinzuzählen, kommen wir auf den siebten Monat des nächsten Jahres. Und da wurde Jesus geboren, am Laubhüttenfest. Es ist der von den Schriften verheißene Zeitpunkt für das Erscheinen des Messias. Das können wir im Propheten Sacharja nachlesen.

Wenn ihr also den Geburtstag Jesu feiern wollt, dann macht es Ende September/Anfang Oktober. Ihr werdet merken, dass es viel billiger und einfacher ist. Es ist nicht gerade christlich, wenn wir Jesus für all die Ausschweifungen an Weihnachten verantwortlich machen. Ich ermutige deshalb Christen, Weihnachten nicht als christliches Fest zu betrachten. Ihr könnt es meinetwegen als Familienfest feiern. Wir wollen den richtigen Zeitpunkt seiner Geburt predigen, uns auf ihn selbst fokussieren und das ganze Tamtam bleiben lassen. Bitte entschuldigt, aber dieses Thema ist eines meiner Steckenpferde.

Wir wollen nun zum eigentlichen Text der Bibel zurückkehren: Wir wollen uns dem übernatürlichen Teil der Geschichte zuwenden. Wir gehen den Bericht zurück und wollen sehen, wie oft man das Geschehene ohne Gottes Eingreifen nicht erklären kann. Gehen wir also an den Anfang. Wir können die ganze Geschichte nicht ohne Engel erklären. Engel sind ein realer Teil der Schöpfung

## DIE SIEBEN WUNDER SEINER WELTGESCHICHTE

Gottes. Wir Menschen sind nicht die Krone der Schöpfung, die Engel stehen über uns. Gott hat uns Menschen ein wenig niedriger als die Engel und höher als die Tiere gemacht. Wir sind keine Tiere, wir sind keine Engel – wir sind dazwischen. Genau das ist der biblische Platz für die Menschen. Wenn wir meinen, wir ständen an der Spitze, dann vergessen wir, wer wir sind, und wir werden stolz und sagen: „Wir sind die Ersten", dabei sind wir das nicht, wir sind die Zweiten. Die Engel stehen an der Spitze, wir Menschen sind die Zweiten und die Tiere sind die Dritten. Und die Drei darf man nicht vermischen, wenn man die Wahrheit über die menschliche Rasse verstehen will. Deshalb verbietet die Bibel auch den Geschlechtsverkehr zwischen diesen Drei. Wir können Geschlechtsverkehr innerhalb der menschlichen Rasse haben, aber nicht mit Tieren, obwohl das schon immer Teil der pervertierten Menschheit gewesen ist. Wir dürfen auch keinen Geschlechtsverkehr mit Engeln haben, denn das führte zu den ganzen Schwierigkeiten vor der Sintflut in Noahs Zeiten. So hielt der ganze Okkultismus Einzug in die menschliche Rasse. Auf diese Weise kamen auch pervertierter Sex und Gewalt auf die menschliche Rasse, nämlich als Engel und Menschen Geschlechtsverkehr miteinander hatten. Gott will, dass wir unseren Status bewahren und anerkennen, dass es Geschöpfe über uns und unterhalb von uns gibt. So behalten wir die richtige Perspektive, und es wird verhindert, dass unser Stolz uns auf den ersten Platz stellt. Das ist äußerst wichtig. Aber wisst ihr, sogar in den Krippenspielen in der Schule macht man kleine Kinder mit Flügeln aus Pappkarton zu Engeln. Zum Glück glauben die Kinder das selbst nicht. Sie meinen, sie wären kleine Feen, wie man sie im Garten aufstellt. Aber Engel sind keine Feen; Engel sind viel intelligenter als wir. Sie können sich auch viel schneller bewegen als wir. Ihr Aussehen ist auch viel herrlicher. Sie stehen in der Schöpfungsordnung über uns.

## DAS WUNDER SEINER GEBURT

Engel spielen eine Schlüsselrolle bei den Ereignissen rund um die Geburt des Herrn. Ohne sie hätte sie nicht stattgefunden. Engel haben auch eine entscheidende Rolle im gesamten Leben Jesu gespielt. An jedem entscheidenden Punkt seines Lebens waren Engel beteiligt. Wenn ihr nicht an Engel glaubt, könnt ihr nicht an den Lebensbericht Jesu glauben, wie er uns in den Evangelien vorgetragen wird – es ist unmöglich. Sie waren mit in der Wüste, als er versucht wurde. Sie waren mit im Garten Gethsemane, als er in Todesangst war. Nur bei seiner Kreuzigung, bei seinem Tod waren sie nicht anwesend. Aber bei seiner Auferstehung waren sie wieder da und ebenso bei seiner Himmelfahrt. Wenn ihr nicht an Engel glaubt, dann ist die ganze Geschichte Unsinn. Engel sind Gottes Boten.

Die ganze Geschichte begann mit dem Engel Gabriel, der Maria erschien und ihr etwas ganz Außergewöhnliches verkündigte: „Gott will, dass du schwanger wirst." War das eine Botschaft! Keine andere Frau vor Maria hatte so etwas jemals gehört, aber sie glaubte es. Allerdings hatte sie eine kleine Diskussion mit dem Engel. Sie sagte: „Wie kann ich ein Baby bekommen? Ich weiß von keinem Mann. Ich hatte nie Sex, ich bin eine Jungfrau." Dann wurde ihr gesagt: „Gott wird dich schwanger machen. Er wird es in dir tun, und du wirst einen Sohn haben." Das ist wirklich eine Ankündigung! In manchen Kirchen sagt man dazu ganz offiziell „die Verkündigung". Das machte dieses fünfzehnjährige Mädchen vom Land zu einer ganz besonderen Person. Gott wählte sie nicht aus, *weil* sie besonders war, sondern durch seine Auserwählung wurde sie zu etwas Besonderem.

Während die katholische Kirche zu viel aus Maria macht, machen die Protestanten zu wenig aus ihr. Ich habe schon viele Predigten über die großen Helden und Heldinnen der Bibel gehört, aber ich habe in evangelischen Kreisen noch nie eine Predigt über Maria gehört. Aber ich selbst

## DIE SIEBEN WUNDER SEINER WELTGESCHICHTE

habe einmal darüber gepredigt. Ich sprach zu einer Gruppe römisch-katholischer Priester, während ein römisch-katholischer Kardinal zwei Meter direkt vor mir saß. Ich sagte: „Ich möchte euch erzählen, was die Bibel über Maria sagt, und was sie nicht über Maria sagt." Ziemlich kühn, nicht wahr? Danach trat der Kardinal auf mich zu und sagte: „Ich werde für Sie beten, dass „Unsere Frau" ihnen erscheinen möge." Ich habe ihn danach noch ein paar Mal getroffen und musste ihm jedes Mal sagen: „Sie ist mir bisher noch nicht erschienen."

Die Bibel sagt einige wunderbare Dinge über Maria. Sie war die erste Charismatikerin im Neuen Testament. Sie sagte: „Der Heilige Geist soll mit mir machen, wie du es geredet hast." Das ist doch erstaunlich! Sie sprach in Zungen, aber nicht vor dem Pfingsttag. Sie war unter den Einhundertzwanzig, die im Heiligen Geist getauft wurden und in Zungen sprachen. Aber danach verschwand sie. Sie wurde ein Mitglied der Gemeinde. Ihre Arbeit war getan. Still und bescheiden tauchte sie in der Gemeinschaft der Gläubigen unter. Das ist eine erstaunliche Geschichte. Im Laufe ihres Lebens hatte sich Jesus von ihr distanziert. Beim allererstern Wunder, als er in Kana Wasser in Wein verwandelte, sagte er nicht „Mutter" zu ihr. Er sagte: „Frau, was habe ich mit dir zu tun?" Als sie später zu ihm kamen und sagten: „Jesus, deine Mutter, deine Brüder und Schwestern sind draußen und wollen dich mit nach Hause nehmen – sie glauben, du bist nicht mehr ganz bei Trost, du bist geisteskrank", sagte er: „Wer ist meine Mutter? Wer sind meine Brüder? Wer den Willen meines Vaters im Himmel tut, der ist meine Mutter." Am Kreuz rief er seinen Lieblingsjünger Johannes zum Kreuz herbei, während Maria dabeistand, und sagte: „Johannes, von jetzt an ist das deine Mutter. Maria, Johannes ist dein Sohn", und so gab er sie in die Obhut des Johannes.

## DAS WUNDER SEINER GEBURT

Uns sollte klar sein, dass die Bibel wirklich wundervolle Dinge über Maria sagt, wir sollten aber ausgewogen damit umgehen und nicht Dinge behaupten, die die Bibel nicht über sie aussagt. Meine Hochachtung vor Maria, aber auch vor Joseph ziehe ich den Hut. Ein wunderbarer Mann! Eigentlich nur ein ganz einfacher junger Mann, der zutiefst getroffen war, als er erfuhr, dass seine Verlobte schwanger ist. Trotzdem wollte er sie nicht verletzen und so entschied er sich, die Verlobung aufzulösen, was in der jüdischen Kultur einer Scheidung gleichkommt. Er beschloss, sich insgeheim zu entloben und sich von diesem schwangeren Teenager zu trennen – aber dazu kam es nicht. Genauso wie sein Namensvetter Joseph im Alten Testament, war er ein Mann der Träume und glaubte, dass Gott durch Träume reden kann. Er hatte einen Traum, in dem Gott sagte: „Mach dir keine Sorgen darüber, dass Maria schwanger ist. Sie war dir nicht untreu, sie ist nicht fremdgegangen. Ich habe das getan." Und Joseph glaubte es. Er war der erste Mann, der glaubte, dass Gott eine Frau schwanger machen kann – das ist ein erstaunlicher Glaube! Es heißt, dass er gleich nach dem Aufwachen Maria geheiratet hat. Auf diese Weise nahm er die Schande der Schwangerschaft auf sich, und die Gesellschaft würde ihn dafür verantwortlich machen, dass sie schon vor der Hochzeit miteinander geschlafen haben. Ein wunderbarer junger Mann! Später hat Gott wieder in einem Traum zu ihm gesprochen: „Du musst schnell diesen Ort verlassen, denn man will dein Baby töten." Er glaubte es auf der Stelle, und kaum hatte er diesen Traum zu Ende geträumt, rettete er unseren Retter für uns und brachte ihn in Sicherheit – was für ein wunderbarer Mann.

Engel spielen in dieser Geschichte eine entscheidende Rolle. Wenn ihr sie euch als Feen vorstellt, dann versteht ihr die ganze Bedeutung nicht. Wir fragten uns bereits, wie diese beiden Gruppen von Menschen von der Geburt des Babys erfuhren. Da gab es keine Geburtsanzeige in der Zeitung, es wurden auch keine Geburtsmitteilungen per Post verschickt. Wie erfuhren sie es also? Die Hirten erfuhren davon, weil es die Engel verkündet hatten. Sie schauten in einen klaren Sternenhimmel, und plötzlich war der Himmel von Engeln erfüllt, die laut sangen – eine erstaunliche und übernatürliche Erfahrung. Sogleich verließen sie die Schafe und machten sich auf den Weg in die Stadt. Die Engel hatten ihnen sogar gesagt: „Ihr werdet ihn in einer Futterkrippe finden. Geht und schaut nach." Mit den weisen Männern verhielt es sich sogar noch übernatürlicher – sie sahen einen Stern.

Ihr müsst wissen, dass es im Buch Numeri eine erstaunliche Prophetie eines Mannes namens Bileam gibt, dessen Esel einmal zu ihm gesprochen hatte – das war auch übernatürlich. Er hatte vorausgesagt, dass sich in Juda ein Zepter erheben würde, und dass dies durch einen Stern angezeigt werden würde. Nur Juden kannten diese Prophetie, und deshalb hielten auch nur jüdische weise Männer danach Ausschau. Als sie einen sehr ungewöhnlichen Stern sahen, entschieden sie sich, in die Heimat Israel zu gehen und diesen König zu sehen. Sie gingen nach Jerusalem, weil sie dort den königlichen Prinzen vermuteten, aber sie fanden ihn dort nicht. Unmittelbar nachdem sie den Palast des Herodes verlassen hatten, war der Stern wieder da, und nur ein paar Kilometer südlich von Jerusalem liegt Bethlehem, und – die Geschichte ist wirklich erstaunlich – sie folgten dem Stern. Unter Astronomen hat man schon viel darüber diskutiert: Standen drei Planeten dicht beieinander oder sind gar verschmolzen? Wir wissen es nicht. Wir wissen lediglich, dass die Männer wussten, dass ein Stern die Geburt des Königs der Juden anzeigen würde, und sie glaubten es. Wir haben es hier also mit einer bemerkenswerten Kombination aus übernatürlichem Eingreifen und Glauben an das Gesagte auf Seiten der Leute zu tun. Ohne all das wüssten wir nicht, was und wie sich das alles zugetragen hat.

## DAS WUNDER SEINER GEBURT

Maria war also bis zu der Geburt ihres Babys Jungfrau. Es ist das erste und letzte Mal, dass so etwas passiert ist. Es ist eines der „Wunder seiner Geschichte" und es ist ebenso ein Wunder in der Weltgeschichte.

Jesus wurde geboren, um zu sterben, und Maria wusste es. Ein Prophet sagte ihr, dass ein Schwert ihr eigenes Herz durchdringen würde. Mit diesem Wissen musste sie leben. Sie hat niemandem davon erzählt – offensichtlich auch nicht Joseph.

### SEINE ZEUGUNG

Das eigentliche Wunder der Geburt unseres Herrn geschah neun Monate vorher. Das bedeutet, dass seine Zeugung im Dezember stattfand – und möglicherweise am 25. Dezember. Ironischerweise feiern wir an diesem Tag seine Geburt, während wir eigentlich seine Zeugung feiern sollten, denn da fing wirklich alles an. Zuerst möchte ich die Frage stellen: Was geschah genau im Mutterleibe Marias? Natürlich konnte niemand dabei zuschauen, aber heutzutage wissen wir so viel über den Beginn des Lebens. In unseren Computern haben wir so viel Wissen zur Verfügung, dass wir uns überlegen können, was in Marias Körper bei der Zeugung genau vor sich ging.

Was ist ein Wunder? Ich definiere ein Wunder als *ein natürliches Ereignis mit übernatürlicher Ursache*. Das trifft auf jedes Wunder zu, das ich kenne. Wir wollen uns fragen: Gibt es natürliche Jungferngeburten? Die Antwort lautet: Ja. Ich habe darüber mit einem Professor der Gynäkologie der Londoner Universität gesprochen, und er sagte: „Ja, das ist möglich." Es gibt Fälle von Jungferngeburten in der Pflanzenwelt und sogar in der Tierwelt. Auch bei Komodowaranen hat es schon Jungferngeburten gegeben. Dabei passiert es, dass die Eizelle irgendwie stimuliert wird und sich ohne Befruchtung zu teilen beginnt. Sie teilt sich immer weiter bis daraus ein weiteres Individuum entsteht. Dieser Professor erzählte mir, dass ihm auch bei Menschen sechs Fälle einer eventuellen Jungferngeburt bekannt sind, wo sich die Eizelle ohne Befruchtung spontan zu teilen begann. Aber dann sagte der Professor etwas sehr Interessantes: „Aber in jedem dieser Fälle kam ein weibliches Baby zur Welt, denn jedes Ei im Leib der Frau ist weiblich. Es ist der Mann, der ein weibliches Ei zu einem männlichen Fötus werden lässt." Auch wenn es möglich ist, dass schon andere Frauen Jungferngeburten hatten, so konnten sie doch nie ein männliches Kind gebären – aber Maria hatte einen Jungen. Es ist absolut unmöglich, dass eine Frau ganz alleine männliche Nachkommen hervorbringt. Diese Geburt war also doch etwas Einzigartiges. Gott bewirkte, dass sie schwanger wurde.

Was hat Gott aber ganz genau getan? Wegen unserer erstaunlichen Erkenntnisse über die Entstehung von neuem Leben, wissen wir, dass es drei Möglichkeiten gibt.

Erstens: Gott könnte in ihrem Leib eine fertig befruchtete Eizelle aus dem Nichts geschaffen haben. Ganz sicher ist er dazu in der Lage, denn Gott kann aus dem Nichts etwas schaffen. Hat er also eine fertig befruchtete Eizelle in ihren Uterus gelegt? In diesem Fall wäre Maria nicht die Mutter von Jesus. Sie wäre eine Leihmutter, die dieses Kind nur ausgetragen hat. Das würde bedeuten, dass Jesus nicht der Sohn Davids, nicht der Sohn Abrahams und auch nicht der Sohn Adams wäre, sondern dass Jesus viel göttlicher als menschlich wäre. Deshalb verwerfe ich diese Erklärung.

Die zweite Möglichkeit besteht darin, dass Gott eine der Eizellen von Maria genommen und sie genetisch modifiziert hätte. Diese Theorie bedeutet, dass Gott nur eines der beiden X-Chromosome in ein Y-Chromosom verändert hätte, damit sie ein Junge wird. Es wäre also nur eine sehr kleine Veränderung notwendig gewesen. In diesem Fall wäre in diesem Baby viel zu viel Anteil von Maria enthalten gewesen. Das Baby wäre auf diese Weise ein Klon seiner Mutter mit Ausnahme des männlichen Geschlechts, ein ansonsten identischer Zwilling von Maria, viel mehr menschlich als göttlich, mehr Sohn des Menschen als Sohn Gottes gewesen. Deshalb scheidet für mich diese Möglichkeit auch aus.

Es gibt also nur noch eine einzige Möglichkeit: Gott schuf in Marias Mutterleib ein männliches Spermium mit der gesamten DNS des Sohnes Gottes, und dieses Spermium befruchtete die Eizelle Marias, sodass Jesus daraus wurde. So konnte Jesus gleichermaßen göttlich und menschlich sein, Sohn Marias und Sohn Gottes, Menschensohn und Gottessohn. Beides auf vollkommene Weise mit einer menschlichen Mutter und einem göttlichen Vater. Interessanterweise haben in der Kirchengeschichte die meisten Häresien das eine, das andere oder beides geleugnet. Der „Doketismus" glaubte, dass Jesus vollkommen göttlicher, aber nicht vollkommen menschlicher Natur war, sondern nur „scheinbar" Mensch war. Das Wort „Doketismus" kommt aus dem Griechischen (dokeín=scheinen), wenn man also eine Maske aufsetzt oder als jemand erscheint, der man gar nicht ist. Am entgegengesetzten Ende des Spektrums der Häresien glaubte man, dass er vollkommen menschlich aber niemals vollkommen göttlich war. Aber für mich ist klar, dass die Art und Weise seiner Zeugung von Anfang an bedeuten muss, dass Jesus beides war, vollkommen menschlich und vollkommen göttlich – das ist die ganze christliche Wahrheit.

Als Mensch hatte er einen Anfang. Als göttliche Person hatte er keinen Anfang. Mir ist bewusst, dass ich gedanklich ziemlich tief schürfe, aber so ist nun einmal meine Herangehensweise, die Tatsachen zu beleuchten und zu sehen, was wirklich passiert ist. Es bedeutet auch, dass Jesus sowohl Schöpfer als auch Geschöpf gewesen ist. Wenn ihr eine dieser beiden Wahrheiten leugnet, verpasst ihr die grundlegende Wahrheit über unseren Herrn Jesus Christus. Er war am Anfang der Schöpfer und wurde ein Geschöpf inmitten seiner Schöpfung. Eine gewaltige Aussage. Bevor er als Zimmermann Stühle und Tische machte, machte er die Bäume, die das Holz lieferten. Bevor er auf dem Berg die Bergpredigt hielt, machte er den Berg zu seiner Kanzel. Ich spreche das nur deswegen aus, damit ihr erkennt, welch frappierenden Anspruch wir für die Person unseres Herrn Jesus Christus erheben. Das ist auch unser Problem, wenn wir jemandem die Geschichte von Jesus erzählen wollen: Wo sollen wir nur damit anfangen?

Das Markusevangelium beginnt bei seiner Taufe, als Jesus dreißig Jahre alt war. Der Bericht des Matthäus geht zurück zu Abraham – auf der ersten Seite des Matthäusevangeliums erfahren wir, dass er der Sohn Abrahams ist. Lukas führt den Leser zurück zu Adam. Aber dann kommt Johannes und sagt, dass er am Anfang auch schon da war. Wir haben also ein Problem: Wo sollen wir starten, wenn wir den Leuten von Jesus erzählen?

Es ist richtig, wenn man die Leute am Anfang nicht überfordert. Ihr könnt die Geschichte Jesu mit seiner Geburt beginnen oder mit seinem öffentlichen Auftreten im Alter von dreißig Jahren. Aber die wirkliche Geschichte beginnt viel früher, und Johannes lehnt sich ganz absichtlich an das Buch Genesis an: „Im Anfang schuf Gott die Himmel und die Erde." Johannes nimmt den Ausdruck „Im Anfang". Dabei sagt er nicht: „Im Anfang war er", sondern: „Im Anfang war er bereits da." Wir sind nicht in der Lage mit unseren Gedanken die Dinge, die vor dem Anfang des Universums gewesen sind, zu erfassen. Wir können nur an den Anfang zurückgehen. Auch bei allen Diskussionen über den Urknall geht es um den Anfang. Wissenschaftler diskutieren nicht über Dinge, die jenseits dieses Zeitpunkts liegen, denn unser Hirn spielt nicht mehr mit, wenn nichts – noch nicht einmal der Raum – da ist. Wir müssen also zum Anfang des Universums zurückgehen, und da ist er bereits vorhanden.

Johannes schrieb sein Evangelium, nachdem er Jesus schon sechzig Jahre gekannt hatte, und er hatte ein Problem: Wie nenne ich Jesus, bevor er geboren wurde? Er kam auf eine brillante Antwort, er nannte ihn auf Griechisch den „Logos". „Logos" heißt neben seinen anderen Bedeutungen „Wort", und so nannte er ihn „das Wort".

Im Anfang war das Wort oder der *logos*, und das Wort war bei Gott, und das Wort war Gott. Kein Wunder, dass die Zeugen Jehovas diese Worte in ihrer Bibel abänderten. Wisst ihr, dass sie es abänderten? Sie können nicht akzeptieren, dass Jesus Gott war. Die Zeugen Jehovas sind tatsächlich eine der Gruppierungen, die die volle Göttlichkeit Jesu leugnen. Sie glauben, dass er eine Schöpfung Gottes war, aber nicht, dass er der Schöpfer ist. Diese Häresie taucht immer wieder bei verschiedenen Sekten und Gruppierungen auf, aber zum Glück wissen wir es besser.

Was bedeutet es, Jesus das „Wort" zu nennen? Er wurde erst dann Jesus genannt, nachdem er als Sohn des Menschen auf die Erde kam. Aber wie sollen wir ihn davor benennen? Nun, Johannes schrieb sein Evangelium in der Stadt Ephesus, die es heute immer noch gibt. Es ist die wohl imposanteste Ruinenstätte in der westlichen Türkei; irgendwann müsst ihr euch das ansehen. Es gibt dort immer noch eine prachtvolle öffentliche Bibliothek, und derzeit graben sie an den Hügeln der Stadt Häuser aus, die von reichen Menschen bewohnt waren. Dieser Ort ist wirklich wunderbar, man muss ihn einfach besuchen. Als wir dorthin reisten, machte ich einen Dokumentarfilm über die sieben Gemeinden von Asien. Ich engagierte einen Kameramann und flog mit ihm über die Ruinen von Ephesus. Dort unten stand nur eine Person, es war eine Frau, und an jeder Ecke von Ephesus standen

Männer mit Scharfschützengewehren! Die Frau war Hillary Clinton und die Wächter sorgten dafür, dass niemand Ephesus betreten konnte. Mein Kameramann flog genau über dieser Szenerie mit den schussbereiten Männern und konnte ein paar gute Aufnahmen drehen. Was ich in Ephesus aber unbedingt sehen wollte, war das Grab des Apostels Johannes. Es ist tatsächlich noch in seinem Originalzustand vorhanden. Ich erinnere mich, wie ich am Grab des Mannes stand, der das vierte Evangelium geschrieben hat, und ich dankte dem Herrn für ihn und für alles, was er für uns aufgeschrieben hat – ein wunderbarer Stoff. Jesus liebte ihn mehr als jeden anderen. Deshalb war er auch in der Lage, uns den inneren Kern der Geschichte aufzuschreiben. Matthäus, Markus und Lukas erzählen uns von den äußeren Dingen der Geschichte, aber Johannes erzählt uns die inneren Dinge. Erstaunlich! Sicherlich habt ihr schon bemerkt, dass das Johannesevangelium sich von den anderen drei Evangelien sehr unterscheidet.

Johannes schreibt also: „Im Anfang war das Wort" – *logos*. Warum wählt er dieses Wort? Es gab in Ephesus einen griechischen Wissenschaftler namens Heraklit; dieser war es, der die Wissenschaft erfand. Er lehrte seine Studenten, zu beobachten und zu analysieren, und er sagte: „Studiert das Wetter, studiert die Tiere, beobachtet alles in der Natur, und versucht herauszufinden, was der Grund für all das ist, warum es passiert." Er nannte den Grund, warum alles ist und warum alles passiert *logos* – und jeder Zweig der Wissenschaft endet mit ‚-ologie', wie Zoologie, Psychologie oder Soziologie. Wenn Johannes dieses Wort als Bezeichnung für den präexistenten Jesus wählte, sagt er damit aus: „Er ist der eigentliche Grund, warum alles überhaupt existiert." Wissenschaftler erforschen Teile der Welt, die uns umgibt. Die Astronomie blickt zu den Sternen, die Geologie blickt auf die Erde. Die Wissenschaft spezialisiert sich immer mehr, Wissenschaftler wissen immer mehr von immer kleineren Teilen der Erde, man grenzt seine Suche immer weiter ein. Dennoch hören Wissenschaftler nicht auf zu fragen: „Was ist der Grund dafür, warum die Natur so funktioniert? Warum gibt es das alles?" Johannes sagt uns: „Jesus ist es, um dessentwillen alles da ist." Gott machte das alles für Jesus. Er wird all das erben, und in Christus werden auch wir alles erben. Die Sanftmütigen werden die Erde erben. Er ist der Grund und die Ursache für alles – ich liebe diesen Titel, der Jesus gegeben wurde.

Aber dieses Wort *logos* gelangte über das Mittelmeer zu einer Stadt in Ägypten mit Namen Alexandria, wo es die größte Universität der Antike nach Athen gab. Die dortige Lehre basierte auf der griechischen Philosophie. Kurze Zeit vor Jesus kam ein jüdischer Philosoph mit Namen Philon an diese Universität. Philon von Alexandria nahm die Idee des *logos* auf, die besagt, dass der *logos* an der Schöpfung beteiligt war. Er tendierte dazu, den *logos* zu einem Gehilfen Gottes bei der Schöpfung zu machen und sagte, dass Gott die Welt durch das Wort erschuf – wir sehen wieder, wie der *logos* ins Spiel kam. Dieses Wort hat also eine sehr interessante Geschichte, im Grunde genommen sagt es aus, dass Jesus der Grund dafür ist, warum alles geschieht. Es sagt auch aus, dass Jesus bei der Schöpfung bereits da war, aber nicht unter dem Namen Jesus. Dieser Name wurde ihm nur für seinen höchsten Auftrag auf Erden gegeben, nämlich sein Volk von den Sünden zu retten. Deshalb sollte er Jesus heißen, weil es bedeutet „Gott rettet".

In unserem kleinen Dorf gibt es ein kleines Postamt, und der Schalterbeamte dort heißt „Mr. Godsave". Wir sehen „Mr. Godsave" regelmäßig. Dieser kleine Name „Godsave" entspricht exakt dem griechischen *Iesous* oder dem hebräischen *Jeschúa* – Gott rettet. Als das Universum geschaffen wurde, hatten Gott und Jesus und der Heilige

Geist nicht das Ziel, die Welt von der Sünde zu retten. Das kam später, aber als es kam, war das Wort *logos* genau das richtige Wort. Johannes sagt damit aus, dass Jesus lange vor seiner Geburt existierte, nur nicht unter diesem Namen. Der Name Jesus ist der Name des Menschensohnes, der seinen Anfang bei seiner Zeugung nahm, nicht aber der Name des Sohnes Gottes, der schon immer dagewesen ist. Ich sage es nochmal, ich hoffe, dass eure grauen Zellen in Schwung kommen, denn diese sagenhaften Wahrheiten sind der Kern der Schrift. Wenn wir jemals den Glauben verlieren, dass Jesus wahrer Gott und wahrer Mensch ist, dann läuft mit unserem Glauben etwas gewaltig schief.

Das bedeutet auch, – und ich will es ganz einfach ausdrücken – dass Jesus der einzige Mensch war und ist, der es sich ausgesucht hatte, geboren zu werden. Du und ich, wir haben es uns nicht ausgesucht, geboren zu werden. Wir haben uns unsere Eltern nicht ausgewählt und auch nicht die Gesellschaftsschicht, in der wir aufgewachsen sind. Jesus suchte sich seine eigenen, sehr bescheidenen Eltern aus. Er hätte sich auch aussuchen können, im teuersten Palast der Welt geboren zu werden, aber er wollte im Hause eines Handwerkers, eines Zimmermanns geboren werden – das ist Demut!

Im Philipperbrief Kapitel 2 lesen wir, wie er in all seinen Entscheidungen bis zum Ende demütig war. Er war Gott gleich und er entschied sich, Mensch zu werden. Er war den Menschen gleich und entschied sich, ein Sklave zu werden. Seine letztendliche Entscheidung bestand darin, im Alter von dreiunddreißig Jahren zu sterben. Nur wenige Menschen tun das freiwillig. Selbst Soldaten, die damit rechnen müssen, getötet zu werden, hoffen, dass sie nicht getötet werden. Sie gehen nicht in den Krieg, um einen freiwilligen Tod zu erleiden. Sie wissen, dass sie getötet werden können, was schon eine schwerwiegende Entscheidung ist – aber die

## DAS WUNDER SEINER GEBURT

ultimative Entscheidung ist, einen sicheren Tod zu wählen. Das wäre äußerst ungewöhnlich.

Jesus entschied sich also, geboren zu werden. Ich wollte meinen Kindern das einmal vor Augen führen. Wir hatten ein Aquarium mit tropischen Zierfischen, und es gab einen Fisch, der das ganze Aquarium ruinierte. Dauernd griff er die anderen an und fraß sie auf. Meine armen Kinder mussten das mitansehen. Wir standen vor dem Aquarium und ich sagte: „Nehmen wir einmal an, ihr könntet diese Ungerechtigkeit beenden, wenn ihr bereit wäret, ein Fisch zu werden, und ich euch ins Aquarium werfen würde, damit diese Kämpfe beendet werde. Dabei wüsstet ihr, dass sich die Fische auf euch stürzen würden und euch töten würden – wäret ihr bereit dazu?" Meine drei kleinen Kinder waren entsetzt: „Niemals!" Dann sagte ich: „Aber wie wäre es, wenn ihr es macht und ich euch dann wieder aus dem Aquarium herausfischen würde, und ihr dann für den Rest eures Lebens ein Fisch bleiben würdet?" Das entsetzte sie noch mehr. Ihr sollt wissen, dass Jesus nicht dreiunddreißig Jahre lang Mensch war, dann zurückging und wieder Gott wurde. Er wurde für immer Mensch; er ist immer noch Mensch. Er wurde einer von uns, und dies in alle Ewigkeit.

Einmal sprach ich mit einer netten katholischen Dame und fragte sie, warum sie zu Maria betet. Sie sagte geradeheraus: „Weil sie ein Mensch ist; sie versteht uns." Ich sagte: „Aber Jesus ist auch Mensch." Sie sagte: „Oh nein, das ist er nicht. Er war Mensch, aber jetzt im Himmel ist er wieder göttlich." Ich erwiderte: „Er ist immer noch Mensch." Dann las ich mit ihr den Hebräerbrief, der betont, dass er ein Hohepriester im Himmel ist, der uns versteht – weil er immer noch Mensch ist, der wie wir versucht wurde, und der sich immer noch daran erinnert. Er ist ein Mensch im Himmel. Wir haben ein menschliches Wesen im Himmel zur Rechten Gottes, der das Universum regiert und über allen Engeln steht. Er wird deshalb auch als unser Vorläufer beschrieben. Er ist das erste menschliche Wesen, das so hoch erhoben wurde, über die Engel und sitzend zur Rechten Gottes. Er hat das nur deshalb getan, damit auch wir dasselbe eines Tages tun können. Deshalb wird er unser Vorläufer, unser Pionier genannt, derjenige, der uns vorausgegangen ist und den Weg für uns bereitet hat.

Unsere Bestimmung ist höher als die der Engel – dort will Gott uns haben, nachdem er uns erlöst hat. Wir werden mit Christus in Himmelswelten sitzen und das Universum zusammen mit Jesus regieren. So schaut unsere Zukunft aus, und ich hoffe, ihr bereitet euch darauf vor, nicht indem ihr andere herumkommandiert, sondern die Würde derjenigen erlangt, die mit Christus herrschen werden.

„Im Anfang war das Wort" (Johannes 1) spricht zu uns von der Ewigkeit Jesu. „Das Wort war bei Gott" – spricht zu uns von der Göttlichkeit Jesu bzw. seiner Persönlichkeit. Das Wort war buchstäblich bei Gott, in einer persönlichen Beziehung. Wir erkennen also seine Ewigkeit und seine Persönlichkeit. Dann kommt: „...und das Wort war Gott". Das zeigt uns seine Göttlichkeit, und zwar seine volle Göttlichkeit. Dann heißt es etwas später im Kapitel über das Wort: „Und das Wort wurde Fleisch und wohnte unter uns" – oder anders übersetzt, „es schlug sein Zelt unter uns auf." Diese Aussage ist wohl die erstaunlichste von allen: Das Wort war ewig; das Wort war persönlich; das Wort war göttlich, und das Wort wurde Fleisch. Das Wort „Inkarnation" kommt aus dem Lateinischen *caro, carnis=Fleisch,* und bedeutet „Fleischwerdung". Wir müssen diese Wahrheit ernst nehmen. In welche Art von Fleisch kam Jesus? Ich lege euch einige Antworten vor. Erstens: Es war *physisches* Fleisch, kein scheinbares Fleisch. Ihr konntet es anfassen und berühren. Es war Fleisch wie das unsere. Ihr meint vielleicht, das wäre unerheblich, aber ich möchte es klar herausstellen: Er musste täglich seine Blase und seinen Darm entleeren, genauso wie wir. Wahrscheinlich denken wir gar nicht an so etwas, oder? Wir sehen ihn lieber wie in einem Kirchenfenster dargestellt, erhaben über so profane Dinge. Jesus nahm unser Fleisch an. Das bedeutet, dass er genauso hungrig, durstig und müde war und all die anderen Dinge mitmachte, wie wir. Wir müssen das wirklich verinnerlichen: Das Wort wurde Fleisch – physisches Fleisch, genau wie wir.

Im Weihnachtslied *Away in a Manger* (Dort in der Krippe) gibt es einiges, was ich nicht mitsingen kann. Es ist wirklich so: Wenn ich in einem Gottesdienst bin, und dort etwas gesungen wird, was ich nicht glaube, dann singe ich nicht mit. Es wäre gut, wenn das alle machen würden. Wir wären hin und wieder einfach stumm – und die Liedermacher könnten etwas daraus lernen. Im Weihnachtslied *Away in a Manger* lautet eine Zeile „er hat nicht geschrien." Wie lächerlich – ein Baby kann seiner Mutter nur mitteilen, dass es hungrig ist, wenn es schreit! Habt ihr auch schon bemerkt, dass auf allen Weihnachtskarten Jesus immer als sechsmonatiges Baby abgebildet ist? Er schaut dort wohlgenährt und herausgeputzt aus. Als ich das erste Mal meine Tochter zu Gesicht bekam, war ich entsetzt. Sie sah wie ein nacktes Kaninchen aus und ich dachte: „Ist das wirklich alles, was wir zustande gebracht haben?" Aber auf einer Weihnachtskarte seht ihr nie ein neugeborenes Kind. Er musste gewaschen und gestillt werden. Seine Nabelschnur musste abgeschnitten werden. Das Fleisch, das er wurde, war ganz und gar *physisch* – einer von uns! Nichts mit Kirchenfenster usw., sondern das echte Leben. Dank sei Gott dafür, dass er einer von uns wurde.

Zweitens: Es war nicht nur physisches Fleisch, sondern es war *jüdisches* Fleisch. Leider hat die westliche Welt vergessen, dass Jesus Jude war, ist und immer sein wird. Er wurde wie jeder andere jüdische Junge am achten Tag beschnitten. Die Kirche, die vergisst, dass Jesus Jude ist, gerät in große Schwierigkeiten. Ich habe schon viele Heftchen aus der Sonntagschule gesehen, wo Jesus wie ein Skandinavier aussieht, mit langen blonden Haaren und blauen Augen. Aber er war ein nahöstlicher Jude – dunkelhäutig, wir vergessen das allzu gerne. Wir neigen dazu, Jesus nach unserem Äußeren darzustellen, weil wir gerne wollen, dass er so wie wir ist. Er war es, aber es war jüdisches Fleisch; er hatte eine jüdische Nase; er war beschnitten. Jeglicher Antisemitismus in der Kirche verleugnet seine wahre Natur. Denkt das einmal bis zu Ende.

Drittens: Es war *männliches* Fleisch. Ich bin besorgt darüber, dass es heutzutage populär ist, Jesus als bisexuell oder homosexuell hinzustellen. Das ist eine Lüge! Er wurde als Mann geboren und er blieb Mann. Pontius Pilatus sagte: „Siehe, der Mann", auch wenn es für den Feminismus hart klingt. Es gibt eine große christliche Kirche, und über dem Altar hängt ein großes Kreuz, die Gestalt von Jesus am Kreuz ist vollkommen nackt und hat einen weiblichen Körper. Ich schäme mich, sagen zu müssen, dass diese Skulptur von der Enkelin von Winston Churchill stammt. Vielleicht kennen einige von euch diese Kirche. Es ist eine Verleumdung. Jesus war ein Mann, männliches Fleisch, und wir können das nicht übersehen, denn Gott ist ein Vater und keine Mutter. Er ist der König des Universums und keine Königin. Als Jesus kam, um uns zu zeigen, wie Gott ist, musste er als Mann kommen. Ich wiederhole das immer wieder, weil wir so oft falsche Vorstellungen haben. Es war physisches Fleisch; es war jüdisches Fleisch; es war männliches Fleisch und es war geschlechtliches Fleisch.

Jesus war ein normaler Mann. Und auch diesbezüglich gibt es einigen Missbrauch. Zum Beispiel der Film *Die Versuchung Christi* von Scorsese ist solch ein Missbrauch, obwohl einiges wahr daran ist. Jesus war ein sexuelles

## DAS WUNDER SEINER GEBURT

Wesen, er war daran gebunden. Ich danke ihm, dass er dieselben Versuchungen hatte wie ich als Mann, und dass er der Versuchung keinen Raum gab. Er wurde als Junge großgezogen, und als Mann kannte auch er die sexuellen Versuchungen, wie viele andere Versuchungen auch. Das gehört zu dem Glauben, dass das Wort Fleisch wurde, dazu. Der Film *Der Da Vinci Code* hat daraus gemacht, dass er Maria Magdalena geheiratet hat und mit ihr eine Familie gründete. Aber das ist falsch. Richtig ist aber, dass er hätte heiraten können und eine Familie hätte gründen können, aber sich dafür entschied, es nicht zu tun.

Was euch aber am meisten verwundern könnte, ist Folgendes: Sein Fleisch war *sündhaftes Fleisch* – die Bibel sagt das. Das können wir uns fast nicht vorstellen. Deshalb haben die Katholiken eine Lehre aufgestellt, die sich „Die unbefleckte Empfängnis der Jungfrau Maria" nennt. Sie glauben, dass Maria ohne sündhaftes Fleisch geboren wurde. Davon finden wir nichts in der Bibel, aber die meisten Katholiken glauben an die unbefleckte Empfängnis von Jesus – dass er nicht in sündhaftem Fleisch geboren wurde. Allerdings sagt Paulus im Römerbrief Kapitel 8: „geboren in der Gestalt des Fleisches der Sünde." Da könnte jemand sagen: „also nur in der Ähnlichkeit". Moment einmal. Im Philipperbrief Kapitel 2 sagt Paulus, dass er den Menschen gleich geworden ist. Das bedeutet, dass er nicht nur äußerlich als Mensch erschien, sondern dass er eine exakte Kopie war.

Allerdings war Jesus ganz gewiss sündlos. Das musste auch so sein, damit er ein Sühneopfer für unsere Sünden sein konnte. Vielleicht sollten wir uns in Erinnerung rufen, dass Versuchung keine Sünde ist, selbst wenn sie aus unserem Inneren kommt. Wir sagen also, dass Jesus unsere gefallene Natur von seiner Mutter geerbt hat, aber ihr niemals nachgegeben hat und in seinem ganzen Leben nie gesündigt hat. Das ist für uns eine große Ermutigung, die wir unsere Kämpfe mit der Welt, mit dem Fleisch und mit dem Teufel haben. Auch er hat auf diesen drei Gebieten Kämpfe gehabt und wurde genauso wie wir in allen drei Punkten versucht, aber ohne zu sündigen. Deshalb ist er sowohl ein mitfühlender Hohepriester, als auch derjenige, der uns durch den Heiligen Geist in unserem täglichen Leben den Sieg geben kann. Er wurde wirklich einer von uns, und dennoch ist er wie keiner von uns, denn er hat allen Versuchungen erfolgreich widerstanden.

Wenn es also heißt „geboren in der Gestalt des Fleisches der Sünde", bedeutet das, dass Jesus versucht wurde, und zwar nicht nur von außen durch die Welt und durch den Teufel, sondern auch von innen durch sein Fleisch. Ich bin dafür sehr dankbar und sage das voller Ehrfurcht, denn es bedeutet, dass Jesus alle Kämpfe, die auch ich habe, gekämpft hat und sie alle durchgestanden hat, aber ohne zu sündigen. Er hat es getan, und wenn er die Welt, das Fleisch und den Teufel besiegt hat, dann kann ich in seiner Gnade und Kraft das auch tun – das sind doch wirklich gute Nachrichten. Aber die Leute meinen, dass er ohne eine Spur sündhaften Fleisches geboren wurde. Das ist falsch. Er erbte es von Maria. Sie war eine Sünderin wie jeder von uns; die Gnade Gottes machte aus ihr das, was sie wurde. Ihr Sohn wurde in der Gestalt des Fleisches der Sünde geboren und erlangte den Sieg darüber. Danke Jesus! Ich danke dir, dass du all das für mich getan hast.

Er wählte sich also aus, geboren zu werden, Fleisch zu werden. Es war ein freiwilliger Akt und ein sehr demütiger Akt, das nicht nur für eine gewisse Zeit, sondern für immer zu sein. Wir müssen jetzt die wohl tiefste Wahrheit seiner Zeugung erfassen. Um was geht es? Er hat nicht nur Göttlichkeit in die Menschheit hineingebracht – schon das ist wunderbar genug, denn so kann er den Menschen sagen: „Wenn ihr mich gesehen habt, dann habt ihr den

## DAS WUNDER SEINER GEBURT

Vater gesehen." Wenn ihr wissen wollt, wie Gott ist, dann schaut euch Jesus an. Er ist aus demselben Holz geschnitzt. Er ist echt – er schaut wie sein Vater aus. Er brachte also Göttlichkeit in die Menschheit. Das ist die eine Seite, die für uns auch schwierig zu glauben ist, und worüber wir oft nachdenken müssen, aber es gibt noch eine andere Seite, die wir gerne vernachlässigen. Die andere Seite ist, dass er das Menschsein in die Göttlichkeit mit hineingenommen hat. Das ist die eigentliche Revolution, die sich bei der Zeugung Jesu abgespielt hat – unser Menschsein wurde in die Göttlichkeit hineingenommen. Manchmal kann ich mir das gar nicht vorstellen – es ist atemberaubend. Denn jetzt ist eine der drei Personen der Gottheit ein Mensch. Ist das nicht umwerfend? Auch wenn ihr noch nie darüber nachgedacht habt, denkt darüber nach.

Zu guter Letzt frage ich: Warum tat er dies alles? Warum war er willens, dies zu tun, es freiwillig für mich und für dich und für die ganze Welt zu tun – sogar für das ganze Universum? Warum war der Schöpfer bereit, ein Geschöpf zu werden? Die zweifache Antwort darauf ist ganz einfach: Um Gott zu uns, und uns zu Gott zu bringen. Die Bibel spricht über beides. Er tat es, um Gott zu uns zu bringen, sodass wir wissen, dass Gott einer von uns ist, und um uns zu Gott zu bringen, damit wir seine adoptierten Söhne werden. Jesus ist der einzig-gezeugte Sohn, und wir sind adoptierte Söhne und Töchter, wir sind in seine Familie für immer adoptiert.

Das Apostolische Glaubensbekenntnis springt von Jesu Geburt geradewegs zu seinem Tod. Ein außergewöhnlicher Sprung, aber gerade sein Tod war es, der uns mehr als alles andere zurück zu Gott bringt – sein Tod machte es erst möglich. Kurz nach seiner Geburt nahmen sie ihn in den wenige Kilometer entfernten Tempel, um ihn zu weihen und zu beschneiden. Genau dort haben sie zwei wunderbare

## DIE SIEBEN WUNDER SEINER WELTGESCHICHTE

Menschen getroffen, eine Frau namens Anna und einen Mann namens Simeon. Simeon prophezeite Maria: „Durch euer Kind wird Israel gerettet werden, aber auch deine eigene Seele wird ein Schwert durchdringen." Dann sagte er etwas Wundervolles: „Jetzt, Herr, kann ich glücklich sterben! Ich habe IHN gesehen!" Er war ein Mann, der sein ganzes Leben lang gewartet hatte, denn Gott hatte ihm gesagt: „Bevor du sterben wirst, wirst du den König sehen; du wirst meinen Sohn sehen." Und jetzt sagt Simeon: „Nun, Herr, entlässt du deinen Knecht nach deinem Wort in Frieden. Ich kann glücklich sterben." Alles was er gesehen hatte, war ein kleines Baby. Aber sein Glaube bestand darin, dass er sehen konnte, was dieses Baby für Israel und für die ganze Welt bedeutet – für uns alle.

Es gibt viele Weihnachtslieder und manche davon sind ziemlich schnulzig. Aber hier möchte ich ein wirklich gutes Kirchenlied von Charles Wesley wiedergeben, der in meinen Augen der wohl größte Hymnenschreiber ist, der jemals gelebt hat. Er schrieb sechstausend Kirchenlieder. Leider werden heutzutage nur noch wenige davon gesungen, obwohl sie voll wunderbarer Gedanken über unseren Herrn sind.

> Ehre sei Gott in der Höh'
> Und Friede hier auf Erd'!
> Gott kommt herab,
> Der Himmel beugt sich,
> Und zeigt sich uns als Freund:
> Gott, der Unsichtbare erscheint!
> Der glückselige Gott, der große ICH BIN,
> Verweilt in den Tälern der Not,
> Sein Name ist Jesus Christus.

## DAS WUNDER SEINER GEBURT

Ihn beteten alle Engel an,
Ihren Schöpfer und ihren König.
Die Nachricht von ihrem demütigen König
Bringen sie nun den Hirten.
Entkleidet seiner Majestät,
Beraubt seiner glänzenden Schönheit,
Der Erstgeborene fängt sein Werden an,
Und Gott als Mensch gebor'n!

So ist der ewige Sohn von Gott,
Zum sterblichen Menschen geworden;
Wohnend in einem irdischen Klumpen,
Der, den der Himmel nicht fasset!
Seht all ihr Himmel in Ehrfurcht auf das!
Seht wie der Herr von Himmel und Erd';
Gebeugt in den Staub ist Er,
Und liegt dort in der Krippe.

Wir, als Kinder jubilieren,
Den Friedefürst wir proklamieren;
Mit den himmlischen Heeren wir erheben die Stimmen
Und rufen laut den Namen Immanuels:
Knie und Herzen wir gerne ihm beugen;
Unser Fleisch und unser Bein,
Jesus ist nun unser Bruder,
Und Gott ist alles in allem unser.

Ist das nicht ein wunderbares Lied? Hoffentlich werdet ihr irgendwann in der Lage sein, es zu singen, wenn ihr euch nicht mehr länger um „Weihnachten" kümmert!

# 2

# Das Wunder seines
# TODES

Wenn man bedenkt, dass Jesus wohl die bekannteste Person ist, die jemals gelebt hat, wissen wir erstaunlich wenig über ihn. Von seiner Geburt bis zu seinem dreißigsten Lebensjahr hebt sich der Vorhang nur ein einziges Mal und gewährt während seiner gesamten Jugend nur einen kurzen Einblick, um sich dann wieder bis zu seinem dreißigsten Lebensjahr zu senken. Die Geschichte seiner Geburt wird jedes Jahr weltweit gefeiert, obwohl sie von Vielen nur als Legende und Mythos angesehen wird, aber die nächsten dreißig Jahre sind vollkommen unbekannt – und das ist außergewöhnlich. Wir nehmen an, dass er den väterlichen Beruf des Zimmermanns übernommen hat und Stühle, Tische, Fenster und Fensterstöcke hergestellt hat. Dreißig Jahre lang war er unbekannt und unbemerkt. Aber dann im Alter von dreißig Jahren machte er einen gewaltigen Schritt in die Öffentlichkeit und wurde von einem Zimmermann zu einem „Mann der Wunder". Interessant ist dabei, dass er achtzehn Jahre lang Zimmermann und drei Jahre lang ein „Mann der Wunder" war. Meinen Berechnungen zufolge ist das ein Verhältnis von sechs zu eins. Erinnert euch das an etwas? Lest Kapitel 1 des Buches Genesis. Jesus sagte: „Mein Vater wirkt bis jetzt, und jetzt wirke ich."

Er hatte erstaunliche Kräfte, die er ausschließlich zum Wohle der Menschen einsetzte. Niemals hat er seine Kraft dazu verwendet, um andere zu verletzen, oder, wie Petrus es später in einer Predigt ausdrückt: „Jesus von Nazareth, wie Gott ihn mit Heiligem Geist und mit Kraft gesalbt hat, der umherging und wohltat und alle heilte..." Er half den Menschen: Kranke wurden gesund, Blinde wurden sehend, Taube hörten, Lahme gingen wieder, Hungrige wurden satt, und er rettete sogar seine Jünger vor dem Ertrinken. Er tat wirklich nur Gutes, und trotzdem war er drei Jahre später tot. Wie es dazu kam werde ich im Folgenden der Reihe nach erklären.

Wir wollen damit beginnen, die menschliche Seite des Kreuzes zu betrachten. Es gibt nämlich sowohl eine göttliche als auch eine menschliche Geschichte dazu. Genauso wie bei der Geburt, werde ich euch zuerst die menschliche und dann die göttliche Seite erzählen. Im Alter von dreiunddreißig Jahren, in der Blüte seines Lebens, in weniger als der Hälfte der durchschnittlichen Lebenserwartung seiner Generation, die damals ca. siebzig Jahre betrug, hatte er sein Leben bereits ausgehaucht. Erstaunlicherweise wissen wir mehr über seinen Tod als über sein Leben. Das ist wirklich ungewöhnlich. Er starb nicht eines natürlichen Todes, wegen Krankheit, Altersschwäche oder sonstiger Gebrechen, weswegen wir normalerweise sterben. Er wurde umgebracht – es war ein öffentlicher, durch die Justiz begangener Mord. Es war ein Attentat, er wurde als Krimineller umgebracht, obwohl er drei Jahre lang nur Gutes getan hatte. Man betrachtete ihn als den gefährlichsten lebenden Menschen, und deshalb musste er so schnell wie möglich beseitigt werden.

Wie kann man sich erklären, dass aus dem bekanntesten Menschen seiner Zeit der gefährlichste Mensch in den Augen anderer wurde? Die meisten Menschen wissen, dass er hingerichtet wurde, aber können nicht wirklich nachvollziehen, was bei seinem Tod geschah. Es gibt viele Hinrichtungsarten: Sehr weit verbreitet ist das Hängen am

## DAS WUNDER SEINES TODES

Galgen oder der elektrische Stuhl, z.B. in Amerika. In Rom wurde man oft geköpft, es wurde einem dabei der Kopf mit einem Schwert abgehauen. Jesus wurde auf andere Weise hingerichtet – ihm blieb es vorbehalten, auf die langwierigste und schmerzvollste Art und Weise hingerichtet zu werden, die je für Menschen ersonnen wurde. Heutzutage versucht man Hinrichtungen möglichst schnell und schmerzfrei zu gestalten. Momentan sind Giftspritzen aktuell, Jesus aber musste genau das Gegenteil davon erleiden. Auf die blutigen Details werde ich später eingehen, weil ich will, dass ihr erkennt, welch grausamer Tod es wirklich war.

Kreuzigungen führten nicht schnell zum Tod – es dauerte mindestens zwei Tage, aber es wird auch von sieben Tagen berichtet. Die Kandidaten wurden nackt ausgezogen. Dann wurden sie an zwei Holzbalken genagelt, wobei die Nägel durch die Handgelenke und nicht etwa durch die Handflächen getrieben wurden, denn diese würden vom Gewicht des Körpers reißen. Es gibt eine kleine Öffnung zwischen den Handgelenksknochen, durch die man die Nägel trieb, sodass sie dem Körpergewicht standhielten. Mit den Füßen verhält es sich genauso: Die Nägel wurden nicht durch den Fußrücken, sondern durch das Fußgelenk getrieben. Mit den Nägeln durch die Hand- und Fußgelenke hingen sie vollkommen nackt am Holz. Bilder der Kreuzigung zeigen normalerweise ein Leintuch um die Hüften, aber das ist nicht wahr. Man war der öffentlichen Demütigung völlig schutzlos ausgesetzt; dann ließ man sie ohne Essen und Trinken einfach hängen. Bei der Kreuzigung tritt der Tod durch Ersticken ein – wenn man nicht mehr in der Lage ist zu atmen. Solange die Glieder noch kräftig genug waren, konnte sich das Opfer noch mit den Füßen abstützen und atmen; wenn der Schmerz in den Fußgelenken zu heftig wurde, ließen sie locker und hingen dann an den Handgelenken, wobei das Atmen schwerer fiel. Sie stützten sich dann wieder mit den Füßen auf, sobald der Schmerz etwas nachgelassen hatte. Dieses andauernde Abstützen und Zusammensacken schwächte den Körper immer mehr, bis irgendwann der Moment kam, an dem die Beine zu schwach wurden, um sich abzustützen. Dann begann das Ersticken, denn der Druck auf die Lungen wurde zu groß, um zu atmen. Wie schon erwähnt, dauerte es zwischen zwei und sieben Tagen, bis der Tod eintrat. Während dieser Zeit waren die Todeskandidaten dem Spott und der Misshandlung der Welt ausgesetzt. Es war ein schrecklicher Tod.

Nie wurde ein römischer Bürger je so gekreuzigt – man betrachtete diese Hinrichtungsart als zu entwürdigend für einen Römer. Ich hoffe, dass ihr euch mittlerweile fragt: „Warum dauerte der Tod bei Jesus dann nur sechs Stunden?" Wir werden diese Frage noch beantworten, bis jetzt aber haben wir nur herausgestellt, welch grausamer Tod es war.

Zuerst will ich erklären, wie es dazu kommen konnte, dass Jesus, der ein durch und durch guter Mensch war – was selbst seine Feinde anerkannten – nach nur drei Jahren solch ein Ende fand. Wir müssen eine menschliche Erklärung dafür finden. Die Antwort besteht darin, dass es nicht passiert wäre, wenn Jesus zu irgendeiner anderen Zeit oder an irgendeinem anderen Ort geboren worden wäre. Er wäre möglicherweise in hohem Alter gestorben. Aber die Begleitumstände seiner Geburt führten unausweichlich zu seiner Kreuzigung. Wie kann das sein?

Jesus war, ist und wird immer sein: Ein Jude. Er wurde im jüdischen Volk geboren, das zwar in dem von Gott verheißenen Land wohnte, aber die Herrschaft darüber schon längst eingebüßt hatte. Nach ihrer Rückkehr aus Babylon standen sie ununterbrochen unter der Herrschaft fremder Mächte. Sie erhielten zwar ihr Land, nicht aber ihre Freiheit und Autonomie zurück. Seit dem Tage ihrer Rückkehr aus Babylon standen sie unter der Kontrolle von

## DAS WUNDER SEINES TODES

anderen. Sie wurden von Syrien, Ägypten, Griechenland und schließlich von Rom erobert. Während der griechischen Herrschaft erlangten sie durch die Makkabäer, einer Sippe von Freiheitskämpfern, für kurze Zeit ihre Eigenständigkeit zurück. Der tapfere Judas Makkabäus, mit dem Beinamen „der Hammer", hämmerte die Griechen in Grund und Boden und erkämpfte für die Juden wenige kostbare Jahre politischer Freiheit. Allerdings büßten sie diese bald wieder ein, und Rom wurde die bis dahin stärkste Besatzungsmacht. Gott wartete, bis die Juden unter römischer Gewalt waren, bevor er seinen Sohn zum jüdischen Volk sandte. Diese Situation war erforderlich, und Jesus musste dieser Situation entgegentreten. Gott hatte mehrere Jahrhunderte gewartet, bis er seinen Sohn sandte, dreihundert Jahre lang hatte er schon nicht mehr zu seinem Volk gesprochen. Aber als die Fülle der Zeit kam, sandte er seinen Sohn, und alles war perfekt darauf abgestimmt für das, was Gott durch den Sohn, der Fleisch wurde und unter uns wohnte, erreichen wollte.

Rom war eine grausame Besatzungsmacht. Zum einen legten sie dem Volk hohe Steuern auf, die sie durch Steuereintreiber (Zöllner) eintreiben ließen. Diese Leute waren Handlanger der feindlichen Besatzungsmacht. Mit dem Eintreiben der Steuer konnten sie großen Profit machen und wirtschafteten viel in ihre eigene Tasche, wie z.B. Zachäus. Aber es gab nicht nur Steuern. Die römischen Soldaten konnten jedem beliebigen Mann befehlen, ihr ganzes Gepäck zu tragen (aber nur eine Meile und keinen Schritt weiter). Vor den Augen deiner Volksgenossen trugst du dann das Gepäck eines römischen Soldaten – eine sehr demütigende Situation, und das machte es nur schlimmer. Jesus sagte: „Wenn dich jemand zwingt, eine Meile mit ihm zu gehen, dann gehe zwei." In jener Zeit so etwas zu predigen, war mehr als unpopulär, wie man sich unschwer vorstellen kann.

## DIE SIEBEN WUNDER SEINER WELTGESCHICHTE

Die Römer bestanden auch auf einer weiteren Sache, die für unsere Betrachtungen eine große Bedeutung hat: Sie untersagten den Juden die Verhängung von Todesstrafen. Im mosaischen Gesetz gibt es fünfzehn Verbrechen oder Sünden, auf denen die Todesstrafe steht. Dies war den Juden nun verwehrt. Rom behielt sich das Recht der Verhängung von Todesstrafen vor, und die Juden durften niemanden mehr hinrichten. Aus diesem Grunde hatte Jesus auch zwei Gerichtsverhandlungen - eine vor den jüdischen Führern und eine vor Pontius Pilatus – denn so war es vorgeschrieben. Sie wollten, dass er stirbt, es wurde ihnen aber nicht gestattet, ihn selbst hinzurichten. Sie brauchten die Römer dafür, was uns nebenbei auch zeigt, dass auch die Heiden für den Tod Jesu verantwortlich sind, und nicht nur die Juden. Und tatsächlich hat Jesus ja auch angekündigt: „Der Sohn des Menschen wird in die Hände der Heiden überliefert werden, um zu sterben." Und trotzdem macht die Kirche die Juden seit zweitausend Jahren für den Tod Jesu verantwortlich. Wir alle sind darin verwickelt – Juden und Heiden. Wenn Juden damit zu tun haben, dann auch wir. Das war also die Situation, in die Jesus hineingeboren wurde: Ein Land, das von einem grausamen, starken und gut organisierten Feind besetzt war.

Was geht in einem besetzten Land vor sich? Die USA waren noch nie besetzt, und auch Großbritannien ist schon lange nicht mehr besetzt gewesen, obwohl es während des zweiten Weltkrieges fast dazu gekommen wäre, als Hitler kurz davor stand, einzumarschieren. In der Luftschlacht über England konnten ein paar tapfere Royal Air Force Piloten das Ruder herumreißen und es aus der aussichtslosen Lage retten. Aber Frankreich, Belgien, Holland, Dänemark und Norwegen wurden besetzt.

Was diesen Nationen im zweiten Weltkrieg geschah, entspricht genau dem, was den Juden unter den Römern passierte. Das Volk spaltete sich in drei klar voneinander abgegrenzte Gruppen auf. Zuerst gab es die Kollaborateure – das waren die, die nachgaben, mit den feindlichen Besatzern zusammenarbeiteten, das Beste aus der Situation machten und sich an den Feind „verkauften". Die Kollaborateure in der Zeit Jesu waren die Sadduzäer. Zu ihnen gehörten die Hohepriester, sie arbeiteten mit den Römern zusammen und verwalteten das Land.

Die zweite Gruppe waren die Kämpfer, die gegen die Zustände rebellierten. Sie werden von der feindlichen Besatzungsmacht Terroristen genannt. Sie selbst nennen sich hingegen „Freiheitskämpfer". Zur Zeit Jesu nannten sie sich „Zeloten". Natürlich wurden sie verfolgt und viele mussten daran glauben. Sie mussten sich in den Bergen – vornehmlich in den Bergen Galiläas – verstecken. Von dort kamen sie nachts hervor und griffen die Römer mit Überfallkommandos an. Unter den zwölf Jüngern Jesu gab es auch einen Zeloten mit Namen Simon. Die dritte Gruppe war religiöser Natur, die sich aus der ganzen Misere in ihre Religion zurückzog; das waren damals die Pharisäer. Sie waren davon überzeugt, dass das Volk Gottes nur deshalb vom Feind besetzt war, weil man das Gesetz des Mose nicht einhielt. Sie zogen sich deshalb aus dem normalen Leben zurück und widmeten sich den 613 Gesetzen der Thora und noch vielen anderen Vorschriften. Um nur ein Beispiel zu nennen: Sie nahmen das eine Sabbatgebot und machten daraus eintausend Verbote, die den Sabbat betrafen. Über manche kann man einfach nur lachen. Wenn du am Stock gehen musst, dann darfst du den Stock am Samstag nicht hinter dir herziehen. Denn wenn du mit dem Stock hinter dir her im Staub eine Rille gezogen hast, dann hast du ja irgendwie gepflügt, und das ist verboten. Es war auch nicht erlaubt, eine Zahnprothese am Sabbat zu tragen, denn das käme dem Lastentragen gleich. Man durfte am Sabbat sein Kleidungsstück nicht mit einer Sicherheitsnadel zusammenfügen, denn das wäre Näharbeit. Wisst ihr, dass sie diese Gebote immer noch haben? Wenn ihr in Jerusalem am Sabbat einen Aufzug benutzt, dürft ihr dort auf keinen Knopf drücken, denn das wäre Arbeit. Deshalb gibt es am Sabbat bei jedem Aufzug eine „Sabbatschaltung", und der Aufzug hält in jedem Stockwerk automatisch, sodass man keinen Knopf drücken muss. Wenn der Aufzug „unbenutzbar" ist, weil er keine „Sabbatschaltung" hat, und ihr deshalb zehn Etagen zu Fuß gehen müsst, dann ist das keine Arbeit, aber einen Knopf zu drücken ist Arbeit. Die Fernmeldesoldaten in der Israelischen Armee verwenden Morsetasten, um Nachrichten zu versenden. Der oberste Rabbiner sagte nun, dass es Arbeit ist, wenn man die Morsetasten drückt. Sie sagten: „Aber Rabbi, wir müssen auch am Sabbat kämpfen. Der Feind schläft am Sabbat nicht; wir müssen auch am Sabbat Morsezeichen funken." Der Rabbi dachte lange nach und sagte: „Nun gut, wenn ihr beim Morsen die linke Hand benutzt, dann ist das keine Arbeit. Aber wenn ihr die rechte Hand benutzt…"

Ihr lacht vielleicht über solche Dinge, aber so ist es heute noch. Immer noch überlegt man sich im Detail, wie man jedes Gesetz des Mose anwenden muss. Genau das taten auch die Pharisäer. Jesus setzte sich rücksichtslos über ihre Traditionen hinweg. Deswegen bekam er mit ihnen Ärger. Aber ihr müsst erkennen, dass Jesus mit allen drei Gruppierungen Ärger bekam, wegen dessen, was er sagte, was er tat und was er seinen Jüngern erlaubte. Irgendwann hassten ihn alle drei Gruppen. Anders ausgedrückt: Wenn Jesus mit jemandem Ärger bekam, war er ganz auf sich alleine gestellt, aber jeder fragte sich, mit welcher Gruppe er sympathisieren würde – gleichzeitig hatte er dann die beiden anderen Gruppen gegen sich. Weil Jesus mit keiner dieser drei Gruppen sympathisierte, legte er sich mit allen an und wurde so sehr unbeliebt.

## DAS WUNDER SEINES TODES

Seine Beliebtheit beim normalen Volk war ein zusätzliches großes Problem. Alle drei Gruppen hatten schon Probleme mit ihm, aber ihr größtes Problem war, dass er unter dem Volk so beliebt war, und ihm alle anhingen. Innerhalb von Monaten nach Beginn seines öffentlichen Dienstes wurde er zu einer sehr bekannten Persönlichkeit. Er wurde zu einer Gefahr für jeden, der das Volk beherrschen wollte; und das steigerte sich. Er war quasi dazu bestimmt, andere gegen sich aufzubringen, ihren Zorn oder ihren Neid zu provozieren. Die Feindseligkeiten begannen, bevor er irgendetwas getan hatte – in seinem eigenen Dorf. Nur einige wenige Monate, nachdem er zu predigen begonnen hatte, kam er in sein eigenes Dorf Nazareth. Dort versuchte man, ihn umzubringen. Er hatte nichts anderes getan, als aus der Schrift vorzulesen und einige Worte anzufügen. Mochten sie seine Predigt etwa nicht? Nein, sie mochten sie nicht, aber wer stürzt schon einen Prediger von einer Felsenklippe, wenn man seine Predigt nicht mag? Sie nahmen ihn von der Synagoge auf eine Felsenklippe mit, die man heute noch außerhalb von Nazareth sehen kann, und wollten ihn von dort hinabstürzen. Wollten sie das tun, weil er Egomane war und die Schrift auf sich bezog und sinngemäß sagte: „Ich bin die Erfüllung dieser Schriftstelle"? Nein, deswegen war es nicht.

Ich sage euch, warum sie ihn herabstürzen wollten: Sie fürchteten sich vor den Römern. Wenn jemand aus Nazareth anfangen würde, zu behaupten, er wäre der Messias, dann war klar, was die Römer machen würden. Sie würden kommen und Nazareth dem Erdboden gleich machen. Sie würden sich an den Bürgern von Nazareth rächen. Sie sahen Jesus schon nach wenigen Monaten seiner Predigertätigkeit als Gefahr für ihr Dorf an. Dies war der erste von vielen Mordanschlägen auf Jesus. Der allererste geschah in Bethlehem, als Jesus erst wenige Monate alt war. Da hatte er wirklich noch nichts getan, und trotzdem wollten sie ihn töten. Und jetzt, nach wenigen Monaten in seinem Dienst, wollten sie ihn wieder töten.

Als er in den Süden, nach Jerusalem kam, hatten sie einen heftigen öffentlichen Streit über die Frage der Vaterschaft mit ihm. Die Juden beanspruchten Abraham als ihren Vater, und so sagten sie zu Jesus: „Du weißt ja gar nicht, wer dein Vater ist" – eine ziemlich freche Bemerkung. Sie hatten davon gehört, dass Maria vor ihrer Hochzeit nicht von Joseph schwanger geworden war. Das Gerücht machte die Runde – und es verbreitet sich auch heute noch. Wisst ihr, dass es das Gerücht gab, dass Jesus das Ergebnis einer Vergewaltigung durch einen römischen Soldaten, und er somit der Sohn eines römischen Soldaten sei? Es hat sich bis heute gehalten, aber seinen Ursprung hat es aus dieser Zeit. Sie sagten: „Du weißt ja nicht einmal, wer dein Vater ist, aber unser Vater ist Abraham."

In Wirklichkeit tauchte Abraham ebenso im Stammbaum Jesu auf, aber er sagte: „Abraham soll euer Vater sein? Der Teufel ist euer Vater. Das kann ich euch beweisen, denn er ist der Vater der Lüge – er sagt nicht die Wahrheit, und ihr verbreitet ebenso Lügen über mich. Deshalb müsst ihr seine Kinder sein." Genau genommen sagte er: „Ich weiß, wer mein Vater ist, und mein Vater weiß alles über euch." Das war wirklich ein übles Wortgefecht. Als sie aber Abraham als ihren Vater beanspruchten, sagte er: „Abraham war begeistert darüber, dass ich kommen soll." Sie sagten: „Du bist nicht einmal fünfzig Jahre alt. Abraham ist seit zweitausend Jahren tot." Er sagte: „Ehe Abraham war... ICH BIN." Und das ist der Name Gottes: ICH BIN. Sofort griffen die Juden nach Steinen, um ihn zu Tode zu steinigen, obwohl die Römer es verboten hatten. Das war ein weiterer Mordanschlag.

In nur drei Jahren gab es etliche Mordanschläge auf Jesus, aber Jesus konnte allen entkommen. Jetzt habt ihr gesehen, wie er vielen Menschen zum Feind wurde. Wenn man sagt,

## DAS WUNDER SEINES TODES

er hatte ebenso viele Feinde wie Freunde, dann ist das zutreffend. All das musste zu einer Krise führen. Jesus selbst hat diese Krise herbeigeführt. Schließlich trat er in Jerusalem öffentlich auf, und die Menschenmengen strömten herbei, um ihn zu sehen. Denn sie waren alle zum Passahfest nach Jerusalem gekommen. Diesen Termin hatte Jesus sorgfältig ausgewählt. Am Ölberg hatten die Leute aus Galiläa ihre Zelte aufgeschlagen. Unter den Galiläern war er sehr beliebt. Er wählte für seinen Zug auf einem Esel eine Strecke, die direkt durch das Lager der Galiläer am Fuße des Ölbergs führte, damit sich viele dem Zug anschließen konnten.

Ich erinnere mich daran, wie ich einmal an einer Prozession von Bethanien nach Jerusalem zusammen mit Menschen aus vielen christlichen Konfessionen teilnahm – viele Menschen strömen auch heutzutage an Palmsonntagen herbei, um zuzuschauen. Wir gingen im mittleren Teil der Prozession und begannen, laut zu singen. Die Kirchenvorstände befahlen uns, ruhig zu sein. Ich hätte am liebsten sagen wollen: „Wenn wir still sind, dann werden die Steine schreien." Dann haben sie uns an das Ende der Prozession gestellt, wo wir tanzten und sangen. Ein junger römisch-katholischer Priester schloss sich uns mit einem großen Banner an, auf dem „JESUS, welch ein Wunder bist du" stand. Wir sangen und tanzten den ganzen Weg bis nach Jerusalem. Alle anderen Prozessionsteilnehmer schlurften still vor sich hin, was in meinen Augen für einen Palmsonntag absolut unpassend ist, denn die Original-Palmsonntagsprozession war alles andere als still und ruhig; sie war laut. Man sagte ihnen zwar, dass sie ruhig sein sollen, und bei dieser Gelegenheit sagte Jesus: „Wenn diese schweigen, werden die Steine schreien."

Jesus provozierte absichtlich einen Volksauflauf, um die Autoritäten herauszufordern, denn er hatte beschlossen, dass er jetzt bereit war zu sterben. Es gab keinen Weg mehr zurück. Es ist interessant, wie die Menge ihn willkommen hieß: Sie schnitten Palmzweige von den Bäumen und legten sie auf den Boden. Sie zogen ihre Mäntel aus und legten sie ebenso auf den Boden, damit er darüber schritt – auch für den Esel. Sie riefen: „Hosianna! Hosianna!" Wir meinen vielleicht, dass das ein neuer Chorus ist – aber das ist es nicht. „Hosianna" bedeutet: „Befreie uns, mach uns frei, jetzt! Freedom Now!" Es war eine Forderung, und sie glaubten aufrichtig, dass Jesus es endlich mit den Römern aufnimmt. Keiner hatte registriert, dass er auf einem Esel ritt. Wenn du kämpfen und siegen willst, dann kommst du auf einem Pferd. Wenn Jesus zum zweiten Mal zurückkommen wird, wird er auf einem Pferd kommen. Aber dieses Mal kam er auf einem Esel, in Frieden. Sie haben auch nicht bemerkt, dass er weinte – über Jerusalem. Er weinte, und sie bemerkten es nicht. Sie hatten ihr eigenes Programm: „Freedom Now! Befreie uns jetzt! Hosianna!" Wir haben daraus eine nette und höfliche Begrüßungszeremonie gemacht, aber das war es damals durchaus nicht.

Es war eine absichtliche Herausforderung der römischen und jüdischen Autoritäten. Er kam also in der letzten Kurve zum Osttor und schritt durch das Tor. Aber dann wurde das Volk auf einmal still, denn er bog nicht nach rechts ab, sondern nach links. Wenn ihr noch nie dort gewesen seid, wisst ihr nicht, was das bedeutet. Rechts lag die Römische Zitadelle – die Burg Antonia, wo die römischen Soldaten stationiert waren. Man kann sie heute noch besuchen. Links lag der jüdische Tempel. Jesus ging durch das Tor und bog nach links ab. Das war doch vollkommen falsch – und zugleich eine große Überraschung. Die Menge war still. Jesus borgte sich eine Peitsche aus, ging in den Tempel und peitschte auf Juden ein. Es gibt nichts, was befremdlicher hätte sein können, er peitschte sie aus dem Tempel hinaus. Er säuberte eigenhändig den äußeren Tempelhof.

Auf diesem äußeren Tempelhof ging es schlimmer zu als

auf einem Wochenmarkt. Dort musste man Geld wechseln, denn die Tempelvorsteher akzeptierten kein normales Geld. Sie akzeptierten nur Tempelmünzen als Opfergabe. Deshalb saßen im äußeren Vorhof die Geldwechsler, die das normale Geld in „Tempelwährung" tauschten – und zwar zu hohen Gebühren. Jesus nannte sie eine „Räuberhöhle". Dort waren auch Tiere und Tauben, die zu exorbitanten Preisen als Opfertiere verkauft wurden. Das Ganze hatte sich zu einem Markt gewandelt, wo man sein Geld ganz schnell loswerden konnte.

Jesus war sehr zornig, denn dieser äußere Tempelhof war der einzige Ort im ganzen Tempelbezirk, wo Heiden anbeten durften. Es war ein Haus des Gebets für alle Nationen, und jetzt war da nur noch Lärm. Die Tiere brüllten, die Geldwechsler schrien und wollten Geschäfte machen. Jesus ging in diesen Hof. Voller Zorn schlug er mit der Peitsche nicht nur auf die Tiere, sondern auch auf die Menschen, die sie verkauften, ein. Er trieb sie mit der puren Autorität seiner Persönlichkeit aus diesem Hof hinaus – aber könnt ihr euch vorstellen, was das für Auswirkungen hatte, und wie sehr die Menge enttäuscht war? Wenn ihr wissen wollt, warum die Menge ein paar Tage später schrie: „Kreuzigt ihn" – hier habt ihr die Antwort. Sie setzten all ihre Hoffnung auf einen siegreichen König, der die Römer vertreiben sollte. Und jetzt macht er nichts anderes, als Juden auszupeitschen – wie schrecklich taktlos ist das nur! Jesus war weder taktvoll noch tolerant. Er sagte: „Der Eifer um meines Vaters Haus hat mich verzehrt." Er war sehr zornig, und sein purer Zorn reinigte diesen Tempel. Das war wirklich eine Herausforderung für die jüdischen Autoritäten! Und sie nahmen die Herausforderung ziemlich schnell an. Sie hielten eine Sondersitzung ab und sagten: „Was machen wir nur mit diesem Mann? Alle Welt hängt ihm an. Was wird er wohl als nächstes tun? Wenn er nicht aufpasst, dann haben wir bald die Römer hier und die werden uns vernichten. Entweder er oder wir. Entweder er oder das Volk." Sie beschlossen, dass er wegmuss. „Wenn wir vor dem Fest nicht mit ihm fertigwerden, bekommen wir richtige Schwierigkeiten."

Sie mussten aber mit zwei Problemen fertig werden. Das erste Problem: Wie kann man ihn verhaften? Jede Nacht verbringt er außerhalb der Stadt, und sie wussten nicht, wo er sich aufhielt. Er war nur tagsüber in der Stadt, und dann war er von Menschenmengen umringt. Sie mussten ihn irgendwie und irgendwo alleine antreffen, wo sie seiner heimlich habhaft werden konnten. Dieses Problem war schnell gelöst, denn einer seiner Jünger war einfach zu geldgierig, und ergriff die Gelegenheit, um zu Geld zu kommen. Er machte ihnen ein Angebot über dreißig Silberlinge. Das war der Preis für einen Sklaven. Wenn man einen Sklaven hatte, dann hatte man einen höheren sozialen Rang. Judas Iskariot sah darin seine Chance. „Dreißig Silberlinge, und ich sage euch, wo ihr ihn heimlich verhaften könnt, wo er alleine ist." Diese Gelegenheit bot sich im Garten Gethsemane, als Jesus das erste Mal nicht außerhalb der Stadt übernachtete, sondern in Reichweite der Tempelvorsteher blieb. Das erste Problem war also gelöst.

Das zweite Problem war folgendes: Sie kannten das Gesetz, und deshalb mussten sie, um die Billigung des Volkes zu haben, eine Anklage im mosaischen Gesetz finden, das die Todesstrafe nach sich zog. Es gibt im mosaischen Gesetz fünfzehn Verbrechen, die die Todesstrafe verlangen. Ich habe sie einmal zusammengestellt: Unzucht, Ehebruch, Götzendienst, Sodomie, Ungehorsam den Eltern gegenüber (es war also möglich, dass man einen Sohn hat, der aus diesem Grund getötet wird), Inzucht usw. Ich kann mir gut vorstellen wie die Obersten des Volkes diskutierten... „Wir nehmen nicht an, dass er sich eines dieser Verbrechen schuldig gemacht hat." Dann sagt ein anderer: „Aber eines hat er

## DAS WUNDER SEINES TODES

verbrochen, was die Todesstrafe verdient." „Ja, was denn?" „Gotteslästerung." Jeder, der sich selbst „Gott" nennt, macht sich der Gotteslästerung schuldig und verdient die Todesstrafe. In islamischen Gesetzen ist das übrigens genauso.

Sie hatten also endlich ein Verbrechen, das die Todesstrafe nach sich zog. Und sie hatten jemanden, der sie zu ihm führen würde, wenn er in der Dunkelheit allein sein würde. Alles war bereit, und so wurde er im Garten Gethsemane festgenommen, von Judas Iskariot durch einen Kuss verraten. Was für ein Kuss!

Zunächst wurde über ihn in einem geheimen Prozess in der Dunkelheit verhandelt, was illegal war. Auch heute noch gibt es die Vorschrift, dass alle größeren Prozesse tagsüber verhandelt werden müssen, aber dieser fand nachts statt. Sie brachen also das Gesetz. Wenn sie ihm nachweisen könnten, dass er von sich behauptet hatte, Gott zu sein, dann könnten sie die Todesstrafe für ihn verlangen, auch wenn sie sie selbst nicht vollstrecken konnten.

Sie hatten aber das Problem, dass sie keine zwei übereinstimmenden Zeugenaussagen finden konnten, die in dem, was er gesagt hatte, übereinstimmten. Es gab unzureichende Versionen oder Versionen aus zweiter Hand von dem, was er gesagt hatte. Vor einem jüdischen Gericht benötigt man mindestens zwei oder drei übereinstimmende Zeugenaussagen, von dem was gesagt oder getan worden war. Sie hatten aber keine, deshalb tat der Richter etwas Illegales. Er befahl dem Angeklagten, sich selbst mit eigenen Worten zu belasten. Er hatte das Recht zu schweigen. Man darf einen Angeklagten nicht dazu zwingen, sich selbst zu belasten oder zu verurteilen – das entspricht nicht dem Gesetz. Aber der Richter sagte: „Ich beschwöre dich beim lebendigen Gott – sag uns, ob du der Sohn Gottes bist." Jesus sagte nur: „ICH BIN." Nun, das ist der Name Gottes. Die Verhandlung war beendet. Der Richter zerriss seine

Kleider und sagte: „Ihr habt ihn selbst gehört. Ihr habt es aus seinem eigenen Mund gehört. Ihr seid siebzig Männer, ihr könnt es alle bezeugen. Der Fall ist abgeschlossen. Wie lautet das Urteil?" Aus der ganzen Versammlung hörte man: „Tod, Tod, Tod."

Nur zwei Männer votierten nicht für die Todesstrafe. Einer hieß Nikodemus, der ihn einige Monate zuvor in der Nacht getroffen hatte. Der andere hieß Josef, der aus einem Ort namens Arimathäa kam. Beide würden später noch eine entscheidende Rolle spielen. Aber achtundsechzig Männer forderten die Todesstrafe. Der Fall war abgeschlossen. In ihren Augen verdiente er den Tod, weil er sich der Gotteslästerung schuldig gemacht hatte. Aber wie sollte man ihn töten? Sie wussten, dass nur die Römer das tun konnten, und so schleppte man ihn zu den Römern.

Jetzt begegneten sie aber einem weiteren großen Problem. Nach den römischen Gesetzen ist Gotteslästerung kein todeswürdiges Verbrechen. Nach römischem Gesetz darf man sagen, was man will. Man kann sich selbst „Gott" nennen und verstößt damit nicht gegen römisches Recht. Wahrscheinlich würde man dir sogar einen Tempel bauen und dich anbeten, wenn du von dir behauptest, du seist Gott. Welche Anklage sollten sie also dem römischen Gouverneur Pontius Pilatus vorbringen? Auch der Name dieses Mannes ging in die Geschichte ein. Wenn man das Apostolische Glaubensbekenntnis aufsagt, dann sagt man: „Gelitten unter Pontius Pilatus." Er ist schon seit zwei Jahrtausenden berühmt, und trotzdem haben Gelehrte daran gezweifelt, dass es ihn überhaupt gegeben hat, weil man keine archäologischen Nachweise gefunden hat. Aber im Jahre 1961 fand man in Cäsarea, dem Mittelmeerhafen, wo die Römer ihr Hauptquartier hatten, einen Stein. Der Gouverneur kam nur zu den jüdischen Festen nach Jerusalem. In Cäsarea fand man einen Stein auf dem der Name „Pontius Pilatus"

## DAS WUNDER SEINES TODES

eingraviert ist. Seitdem weiß man, dass er eine historische Persönlichkeit war. Es ist schon erstaunlich, dass man das Wort der Bibel so lange Jahre nicht akzeptiert, und dann kommt ein Stein, und schon akzeptiert man es. Verrückt, aber so ist die Welt eben.

Pontius Pilatus war ein wirklich schlimmer Gouverneur. Er wurde als Sklave in eine Familie von Sklaven hineingeboren, und hat sich seinen Weg in die oberen Gesellschaftsschichten erkämpft. Obwohl er Gouverneur war, hatte er in seinem Inneren immer noch die Mentalität eines Sklaven. In Israel hatte er bis dahin bereits dreitausend Menschen kreuzigen lassen – eine beachtliche Anzahl. Erstaunlicherweise erfährt man nie von anderen Kreuzigungen, sondern nur von dieser einen, bzw. diesen drei. Aber es gab tausende von Kreuzigungen. Was auch immer vorgefallen war, er kreuzigte die Leute einfach. Er hatte auch Geld aus dem Tempel gestohlen, welches die Leute als Opfergabe dargebracht hatten. Er nahm dieses Geld und baute ein Aquädukt, damit die Stadt mit Wasser versorgt wird. Das verursachte einen jüdischen Aufstand, den er mit Gewalt niederschlug, indem er die Anführer kreuzigte. Das war der Mann, vor den sie Jesus führten, damit er einen römischen Prozess bekommt.

Je mehr Pilatus mit Jesus redete, desto mehr wuchs die Überzeugung in ihm, dass er vollkommen unschuldig ist. Es war aber nicht die Anklage „Dieser Mann sagt, er ist Gott – das ist Gotteslästerung", die sie vor ihm erhoben. Sie änderten die Anklage von Gotteslästerung in Hochverrat: „Dieser Mann sagt, er ist König, aber wir haben keinen anderen König als Cäsar." Hochverrat war im römischen Recht ein Verbrechen, das mit dem Tod bestraft wurde. Könnt ihr erkennen, wie sie manövrieren und manipulieren mussten. Erst führten sie einen Geheimprozess im Dunkeln, jetzt ist es helllichter Tag, eine öffentliche Verhandlung, und sie bringen die Anklage des Hochverrats hervor. Pilatus versuchte alles, um diesen Mann nicht zu verurteilen. Er bot an, ihn zu entlassen. Er sagte: „Ihr wisst, dass es Sitte ist, am Passahfest einen Gefangenen zu entlassen. Ich entlasse jetzt einen Gefangenen, aber ihr habt die Wahl." Sie sorgten dafür, dass ein Mann mit Namen Barabbas aus dem Gefängnis freikam. Der Name bedeutet „Sohn des Vaters". Interessanterweise lautete sein Vorname „Jesus". Ein Treppenwitz der Geschichte. Zwei Leute heißen Jesus, Sohn des Vaters, und Pilatus sagt: „Wen von beiden soll ich freilassen?"

Barabbas war ein Freiheitskämpfer, ein Terrorist, und die Menge schrie: „Barabbas! Lass Barabbas frei!" Er sagte: „Aber schaut doch, wenn ich Jesus so richtig durchprügeln lasse, wenn ich ihn auspeitschen lasse, würde euch das zufriedenstellen?" Er schickte Jesus fort, und sie peitschten ihn mit einer fürchterlichen Peitsche aus, die aus langen Lederstränge bestand und mit scharfen Steinen oder Knochenstücken besetzt war. Es ist ein schreckliches Instrument, sie filetiert geradezu dein Fleisch bis auf die Knochen. Sie peitschten Jesus damit aus und verspotteten ihn. Sie setzten ihm eine Krone aus Dornen auf. Sie spuckten ihn an. Sie taten alles, um ihn zu demütigen, bis ein Soldat diesen blutenden und zerbrochenen Körper wieder zu Pilatus führte. Pilatus sagte: „Schaut her! Schaut so etwa ein König aus? Seht euch euren König an." Aber sie konnten nicht davon abgebracht werden, ihm immer noch nach dem Leben zu trachten.

Dann erhielt Pilatus eine Nachricht von seiner Frau, die sagte: „Ich hatte einen Traum. Habe nichts zu tun mit diesem gerechten Mann!" Das brachte Pilatus in eine Notlage, die darin bestand, dass die Juden dem römischen Kaiser bereits schlechte Berichte über die Regierungsweise des Pilatus überbracht hatten. Der Kaiser hatte Pilatus bereits

## DAS WUNDER SEINES TODES

tadeln müssen: „Wenn du bei den Juden noch einmal eine Sache verbockst, dann bist du deinen Job los." Pilatus, dessen Karriere auf dem Spiel stand, und der wusste, dass dieser Mann unschuldig war, wusch seine Hände und sagte: „Ich wasche meine Hände in Unschuld bezüglich dieser Angelegenheit. Ihr könnt mit ihm machen, was ihr wollt." Damit gab er ihnen die Erlaubnis, ihn zu kreuzigen. Die Verhandlung war beendet, und Jesus wurde gekreuzigt.

Der Todeskandidat musste den Querbalken des Kreuzes, an den man seine Arme gebunden hatte, den ganzen Weg zur Kreuzigung selbst tragen. Andere trugen den senkrechten Balken. Als Jesus den Balken durch die Stadt trug, lachten die Leute ihn aus und verspotteten ihn. Etliche Frauen beweinten ihn. Er wandte sich zu ihnen um und sagte: „Ihr Frauen, was beweint ihr mich? Weint über euch selbst." Dann sagte er etwas Ungewöhnliches: „Wenn man diese Dinge am grünen Holz tut, was wird man erst am trockenen Holz tun?" Das ist die Ausdrucksweise eines Zimmermanns, so denkt ein Zimmermann. Ein Soldat vor ihm trägt den Hammer und die Nägel, er trägt das Holz, und er kehrt zur Ausdrucksweise eines Zimmermanns zurück. Man bearbeitet kein Holz, wenn es noch frisch ist. Man wartet bis es trocken und gealtert ist, dann kann man es bearbeiten. Er sagte also: „Man tut mir das an, der ich wie frisches Holz bin. Was wird man euch erst antun, wenn ihr reif für das Gericht seid?" Jesus sah schon voraus, dass in vierzig Jahren, wenn die Zeit für die Juden reif geworden sein würde, einen Aufstand zu machen, Jerusalem vernichtet werden würde. „Frauen von Jerusalem, weint nicht über mich, weint über euch selbst. Wenn man mir das antut, während mein Holz noch grün ist, was wird man euch antun, wenn das Holz fertig ausgetrocknet ist."

Dann fiel Jesus zu Boden. Er hatte seit dem Abendmahl nichts mehr gegessen, er wurde fast zu Tode ausgepeitscht, und jetzt war er einfach nur noch schwach. Wenn man mit den Armen an einen Holzbalken festgebunden ist und hinfällt, fällt man auf sein Gesicht. Das ist sehr schmerzhaft, weil alle möglichen Körperteile dabei in Mitleidenschaft gezogen werden können. Sie haben seine Schwäche bemerkt. So haben sie ihm den Balken abgenommen. Es stand zufällig ein Nordafrikaner in der Nähe, Simon von Kyrene. Sie sagten zu ihm: „Du musst den Balken eine Meile weit tragen." Er nahm das Kreuz auf. Interessanterweise wird uns gesagt, dass er der Vater zweier späterer Christen war. Ich vermute, dass die Tatsache, dass er das Kreuz Jesu getragen hat, einiges in ihm bewirkt hat. Er wurde ein sehr bekannter Christ. Das klingt zwar romantisch, ist aber wahr.

Dann kamen sie an die Hinrichtungsstätte. Sie zogen ihm alle Kleider aus. Ich habe bisher nur ein einziges Kruzifix gesehen, wo Jesus nicht anstandshalber mit einem Leinentuch umgürtet ist. Es ist in einer Basilika in Barcelona namens Sagrada Familia, die von Antoni Gaudi entworfen wurde – diese Basilika ist eine wirklich außergewöhnliche Konstruktion. Als ich die Kathedrale ansah, bemerkte ich ein lebensgroßes Kruzifix über dem westlichen Eingangsportal, an dem Jesus völlig nackt hängt. Dann würfelten sie um seine Kleider. Die Kleider waren die Belohnung für die Soldaten, die diese widerwärtige Aufgabe übernehmen mussten. Merkwürdigerweise wurde diese Tatsache schon eintausend Jahre vorher in Psalm 22 vorhergesagt. Sie würfelten darum, weil er nur einen einzigen wertvollen Mantel trug – Frauen mussten ihm wohl diesen angefertigt haben – und die Soldaten wollten ihn nicht in Stücke reißen. Sie schlugen die Nägel durch Hand- und Fußgelenke und ließen das Kreuz in den Sockel fallen, was unbeschreibliche Schmerzen verursacht haben muss. Jetzt beginnt die ganze Tortur.

Sie hat nur sechs Stunden gedauert, und ich will euch nochmals erläutern, warum nur so kurz. Man kann diese sechs Stunden in die drei Stunden von neun Uhr vormittags

## DAS WUNDER SEINES TODES

bis Mittag und von Mittag bis drei Uhr nachmittags aufteilen. Diese Aufteilung ist sehr präzise, denn von Mittag an bis drei Uhr nachmittags gab die Sonne kein Licht mehr, und drei Stunden lang herrschte komplette Finsternis.

Während der ersten drei Stunden galt seine Sorge anderen Menschen, genauer gesagt drei Gruppen von Menschen. Seine erste Sorge am Kreuz galt den Gefühlen der Soldaten, die ihn angenagelt hatten. Er rief: „Vater, vergib ihnen. Sie wissen nicht, was sie tun." Er war also um diejenigen besorgt, die die Nägel eingeschlagen hatten, und er dachte an den Tag, an dem sie Gott für ihr Tun Rechenschaft geben müssen. Dann war er um die zwei Kriminellen besorgt, die rechts und links von ihm ebenso an Kreuzen hingen, einer von ihnen verspottete ihn. Aber der andere sagte: „Schäme dich! Wir haben das verdient, aber er nicht." Dieser sterbende Verbrecher (vielleicht war er ein Terrorist, wir wissen es nicht) sah in Jesus den zukünftigen König und sagte: „Herr, gedenke meiner, wenn du in dein Königreich kommst." Das war wirklich ein Glaubensbekenntnis: Er schaute auf diesen sterbenden und blutenden Mann und sagte: „Du bist ein König, und du wirst ein Königtum erhalten; ich glaube es!" Denn über dem Haupt von Jesus hing ein Schild, auf dem – nach Anweisung des Pilatus – der Grund für die Hinrichtung geschrieben war: „König der Juden". Das machte man immer so, um die anderen Menschen abzuschrecken, nicht dem Beispiel der Hingerichteten zu folgen.

Jesus sagte: „Heute wirst du mit mir im Paradies sein." Heute!

Die dritte Person, um die Jesus besorgt war, war seine Mutter. Sie stand auch am Kreuz, während sein himmlischer Vater abwesend war, wie wir gleich sehen werden. Das Schwert durchdrang jetzt, wo sie ihren Sohn sterben sah, das Herz Mariens. Ich weiß aus eigener Erfahrung, wie es ist, wenn eines der eigenen Kinder vor dir stirbt. Man erwartet es nicht; es ist nicht richtig. Jetzt sieht sie ihn also sterben, und deshalb verfügt er, dass der Apostel Johannes sie als Mutter annimmt, der ebenso dabeistand – als einziger der Apostel. Er sagte: „Johannes, deine Mutter – Mutter, dein Sohn." Man sagt, dass Johannes sie von diesem Moment an vom Kreuz wegführte, sodass sie seinen Tod nicht mit ansehen musste.

Von Zwölf bis Drei ändert sich die Situation, denn alles was Jesus von da an sagt, betrifft ihn selbst. Die ersten Worte waren: „Mich dürstet", denn sein Körper war dehydriert. Zum Scherz gaben sie ihm Essig zu trinken, und ihr wisst, dass Essig keinen Durst löscht, sondern den Durst nur verschlimmert. Dann kam das Gefühl großer Verlassenheit auf. Er erkannte, dass Gott, sein Vater, nicht bei ihm war, und er sagte: „Mein Gott, mein Gott, warum hast du mich verlassen?" Es war eine fürchterliche Einsamkeit. Es war in der gesamten Ewigkeit das erste Mal, dass er ohne seinen Vater ganz auf sich alleine gestellt war. Dann rief er aus: „Es ist vollbracht, es ist vorbei." Er erkannte, dass er nun nicht mehr leiden musste. Ganz zum Schluss sagte er noch ein viertes Wort, es war ein Gebet, das er als kleiner Junge von seiner Mutter Maria gelernt hatte. Es stammt aus einem Psalm, und jeder kleine jüdische Junge sagt es auf, wenn er zu Bett geht: „In deine Hände befehle ich meinen Geist." Aber er fügte noch ein weiteres Wort hinzu: „Vater." „Papa, in deine Hände befehle ich meinen Geist." Er hatte insgesamt sieben Mal gesprochen.

Wir wissen nun, warum Jesus innerhalb von nur sechs Stunden starb. Wenn man sichergehen will, dass jemand bei einer Kreuzigung schnell stirbt, dann bricht man ihm die Beine – dann kann er sich nicht mehr abstützen und nicht mehr atmen. Sie kamen deshalb um drei Uhr nachmittags, weil das Passahfest um sechs Uhr abends begann, und die Juden zu Pilatus sagten: „Du kannst unmöglich am Passahfest die Leichname hängen lassen." Also kamen die

## DAS WUNDER SEINES TODES

Soldaten und brachen die Beine der zwei Diebe, sodass sie erstickten. Dann kamen sie zu Jesus, der bereits tot war. Wie gibt es sowas? Um sicher zu gehen, stachen sie mit einem Speer zwischen seine Rippen in sein Herz. Johannes, der in der Zwischenzeit Maria weggebracht hatte, und zum Kreuz zurückgekommen war, sagt: „Aus der Wunde floss Blut heraus, und danach floss Wasser heraus." Das gibt uns einen Hinweis. Es ist etwas sehr Ungewöhnliches. Es gab einen Doktor in Irland, der einige Experimente durchführte, und Herzen von toten Schweinen durchstach, um zu sehen, ob er dieses ungewöhnliche Symptom nachstellen kann. Es gibt nur eine Möglichkeit. Jesus starb nicht an der Kreuzigung selbst. Nicht das Kreuz tötete ihn.

Was tötete ihn also? Die Antwort ist, es war ein gerissener Herzbeutel. Das ist der medizinische Ausdruck dafür. Aber man kann auch sagen: An einem gebrochenen Herzen. Daran ist Jesus gestorben.

Wir haben also das Kreuz von der menschlichen Seite aus betrachtet. Wie konnte es dazu kommen, dass ein so guter Mann innerhalb von nur drei Jahren so enden konnte? Hoffentlich habe ich es euch ausreichend erklärt. Aber das ist nicht die ganze Geschichte. Wir werden es nun aus Gottes Perspektive betrachten und fragen: „Warum hat Gott das zugelassen?" Selbst Jesus fragte Gott: „Warum?", als er unter Schmerzen den Todeskampf durchlitt.

Ohne Frage war der Tod Jesu der größte Justizirrtum aller Zeiten, was die Frage aufwirft: „Wem geben wir die Schuld dafür, wer war dafür verantwortlich, dass Jesus am Kreuz starb?"

Natürlich könnten wir sagen, dass es die Juden waren: Pharisäer, Sadduzäer, der Hohepriester Kaiphas, der Sanhedrin. Wir könnten auch sagen, dass die Römer verantwortlich waren, an erster Stelle Pilatus und dann die Soldaten, die die eigentliche Drecksarbeit machten. Aber wer verursachte eigentlich seinen Tod?

Die erste Überraschung ist, dass wir akzeptieren müssen, dass Jesus seinen eigenen Tod verursachte. Er erwartete seinen Tod, er hat seinen Tod mehrere Male vorausgesagt, aber er arrangierte auch seinen eigenen Tod. Er arrangierte den Ort, *wo* er sterben würde. Er sagte: „Es geht nicht an, dass ein Prophet außerhalb Jerusalems stirbt." Er richtete seinen Weg auf Jerusalem hin. Er entschied aber auch, *wann* er sterben würde, nämlich an dem Tag, als das Passahfest begann. Das Verblüffendste daran ist, dass genau an diesem Tag um drei Uhr nachmittags, das Passahlamm geschlachtet wird. Genau in dem Moment, als Jesus seinen letzten Atemzug tat, wurden hunderten und aberhunderten von Lämmern die Kehlen durchgeschnitten. Kein Wunder, dass Jesus unser Passahlamm ist. Er arrangierte also ein perfektes Timing, aber er arrangierte auch, *wie* er sterben würde – an einem Kreuz. Er hatte immer schon vorhergesagt, dass man ihn kreuzigen würde, und so musste er es arrangieren. Er führte von Anfang bis zum Ende die Regie seines eigenen Todes. Er sagte, dass niemand sein Leben nehmen könne, sondern dass er es selbst ablege. Aus diesem Blickwinkel gesehen, war der Tod Jesu ein Selbstmord, aber wir können noch weitergehen.

Zu jedem Zeitpunkt hätte er sein Leben retten können, z.B. im Garten Gethsemane. Er hätte es ablehnen können, weiter zu machen. Aber auch noch später, als er am Kreuz hing, hätte er den Nägeln genauso leicht befehlen können, sich aus Händen und Füßen zu entfernen, wie wir jetzt miteinander reden. All das stand in seiner Macht, aber er lehnte es ab, sogar als sie ihn verspotteten und sagten: „Andere hat er gerettet, lasst uns schauen, ob er sich selbst retten kann." Ich bestaune seine bemerkenswerte Selbstbeherrschung, denn er sagte kein Wort und unternahm auch nichts, als sie ihn so verspotteten. Aber immer noch habe ich keine Antwort auf die Frage gegeben, wem wir die Schuld dafür geben sollen. Der Schlüssel liegt im Wort „Becher". Im Garten Gethsemane betete er: „Vater, wenn es möglich ist, dann nimm diesen Becher von mir." Im normalen Sprachgebrauch ist „Becher" ein Trinkgefäß, aber im übertragenden und biblischen Sinn wird es immer mit dem Zorn Gottes in Verbindung gebracht. Wenn es also kein buchstäblicher Becher ist, dann kann es nur den Zorn Gottes bedeuten, und davor schreckte Jesus zurück. Als er im Garten Gethsemane betete, stand er unter solchem Stress, dass Blutstropfen aus den Poren seiner Stirn austraten. Jeder Arzt wird euch erzählen, dass das ein Zeichen von höchstem Stress ist.

Viele Leute gingen ihrem Tod am Kreuz tapferer als es Jesus getan hat entgegen, denn es war etwas viel Größeres, vor dem er zurückschreckte. Es war der Zorn seines Vaters, den er noch nie verspürt hatte. Es ist eine schockierende Erfahrung, wenn du noch nie seinen Zorn verspürt hast, er dann auf einmal zornig wird, und du den Becher seines Zorns trinken musst. Die volle Wahrheit ist, dass Gott selbst für den Tod Jesu verantwortlich war. Gott hat es geplant, Gott wollte es. Es gibt eine Aussage aus einer Predigt des Petrus in der Apostelgeschichte: „Dieser Mann, der nach dem bestimmten Ratschluss und nach Vorkenntnis Gottes an euch ausgeliefert wurde." Mit anderen Worten: Gott hatte all das für seinen eigenen Sohn geplant. Wenn die Welt zum Kreuz blickt, dann erkennt sie das nicht, aber es ist die Wahrheit. Es wurde viele Jahrhunderte vorher geplant, und Gott sandte genau zur richtigen Zeit seinen Sohn in diese Welt, damit genau das geschieht.

Das heißt allerdings nicht, dass wir alle Marionetten in Gottes Hand sind, und dass Pilatus vorherbestimmt war, seinen Teil dazu beizutragen. Ich zitiere die Worte Jesu: „Der Sohn des Menschen muss verraten werden." Es war unausweichlich, es musste geschehen, aber: „Wehe aber jenem Menschen, durch den der Sohn des Menschen verraten wird." Mit anderen Worten: Gott bestimmte nicht, *wer* Jesus verraten würde, sondern, dass *jemand* ihn verraten würde. Wehe dem Mann, der sich dazu entscheidet, diese Person zu sein. Es war Judas Iskariot, und er nahm ein schreckliches Ende. Er hat es bitter bereut, Jesus für Geld verraten zu haben. So ging er hin und erhängte sich an einem Baum, der sich in das tiefste Tal außerhalb Jerusalems neigte, das Tal der Söhne Hinnoms. Als er vom Felsen in den Abgrund sprang, riss das Seil, und sein Körper stürzte hinab und wurde am Boden zerschmettert. Uns wird gesagt, dass seine Eingeweide herausquollen, und dass dieser Acker immer noch „Blutacker" genannt wird. Touristen bringt man normalerweise nicht dorthin, aber ich wollte ihn sehen; schließlich nahm mich jemand mit, um in dieses tiefe, schreckliche Tal hinunter zu sehen. Es ist so tief, dass die Sonnenstrahlen den Boden nie erreichen. Im Hinuntergehen sagte mir der Fremdenführer: „Das ist der Blutacker, dort hat Judas geendet." Aber Gott hatte es bestimmt, dass irgendjemand seinen Sohn verraten musste. Eine schreckliche Entscheidung, die Judas da getroffen hat. Schon kurze Zeit später wusste er, dass sie falsch war.

Wir können also bis jetzt zusammenfassen, dass der Tod Jesu sowohl ein übernatürliches als auch ein natürliches Ereignis war, es war göttlich und menschlich. Vorhin haben wir die menschliche Seite des Kreuzes betrachtet, jetzt will ich aber noch auf die göttliche Seite zu sprechen kommen, denn es gab übernatürliche Ereignisse, die mit dem Tod Jesu zu tun haben. Die Natur, die Schöpfung war in gleicher Weise einbezogen, wie bei seiner Geburt ein Stern das Zeichen war. Übrigens beweist das nicht die Richtigkeit der Astrologie, genau das Gegenteil ist der Fall: Die Astrologie sagt, dass die Position der Sterne bei der Geburt eines Kindes, seinen Lebensweg beeinflusst. Bei Jesus war das Gegenteil der Fall:

## DAS WUNDER SEINES TODES

Die Position des Kindes hat die Sterne beeinflusst, und das ist etwas ganz anderes. So wie ein Stern die Geburt Jesu ankündigte, so kündigte die Sonne seinen Tod an, indem sie verschwand. Ich weiß nicht genau, was da passierte, aber es war sicherlich nicht eine normale Sonnenfinsternis, denn diese dauert nur ein paar Minuten. Wenn ihr mich nach einer Erklärung fragt: Ich glaube, dass Gott eine sehr dicke Wolke über der Szenerie platzierte, die kein Sonnenlicht hindurchließ. Drei Stunden lang herrschte Finsternis, und das ist von großer Bedeutung. Die Bibel sagt, dass sich die Sonne am Ende der Weltgeschichte verfinstern wird, aber hier ist es schon einmal passiert, als der Zorn Gottes sich auf seinen Sohn ergoss.

Wusstet ihr, dass bei seinem Tod ein Erdbeben geschah? Wenn man heutzutage an den Hügel Golgatha geht, die Schädelstätte, sie ist direkt hinter einem Busbahnhof außerhalb der nördlichen Stadtmauern, sieht man vertikale Risse in den Gesteinsschichten. Wenn man vertikale Risse in Felsen, die horizontal geschichtet sind, sieht, dann ist das immer ein Zeichen dafür, dass es ein Erdbebengebiet ist. Jerusalem liegt in einem Erdbebengebiet, und als Jesus starb, gab es ein Erdbeben. Die Sonne verschwand, Finsternis kam und die Erde bebte. Das war kein natürliches, sondern ein übernatürliches Ereignis.

Gewaltige Dinge passierten. Sogar das Totenreich war davon berührt. Man kann darüber im Matthäusevangelium nachlesen. Dort steht, dass die Friedhöfe bebten, die Grabplatten verrutschten und Tote aus ihren Gräbern herauskamen und herumgingen. Der Tod Jesu hat also das ganze Universum erschüttert, so dass auch das Totenreich erschüttert wurde. Es war ein universales Ereignis mit universalen Auswirkungen. Das außergewöhnlichste Ereignis fand im Tempel statt. Der Vorhang vor dem Allerheiligsten, wo Gott in seiner Herrlichkeit wohnte, war zwölf Meter hoch und mit prächtigen Stickereien versehen. Dieser Vorhang zerriss von oben nach unten. Das war kein menschlicher Akt; Gott selbst hat diesen Vorhang zerrissen. Wenn ein Haus unbewohnt ist, dann erkennt man das an den fehlenden Vorhängen. Gott sagte damit: „Schaut her! Ich bin gegangen, das Haus steht leer." Gott ist mit seiner Herrlichkeit nie mehr in dieses Haus zurückgekehrt. Als Jesus starb, hörte das alte Opfersystem im Allerheiligsten und im Heiligen auf. Es ergab auch keinen Sinn mehr, denn das Opfer Jesu machte jedes andere Opfer obsolet und wertlos.

Es war wirklich ein außergewöhnliches Ereignis. Gott ist Licht, und wenn Gott nicht mehr anwesend ist, dann herrscht Finsternis. Er ist die Quelle allen natürlichen Lichts und des Lichts seiner eigenen Herrlichkeit. Das ist der Grund für solch eine dichte Finsternis, die damals herrschte. Ja Gott war durchaus am ganzen Geschehen beteiligt. Für Gott sind tausend Jahre wie ein Tag, aber es steht auch geschrieben, dass ein Tag für ihn wie tausend Jahre sein kann. Ich glaube, dass dieser Tag für Gott wie tausend Jahre gewesen ist, als er seinen Zorn auf seinen Sohn ausgoss – es muss für Gott unendlich lange gewesen sein. Wenn wir unsere Blicke auf die Schmerzen des Sohnes richten, dann vergessen wir allzu leicht die Gefühle des Vaters. Der Vater muss zutiefst mitgefühlt haben. Warum hatte er seinen Sohn verlassen? Ich nehme das sehr wörtlich. Warum sprach er nicht mehr? Er sprach bei seiner Taufe. Während des Dienstes Jesu hat Gott mehrmals gesprochen, aber jetzt ist er völlig still. Die Wahrheit ist, dass Gott seinen Sohn auf die Erde gesandt hat, um zu sterben. Das ist der Hauptgrund für sein Kommen. Am liebsten wäre ich jetzt einmal für eine Zeitlang still, damit das tief in eure Herzen einsickert. Was kann Gott nur mit seinem Tod und nicht mit seinem Leben bewirken?

Warum berichten die vier Evangelien in unseren Bibeln so ausführlich von Jesu Tod und so spärlich über sein sonstiges

## DAS WUNDER SEINES TODES

Leben? Ein Drittel aller Evangeliumsberichte handelt von seinem Tod. Man sagt, dass das Markusevangelium einem Expresszug gleicht, der von Station zu Station langsamer wird. Auf den ersten Seiten rast man durch die Monate. Das Lieblingswort ist „sofort" und „sogleich" – und sogleich stieg er in ein Boot – und sogleich war er auf der anderen Seite des Sees – sogleich kam ihm ein Mann aus den Gräbern entgegen – atemlos hastet man durch die ersten Seiten des Markusevangeliums, und die nächsten zweieinhalb Jahre des Dienstes geht es kaum langsamer weiter. Dann aber entschleunigt sich das Tempo, man bewegt sich beim Lesen durch einzelne Monate, dann durch einzelne Wochen, dann durch jeden einzelnen Tag der letzten Woche, und dann durch jede Stunde des letzten Tages. Ist euch das schon aufgefallen? Es findet eine Entschleunigung statt bis man vor dem Kreuz steht, so als ob es der Zielpunkt der ganzen Reise ist. So steigert sich das Evangelium durch die stetige Verlangsamung des Berichts bis man am Kreuz steht. Markus war offensichtlich ein guter Reporter, ein guter Journalist, der diese Verlangsamung als gewaltiges literarisches Stilmittel benutzte.

Woher wissen wir, dass Gott Jesus sterben lassen wollte? Es gibt am Anfang des 1. Korintherbriefs, Kapitel 15 zwei Aussagen über den Tod Jesu. Paulus sagt: „Denn ich habe euch vor allem überliefert, ... dass Christus für unsere Sünden gestorben ist gemäß den Schriften." Diese beiden Aussagen werden uns helfen, Gottes Sichtweise zu verstehen, warum er es so gewollt hat und warum er wollte, dass dies mit seinem Sohn geschieht. Ich werde also die beiden Aussagen in umgekehrter Reihenfolge betrachten. Wenn ihr die Bedeutung des Kreuzes verstehen wollt, dann müsst ihr verstehen, dass es *gemäß den Schriften* geschehen ist. Dabei ist es wichtig, dass mit den Schriften nicht euer Neues Testament gemeint ist, welches ja noch nicht geschrieben war, als Paulus das sagte. Man muss zur Bibel, wie sie zur Zeit Jesu vorgelegen hat, greifen. Er hatte nur das Alte Testament. Wenn ihr also das Kreuz verstehen wollt, müsst ihr das Alte Testament anschauen – das mag diejenigen überraschen, die der Ansicht sind, das Alte Testament sei kein christliches Buch, und dass Christen es nicht lesen müssen!

Ich wurde einmal aufgefordert, während der Fastenzeit, der Zeit vor Ostern, in einer englischen Kirche an fünf Abenden zu sprechen. Der Vikar sagte zu mir: „David, es wäre schön, wenn du über das Kreuz sprechen würdest. Würdest du mir bitte die fünf Predigtthemen benennen, damit ich sie vorher ankündigen kann?" Eigentlich mag ich es nicht, vorher die Predigtthemen festzulegen, denn ich weiß vorher meistens nicht, über was ich predigen werde, aber dennoch sagte ich zu ihm: „Nun gut, hier sind die Predigtthemen: Genesis, Exodus, Levitikus, Numeri, Deuteronomium." Er antwortete: „Hast du mich nicht richtig verstanden? Ich hätte gerne, dass du über das Kreuz sprichst." Ich sagte: „Das werde ich auch. Ich werde über das Kreuz in Genesis, das Kreuz in Exodus, das Kreuz in Levitikus, das Kreuz in Numeri und das Kreuz in Deuteronomium sprechen." Er schaute mich an, als ob ich verrückt geworden sei, aber ich hielt die fünf abendlichen Predigten ab. Ich frage mich, ob ihr darauf kommt, über welche Teile der Bücher ich sprach. In Genesis sprach ich über den Opfergang Abrahams zum Berg Moriah, um dort seinen Sohn Isaak zu opfern, und als Gott sagte: „Ich werde ein Opfer ersehen", und wie er sich um ein Lamm kümmerte, welches die Stelle Isaaks einnahm – diese Begebenheit zeigt direkt auf das Kreuz! Denn Isaak war damals schon ein erwachsener Mann und hätte sich dem Willen seines alten Vaters Abraham widersetzen können. Das bedeutet, dass sich Isaak freiwillig unterordnete, denn er wusste, dass sein Vater ihn töten würde und bereit war, die Sache auch durchzuziehen. Es war ein wunderbarer Abend als wir das Kreuz in Genesis betrachteten. In Exodus erzählte ich ihnen vom Passahlamm, wie der Würgeengel durch Ägypten zog und den Erstgeborenen in jeder Familie tötete. Diejenigen, die das Blut des Lammes an ihre Türpfosten strichen, waren in Sicherheit. So werden auch wir, die wir unter dem Blut des Lammes stehen, dem Gericht Gottes entkommen. Ich predigte also das Kreuz aus Exodus. Um das Kreuz aus Levitikus zu predigen, musste ich zu Kapitel 16 gehen, wo eine erstaunliche Sache beschrieben wird. Einmal im Jahr bekannte der Hohepriester die Sünden Israels, während er seine Hände auf den Kopf eines Ziegenbocks legte – man nennt ihn den Sündenbock. Dann verjagte man den Ziegenbock aus der Stadt in die Wildnis, wo der Ziegenbock sterben musste. So erhoffte man sich, seine Sünden loszuwerden, indem man die Sünden auf den Ziegenbock legte und ihn aus der Stadt verjagte – welch großartiges Bild auf Jesus.

Es gibt einen berühmten Maler namens Holman Hunt, welcher ein Bild malte „Das Licht der Welt", wo Jesus gezeigt wird, wie er an einem Herzen eines Menschen anklopft. Er malte aber auch ein anderes Bild, das ich viel besser finde, es heißt „Der Sündenbock". Zum Malen kampierte er an den Ufern des Toten Meeres. Damals gab es dort Banditen, und er musste zu Gott beten, damit er während dieser Zeit beschützt wird. Das Bild zeigt einen alten Ziegenbock, der an den Ufern des Toten Meeres stirbt. Das Besondere ist der Gesichtsausdruck des Ziegenbocks – wie man es anstellt, so etwas Beeindruckendes auf die Leinwand zu bringen – es sind die Augen, es ist so, als ob Jesus selbst dich anschauen würde. Auch dieser Maler sah den Sündenbock als Bild auf Jesus, der aus dem Lager verjagt wurde, unsere Sünden auf sich lud und für uns starb.

Aber was war mit dem Buch Numeri? Dort findet sich ein außergewöhnlicher Bericht darüber, wie Gott das Volk

Israel vierzig Jahre lang ernährte. In der Wüste Sinai gibt es keine Nahrung, und doch gab Gott ihnen jeden Morgen (außer am Sabbat) Nahrung, die auf dem Wüstenboden lag. Am Tag vor dem Sabbat gab Gott ihnen doppelt so viel – ein doppeltes Wunder. Sie wussten nicht, was es war, aber es enthielt alle Proteine, Mineralien und Kohlenhydrate, die sie benötigten. Sie nannten es auf Hebräisch „Manna", was bedeutet „Was ist das?" – ein passender Name. Sie hatten „Was ist das" zum Frühstück, Mittagessen und Abendessen – Tag für Tag. Wenn ihr so lange Zeit nichts anderes zu euch nehmen würdet als das „Was ist das", dann würdet ihr wahrscheinlich genauso reagieren. Sie murrten. Sie hatten diese langweilige Diät einfach satt und sie dachten an ihre Zeit in Ägypten, wo sie selbst als Sklaven Lauch, Knoblauch und andere wohlschmeckende Speisen zu essen hatten. Sie murrten und sagten zu Mose: „Geh' und sage Gott, dass wir dieses „Was ist das" satthaben. Wenn die Kinder die Eltern fragten: „Was gibt es heute zum Mittagessen?", „Was gibt es zum Abendessen?" war die Antwort: „Was ist das?" Keiner wollte mehr das „Was ist das?". „Manna" wurde bei den Israeliten buchstäblich zu einem Schimpfwort.

Mose ging zu Gott und sagte: „Die Leute beklagen sich über das Essen, mit dem du sie versorgst." Eigentlich hätten sie sehr dankbar sein müssen, denn es sicherte in der Wüste ihr Überleben, aber sie hatten es satt. Sie murrten. Bestimmt hätten wir das auch getan. Gott sandte Schlangen in ihre Mitte, und viele starben, denn die Schlangen waren giftig. Es waren so viele Schlangen, dass die Leute erkannten, dass es nicht normal ist, sondern dass Gott etwas tut, dass er sie für ihr Murren bestraft. Damit hatten sie recht.

So sagten sie zu Mose: „Geh' zu Gott und bitte ihn, dass er die Schlangen von uns wegnimmt."

Mose ging zu Gott, und Gott sagte: „Ich werde die Schlangen nicht wegnehmen, aber ich will ein Heilmittel gegen die Schlangenbisse geben. Geh hin und fertige dir eine eiserne Schlange an und befestige sie an einer Stange. Stecke diese Stange in einen nahegelegenen Hügel. Wenn jemand von einer Schlange gebissen worden ist, dann soll er diesen Hügel erklimmen, auf diese eiserne Schlange blicken, und das Gift wird nachlassen." Ein perfektes Gegengift.

Diese Geschichte finden wir im Buch Numeri, aber sie wird im Johannesevangelium 3,14-15 zitiert, genau einen Vers vor dem Vers, den jeder Christ kennt. Es hat den Anschein, dass niemand weiß, dass nur ein Vers bevor man zu Johannes 3,16 kommt, diese Schlangenbisse zitiert werden. Johannes 3,16 sagt: „Denn ebenso hat Gott die Welt geliebt, dass er seinen eingeborenen Sohn gab." Jesus sagte kurz vorher: „So wie Mose die Schlange in der Wüste erhöhte, ebenso muss der Sohn des Menschen erhöht werden." Es ist eine der Geschichten im Alten Testament, die direkt zeigen, um was es beim Kreuz geht. Es ist ein Gegengift. Gott nahm die giftigen Schlangen nicht weg, sondern gab ihnen ein Gegengift, um sie von dem Gift zu heilen. Noch immer verdammt Gott uns alle zum Tode, aber er hat seinen Sohn als Gegengift erhöht. Wenn wir nun zu seinem Sohn gehen und auf ihn am Kreuz schauen, dann wird das Gift uns verlassen. So ist das!

Wenn ich meinen Zuhörern verdeutlichen will, dass man einen Text allzu leicht aus dem Kontext reißt, mache ich gerne etwas Freches. Ich frage sie, wer mir sagen kann, was in Johannes 3,16 steht. Die meisten können es aufsagen. Dann frage ich: „Wer kann mir sagen, was in Johannes 3,17 steht?" Und dann frage ich: „Wer kann mir sagen, was in Johannes 3,15 steht?" Es ist nämlich so, dass ihr Johannes 3,16 nicht verstehen könnt, wenn ihr nicht wisst, was Johannes 3,15 und 3,17 aussagen. Johannes 3,16 ist nämlich Teil einer Argumentation, die man am Wort „so" festmachen kann. Dieses „so" bedeutet nämlich nicht, dass

Gott die Welt „sooooo" geliebt hat – selbst die Amplified Bible übersetzt „So sehr hat Gott die Welt geliebt." Aber das steht gar nicht da. Das Wort „so" bedeutet an dieser Stelle: „auf diese Weise". *Denn so ... auf diese Art und Weise* hat Gott die Welt geliebt, dass er seinen eingeborenen Sohn gab. Auf welche Art und Weise denn? In derselben Art und Weise wie Mose im Buch Numeri die Schlange an der Stange befestigte. Ihr seht also, wie der Kontext unser Verständnis eines Textes verändert? Ich habe ein Traktat verfasst, das den Titel trägt, „Ist Johannes 3,16 das Evangelium?" Dort habe ich den Text in seinem Kontext erklärt, und es bedeutet etwas ganz anderes, als die Leute normalerweise meinen.

Wie dem auch sei, die Schriften des Alten Testaments werden in drei Teile unterteilt: Das Gesetz (die ersten fünf Bücher), die Schriften (die auch die Psalmen enthalten) und die Propheten. Ich habe euch bereits das Kreuz im Gesetz gezeigt. Jetzt möchte ich euch das Kreuz in den Schriften zeigen. Der Psalm 22 ist sehr bemerkenswert. David schrieb darin von Dingen, die ihm selbst nie widerfahren sind. Es ist ein prophetischer Psalm, der auf jemand anderen zeigt, nämlich den Sohn Davids. Er beginnt mit diesen Worten: „Mein Gott, mein Gott, warum hast du mich verlassen?" Dann heißt es weiter: „Sie würfeln um meine Kleider" und „sie haben meine Hände und meine Füße durchbohrt." Viele andere Dinge stehen in Psalm 22, die David selbst nicht widerfahren sind. In diesem Psalm wird das Kreuz beschrieben.

Wenn wir uns den Propheten zuwenden, werden wir von den Schriftverweisen, die auf das Kreuz zeigen, geradezu überwältigt. Ich möchte nur Jesaja 53 erwähnen. Es ist eines der Kapitel der Jesaja-Schriftrolle, das im sogenannten „Shrine of the Book" in Jerusalem ausgestellt ist. Sie nahmen das Kapitel 53 und stellten es in einem Schaukasten auf. Dieses Kapitel beschreibt jemanden, der wegen unserer Vergehungen verwundet wird, verletzt wegen unserer Ungerechtigkeiten, die Strafe lag auf ihm zu unserem Frieden, und durch seine Striemen ist uns Heilung geworden. Gibt es eine bessere Beschreibung des Kreuzes als das? Jesaja ist das nie widerfahren, aber er konnte schon viele hundert Jahre früher vorhersehen, was Gott tun würde, nämlich dafür sorgen, dass sein leidender Knecht für die Sünden des Volkes bestraft wird. Wenn uns also gesagt wird, dass er *gemäß den Schriften starb*, bedeutet es, gemäß den Schriften des Alten Testaments. Das Kreuz wird in jedem Teil des Alten Testaments angekündigt. Ihr könnt im Alten Testament erkennen, warum Jesus sterben musste, und warum Gott es so geplant hat.

Lasst uns schließlich zum zweiten Teil in 1. Korinther 15 kommen: *Er starb für unsere Sünden*. „Für unsere Sünden" – dieser kleine Satz macht es klar. Es geht uns alle an. Jeder von uns kann seinen Namen dort einsetzen. Er ist für *deine* Sünden gestorben. Man hat vielen Nazi-Verbrechern davon erzählt, und einige begegneten Jesus und wurden gläubig. *Wir* alle waren dort am Kreuz. Es gibt ein berühmtes Lied: *Warst du dabei, als sie meinen Herrn kreuzigten?* – Habt ihr dieses Lied schon gehört? Dame Myra Hess war eine berühmte Sängerin. Sie ging nach Indien und gab Konzerte. Bei jedem ihrer Auftritte sang sie dieses Lied. Ein Inder warf sich vor ihr nieder, als sie dieses Lied sang, und rief: „Ja! Wir alle waren dort" – und das gilt auch für dich. Allerdings frage ich mich, wo du gestanden hättest. Wärest du in der Menge derer gestanden, die Jesus verspottet haben, wärest du wie der sterbende Dieb gewesen, oder wie Barabbas? Wo wärest du gewesen?

Lasst uns darüber nachdenken, was es bedeutet, dass Jesus für unsere Sünden gestorben ist. Ich werde jetzt einmal das Wort „Kreuz" benutzen, und zwar so, wie man es auf Englisch buchstabiert – „C-R-O-S-S", wobei jeder Buchstabe für etwas steht. Das soll uns helfen, zu verstehen, warum Gott den Tod seines Sohnes geplant hat. Das „C" steht für *conquest*, auf Deutsch: „Sieg". Es war der endgültige Sieg Christi über die Mächte des Bösen. Diese wollten ihm das erdenklich Schlimmste antun, aber dennoch sündigte er nicht. Sie haben nicht den Sieg davongetragen, sondern er hat gesiegt. Paulus schrieb an die Kolosser: „Er hat die Gewalten und die Mächte völlig entwaffnet und sie öffentlich zur Schau gestellt. In ihm hat er den Triumph über sie gehalten." Ihr seht an Jesus, dass das Leben ein einziger Kampf gewesen ist, und dass Satan versuchte, ihn zur Sünde zu verleiten. Aber es ist ihm in keinerlei Weise gelungen.

Das Kreuz ist der Sieg über die Fürstentümer und Mächte, die dachten, dass sie gewinnen würden, wenn sie ihn vernichteten, aber sie haben verloren. Es war die letzte und endgültige Schlacht zwischen Jesus und den Mächten des Bösen. Die Mächte des Bösen haben in diesem finalen Kampf alles nur Erdenkliche gegen ihn aufgeboten. Aber er hat gesiegt und hat in vollkommener Treue zu Gott alles zu Ende gebracht. „Vater, in deine Hände befehle ich meinen Geist." Zum ersten Mal in der Menschheitsgeschichte konnten die Mächte und Gewalten einen Menschen nicht zur Sünde verführen – darin besteht der vollkommene Sieg am Kreuz.

Der Buchstabe „R" steht für *ransom*, auf Deutsch: „Lösegeld". Lösegeld wird gezahlt, um jemandem die Freiheit zu erkaufen, der entführt worden ist. Die Bibel sagt zu Jesu Tod „Lösegeld" oder „Erlösung". Es sagt nichts darüber aus, für wen oder von wem das Lösegeld gezahlt wurde. Es bezeichnet vielmehr die Höhe der Summe, die für die Befreiung gezahlt wurde. Denn wir alle wurden Sklaven der Sünde, von Satan entführt, aber das Kreuz zahlte den Preis, und der Preis war sehr hoch. Ich habe euch schon erzählt, dass jeder Akt der Vergebung mit dem Blut Jesu unterzeichnet ist. Ihr seid nicht mit Silber oder Gold, sondern mit dem Blut Jesu Christi erlöst worden. Diesen Preis zahlte er für unsere Befreiung, um uns nach Hause zu Gott zu bringen, und damit wir nicht mehr länger Sklave der Sünde sind.

Der dritte Buchstabe ist „O" und steht für *offering*, auf Deutsch: „Opfer", denn der Tod Christi ist ein Opfer. Im Alten Testament entschädigte man Gott für seine Sünden mit Opfern, normalerweise mit einem unschuldigen Tier. Damals akzeptierte Gott diesen Tod des Tieres als Wiedergutmachung für die Sünde, die man begangen hatte. Es war eine Versöhnung mit Gott, obwohl es nie eine angemessene Wiedergutmachung war, denn Tiere können nie eine Wiedergutmachung für die Missetaten, die ein Mensch getan hatte, darstellen. Trotzdem war es das, was Gott ihnen geboten hatte. Man konnte auf diese Weise Gott eine Sühnung anbieten, ein Sühneopfer an Gott, eine Entschädigung für die Sünde. Damit Gott einem nicht das Leben nahm, opferte man an seiner eigenen Stelle das Leben eines unschuldigen Tieres. Bis zum Tode Jesu akzeptierte Gott diese Opfer. Aber jetzt akzeptiert er es nicht länger, denn es ist nur ein unschuldiges Tier, das man anstelle eines verpfuschten Lebens darbringt. Und so war das Kreuz ein Opfer. Es war die Wiedergutmachung, eine Entschädigung, eine Sühneleistung an Gott für das, was wir getan haben.

Der Buchstabe „S" steht für *satisfaction*, auf Deutsch „Genugtuung". Der Gerechtigkeit wurde Genüge getan, sodass Gnade angeboten werden konnte. Gott ist ein gerechter Gott. Wenn Gott gerecht ist, dann muss jede Sünde bestraft werden. Wenn ein unschuldiger Mensch die Bestrafung an deiner Stelle auf sich nimmt, dann stellt das die Gerechtigkeit Gottes zufrieden. Die Gerechtigkeit ist zufriedengestellt, und du kommst als freier Mensch davon.

Damit kommen wir zum letzten Buchstaben „S", der für *substitution* steht, auf Deutsch: „Stellvertretung". Ganz einfach: Jesus starb an unserer Stelle. Ein befreundeter Missionar predigte wieder einmal in Indien. Ein Inder rief inmitten der Versammlung: „Jesus geh weg! Das ist nicht dein Platz, sondern der meine!" Dieser Mann hatte erkannt, dass er hätte gekreuzigt werden müssen, und nicht Jesus. Ihr erkennt jetzt die Bedeutung: *Wir alle hätten einen vorzeitigen und gewaltsamen Tod verdient*. Das wäre gerecht gewesen, aber weil er einen vorzeitigen und gewaltsamen Tod erlitten hat, müssen wir diesen nicht mehr erleiden.

Man kann es auch folgendermaßen ausdrücken: In den letzten drei Stunden am Kreuz war Jesus in vollkommener Finsternis, er hatte Durst, er war unendlich einsam; genauso ist die Hölle. In der Hölle seid ihr in völliger Finsternis; in der Hölle seid ihr einsam; in der Hölle seid ihr durstig – es ist ein heißer Ort. Jesus ging in den letzten drei Stunden am Kreuz durch die Hölle. Er erfuhr die Hölle, damit ihr niemals dort hinkommen müsst. Er war euer Stellvertreter. Der erste Mann, der diese Wahrheit der Stellvertretung am Kreuz erkannte, war Barabbas. Er war der Erste, der die Freiheit erlangte. Er wusste, dass Jesus als Stellvertreter für ihn gestorben war – wenn Jesus nicht gestorben wäre, hätte Barabbas sterben müssen.

Wir alle müssen dahin gelangen, dass wir erkennen, dass wir und nicht Jesus dies hätten erleiden müssen. Wir haben es verdient, er nicht. Er war unschuldig – wir nicht. Aber er hat unseren Platz am Kreuz eingenommen. Wenn ihr das erkennt, dann passiert etwas in euch. Ich will aber noch etwas sehr Wichtiges hinzufügen. Am Kreuz geschah eine *doppelte* Stellvertretung. Die meisten sehen es nur als eine einfache Stellvertretung. Was meine ich damit? Die meisten Menschen sind glücklich damit, ihre Sünden Jesus geben zu können. „Den, der Sünde nicht kannte, hat er für uns zur Sünde gemacht, damit wir Gottes Gerechtigkeit würden in ihm." Doppelte Stellvertretung bedeutet, dass

## DAS WUNDER SEINES TODES

Jesus sagt: „Gib mir deine Sünden, und ich werde dir meine Rechtschaffenheit geben." Viele Leute sind froh, dass sie ihre Sünden loswerden, sind aber nicht besonders glücklich darüber, *Rechtschaffenheit zu empfangen*. Aber genau das bedeutet die doppelte Stellvertretung, Christus sagt: Ich habe für dein bisheriges schlechtes Leben bezahlt und bin dein Stellvertreter geworden. Aber jetzt will ich in deinem Leben leben, und will der Stellvertreter in deinem Leben sein, so wie ich es im Tod war. Ich will, dass du rechtschaffen bist. Gib mir deine Sünden und ich gebe dir meine Rechtschaffenheit.

Das ist doppelte Stellvertretung, und das ist das *volle* Evangelium. Das Erste mögen die Leute, aber mit dem Zweiten sind sie nicht sehr glücklich. Aber beides gehört zur erstaunlichen Wahrheit des Kreuzes. Wir machen uns in der Wassertaufe das Kreuz zu eigen. Paulus spricht von uns allen *… die wir in seinen Tod hinein getauft worden sind*. Den Tag meiner Taufe in einer kleinen Kirche in Nordengland werde ich nie vergessen. Ich war der einzige Täufling und sie hatten das Taufbecken im Boden geöffnet. Das Wasser war mit grünem Schleim bedeckt – es war wohl schon lange nicht mehr geöffnet worden. Es kam mir vor, als ob ich die Biosphäre eines Tümpels erforschen sollte. Aber als ich in dieses schleimige grüne Becken eintauchte, verschwand es, und ich sah Jesus, wie er im schlammigen Jordan vor mir getauft wurde. Wir nennen so etwas eine Vision. Ich werde es nie vergessen. Ich dachte: „Ich folge Jesus geradewegs in dieses schleimige Becken nach, genauso wie er für mich in den schlammigen Jordan untertauchte."

Er hatte nicht nötig, dass Sünden abgewaschen wurden, aber er tat es für mich, als er starb. Er begann seinen Dienst als Stellvertreter, der sich für mich taufen ließ. Wenn wir getauft werden, dann werden wir in seinen Tod getauft. Es reicht nicht aus, wenn man sagt: „Christus starb für mich."

Wir müssen sagen: „Ich bin mit ihm gestorben." Es reicht nicht aus, wenn man sagt: „Christus ist für mich begraben worden." Wir müssen sagen: „Ich bin mit ihm begraben." Es reicht nicht aus, wenn man sagt: „Christus stand von den Toten auf." Wir müssen sagen: „In Christus bin ich von den Toten auferstanden." Wenn ihr getauft werdet, dann identifiziert ihr euch mit seinem Kreuz, mit seinem Grab und mit seiner Auferstehung. Kann da irgendwer behaupten, die Taufe sei unwichtig? In der Taufe identifizieren wir uns vollständig mit Christus, wir waschen die Vergangenheit ab und steigen heraus aus dem Wasser und beginnen ein neues Leben.

Kein Wunder, dass er uns gesagt hat, dass wir so das christliche Leben beginnen sollen, und es danach fortsetzen sollen, indem wir das Abendmahl feiern. Ihr dürft niemals das Kreuz vergessen. Deswegen sagte Jesus: „Wenn immer ihr dieses Mahl esst..." Eigentlich sagte er: „Nehmt Brot, nehmt Wein, und erinnert euch daran, dass mein Leib für euch zerbrochen und mein Blut für euch vergossen wurde." Wir müssen den Rest unseres Lebens unter dem Kreuz leben und dürfen das niemals vergessen. Wir sind mit Christus gekreuzigt. Ihr standet dort am Kreuz und wart nicht unter der Menge, die ihn verspottet hat. Ihr gehörtet auch nicht zu einem der beiden Verbrecher. Ihr wart mit Jesus am Kreuz und ihr wurdet mitgekreuzigt. Das alte Leben ist aus und vorbei. Ihr seid jetzt frei, und er ist in eurem Leben euer Stellvertreter geworden, so wie er es im Tod war.

Wir wollen dieses Kapitel damit beschließen, dass wir uns die unterschiedlichen Reaktionen der Menschen auf seinen Tod anschauen, so wie ich sie erlebt habe. Erstens: Eine weit verbreitete Reaktion auf seinen Tod ist *Gleichgültigkeit* – „Betrifft mich nicht, berührt mich nicht im Mindesten." Es ist schwer damit umzugehen, wenn Leute anscheinend gar nichts dabei empfinden. Gleichgültigkeit ist ein echtes Problem. Es ist ja schon so lange her und so weit weg,

## DAS WUNDER SEINES TODES

warum soll mich das etwas angehen? Im ersten Weltkrieg gab es bei den Streitkräften einen Kaplan namens Studdert Kennedy, bekannt als „Woodbine Willie", weil er an alle Soldaten Woodbine-Zigaretten verschenkte. Er schrieb ein fabelhaftes Gedicht, das er „Gleichgültigkeit" nannte. Es bringt die Sache auf den Punkt, dass die Leute nämlich einfach vorbeigehen:

Gleichgültigkeit

Als Jesus kam nach Golgatha, am Holz man ihn ausstreckte,

Schlug Nägel durch sein' Hand und Fuß, den Tod für uns er schmeckte.

Aufs Haupt setzt man die Dornenkrone, aus Wunden troff sein Blut;

Die Zeit war rau, die Tage hart; der Mensch – kein kostbar Gut.

Als Jesus kam nach Birmingham, ging man an ihm vorbei,

Man krümmte ihm kein einz'ges Haar, sein Tod ist einerlei.

Der Mensch ist nicht mehr rau noch hart; kein Leid fügt man ihm zu,

Man geht vorbei, schaut gar nicht hin und eilt davon im Nu.

Doch Jesus ruft wie dazumal: „Vergib, sie wissen's nicht!"

Man rennt, man hastet, sieht nicht hin und sucht ein and'res Licht.

# DIE SIEBEN WUNDER SEINER WELTGESCHICHTE

Bald wird es still, die Straße leer, und keiner ist mehr da.

Der HERR hockt weinend dort im Dreck und
ruft nach Golgatha.

(Anm.d.Ü.: Sehr freie Übersetzung des Gedichts
*Indifference* von Studdert Kennedy)

Als nächstes kommen die *Interessierten* – sie hören vom Kreuz und wollen etwas mehr wissen. In unserer heutigen Welt gibt es viele vergleichbare Situationen, sodass es leichtfällt, ihre Gedanken mit dem, was heutzutage passiert, zu verknüpfen, denn „Kreuzigungen" geschehen auch jetzt: Illegale Hinrichtungen, das Sterben Unschuldiger – es passiert überall und jederzeit. Man kann Verbindungen zwischen dem Tode Jesu und dem Tode Unschuldiger und zu Unrecht zum Tode Verurteilter herstellen. So weckt man ihr Interesse.

Auch habe ich einige Leute getroffen, die *entrüstet* waren. Sie sind wütend über das, was man Jesus angetan hat. Sie sagen, dass es falsch ist, dass man ihn getötet hat, denn jeder von uns entrüstet sich darüber, wenn ein Unschuldiger getötet wird. Wenn so etwas passiert, dann ist das einfach Unrecht. Für diese Leute ist das ein Argument gegen die Todesstrafe – weil manchmal die falsche Person hingerichtet wird, und unschuldige Menschen leiden müssen. Diejenigen, die sich entrüsten, denken dabei immer noch an andere und nicht an sich selbst.

Schließlich gibt es noch diejenigen, die sich mit *einbeziehen* lassen und die erkannt haben, dass dieses weit entfernte Ereignis vor zweitausend Jahren sie selbst persönlich betrifft, und sie sozusagen mit dabei waren. Sie begreifen, dass sie Teil dieser sündenbeladenen und kranken alten Welt sind, die Jesu Tod herbeigeführt hat. Erst wenn ihr euch selbst mit dem Kreuz Christi identifizieren könnt, gewinnt euer Leben ganz neuen Sinn und Bedeutung. Das ist der Grund, warum ich das Kreuz hier und heute in den Mittelpunkt stelle – ihr sollt euch davon betroffen fühlen. Euretwegen ist das geschehen. Wenn ihr das glauben könnt, dann lasst ihr euch mit Christus mitkreuzigen, dann seid ihr dieser Welt gestorben und seid lebendig in Christus. Die ganze Welt wird sich für euch ändern, und auch ihr werdet ein neues Leben empfangen.

# 3

# Das Wunder seines BEGRÄBNISSES

Wir wollen nochmals zu den uns bereits bekannten ersten Versen von 1. Korinther 15 zurückkehren: „Ich tue euch aber, Brüder, das Evangelium kund, das ich euch verkündigt habe, das ihr auch angenommen habt, in dem ihr auch steht, durch das ihr auch gerettet werdet, .... dass Christus für unsere Sünden gestorben ist nach den Schriften; und dass er *begraben* wurde und dass er auferweckt worden ist..." Habt ihr bemerkt, dass eine der fundamentalen Tatsachen des Evangeliums, an dem wir festhalten müssen, und durch das wir gerettet werden, das *Begräbnis* Jesu zwischen seinem Tod und seiner Auferstehung ist? Nur wenige Christen betrachten das Begräbnis als einen Glaubensartikel – dabei ist es einer. Wir sagen: „Ich glaube, dass er begraben wurde." Trotzdem klingt es ein wenig merkwürdig, nicht wahr? Was hat das mit unserem Glauben zu tun? Was wäre, wenn er nicht begraben worden wäre? Könnte das unserem Glauben etwas anhaben?

Tatsache ist, dass Jesus um ein Haar nicht begraben worden wäre. Tatsächlich wurde in diesen Tagen jemand, der gekreuzigt worden war, nicht begraben – damit wollte man dem Leichnam nach dem Tode die letzte Ehre verweigern. Wenn es richtig und ehrenvoll ist, jemanden nach dem Tod zu begraben, dann ist es andererseits ein Zeichen der Verachtung, wenn man einen Leichnam einfach beseitigt.

Und genauso ging man damals mit jemandem um, der gekreuzigt worden war. Man warf ihre Leichname in die örtliche Mülldeponie. Im Süden von Jerusalem liegt ein Tal, das so tief ist, dass die Sonne den Talgrund nicht erreicht. Dort war die Mülldeponie der Stadt Jerusalem. Das südliche Stadttor wird deshalb immer noch „Mist-Tor" genannt, weil man den Abfall durch es hindurchtrug und zu diesem tiefen Tal brachte, dem Tal Hinnom (hebräisch: *Gehenna*). Wenn Jesus in seiner Lehre ein deutliches Bild der Hölle zeichnen wollte, verwendete er dieses Wort *Gehenna*, denn jeder wusste um diesen Ort, wo man seinen Müll ablud. Was man nicht mehr brauchen konnte, warf man in dieses Tal hinein. Die Hölle ist also Gottes Mülldeponie, dort entsorgt er unbrauchbare Menschenleben. Wenn man etwas besitzt, was verdorben ist, dann wirft man es weg – zum Beispiel einen alten Autoreifen – weil man einfach keine Verwendung mehr dafür hat. Die Bibel sagt, dass Gott in die Hölle *wirft* – genauso macht man es mit Müll, man *wirft* ihn weg. Man *platziert* ihn nicht irgendwo.

Als ich im Jahre 1960 zum ersten Mal nach Jerusalem kam, war das Tal Hinnom noch eine Mülldeponie, aus der blauer Rauch aufstieg. Ich wollte mir das ganze etwas genauer anschauen. Es stank nach Schwefel und giftigem Rauch. Ich konnte die verfaulenden Essensreste und den ganzen Müll der ganzen Stadt sehen. Jetzt ist von all dem nichts mehr zu sehen. Sie haben die Landschaft renaturiert, und es ist ein Park daraus geworden, wo junge israelische Liebespaare flanieren und turteln. Dort gibt es jetzt sogar ein Open-Air-Theater, wo ich schon gepredigt habe. Ich erinnere mich daran, wie ich dort predigte: „Das ist das erste und letzte Mal, dass ich in der Hölle predige." Ich war dort nie wieder. Aber genau das war das Tal Hinnom, und oberhalb seiner Felsabstürze war der Ort, an dem Judas versuchte, sich an einem Baum aufzuhängen. Das Seil riss, sein Körper

## DAS WUNDER SEINES BEGRÄBNISSES

stürzte hinab und seine Eingeweide ergossen sich auf den Boden. So lag sein Körper unter all dem stinkenden Müll. Das war der Ort, wo man auch die Körper der gekreuzigten Menschen hinwarf. Der Leichnam von Jesus hätte beinahe zusammen mit dem Leichnam von Judas dort gelegen, an dem Ort den man noch heute *Hakeldamach* (Blutacker) nennt. Als der jüdische Hohe Rat, der Sanhedrin, der aus siebzig jüdischen Leitern bestand, Jesus zum Tode verurteilte, gab es zwei Leiter in diesem Gremium, die ihr Einverständnis verweigerten. Es waren zwei „geheime Jünger Jesu". Einer von ihnen war Nikodemus, der sich einige Monate zuvor mit Jesus in der Nacht getroffen hatte, und der andere war Josef von Arimathäa, ein wohlhabender Mann, der einen Garten außerhalb der Stadtmauern besaß. Der Garten grenzte an eine Felswand, wo er sich ein prächtiges Grab für sich selbst ausgehauen hatte. Er und Nikodemus nahmen den Leichnam Jesu und balsamierten ihn mit hundert Pfund einer Gewürzmischung ein.

Sie sind folgendermaßen dabei vorgegangen: Ein Leichnam wurde in zwei Leinentücher gewickelt. Das eine Tuch war sehr lang, einige Meter, und darin wurde der Körper von den Füßen bis zur Brust eingewickelt. Dann nahmen sie ein kürzeres Leinentuch und wickelten damit den Kopf vom Stirnansatz aufwärts ein. Während sie den Stoff um den Körper wickelten, bestreuten sie ihn mit den Gewürzen – um damit die Verwesung zu verzögern oder auch den Verwesungsgeruch zu übertönen. Ich weiß das nicht genau, vermutlich ging es um beides. So könnt ihr euch also den Leichnam vorstellen, wie er eingewickelt dalag, wobei man Schultern und Gesicht freiließ. Deshalb finden wir, wenn wir später die Auferstehung betrachten, die Tücher in derselben Position vor, nur dass sie zusammengefallen waren, weil kein Leichnam mehr darin war. Und auch der „Turban" lag zusammengewickelt an seinem Platz. Diese

Details werden sehr anschaulich beschrieben, denn sie stammen von Augenzeugen, die all das gesehen haben.

Dieses tiefe und dunkle Tal war schon in der früheren Geschichte Israels ein schrecklicher Ort. Während der Zeit des bösen Königs Manasse hat man dort einen heidnischen Gott, den Moloch angebetet. Manasse gab sich diesem heidnischen Kult hin, und eine ihrer verabscheuungswürdigen Praktiken war, dass man Babys tötete und dem Moloch als Opfer darbrachte. Manasse hat seinen eigenen Sohn in diesem Tal getötet und ihm dem Moloch als Opfer dargebracht.

Jeremia hatte auch einmal mit diesem Tal zu tun. Ihm wurde von Gott gesagt: „Geh, und schau dem Töpfer in Hinnom zu." Jeremia ging zum Haus des Töpfers, das am Ende dieser Schlucht stand, und er sah, wie er mit seiner Töpferscheibe mit einem Klumpen Ton beschäftigt war. Er nahm einen Klumpen Ton, warf ihn auf die Töpferscheibe und versuchte, daraus eine schöne feine Vase zu töpfern. Aber der Ton missriet in seinen Händen, und es kam nicht das erhoffte Gefäß daraus hervor. Vielleicht war der Ton nicht feucht genug, oder er hatte die falsche Konsistenz. So schlug er den Ton wieder zu einem Klumpen zusammen und warf ihn wieder auf die Töpferscheibe. Dann machte er daraus ein grobes dickes Gefäß, welches man für die Arbeit in der Küche verwenden kann, und keine wunderschöne Vase. Es wurde also ein ziemlich hässlicher Gebrauchsgegenstand. Dann entfernte er es von der Töpferscheibe, und Gott sagte zu Jeremia: „Jeremia, hast du aus der Arbeitsweise des Töpfers etwas gelernt? Wer war für das Aussehen des Gefäßes verantwortlich?"

Wir singen gerne Lieder wie „Du bist der Töpfer, wir sind der Ton", als ob es die Entscheidung des Töpfers gewesen wäre, was aus dem Ton wird. Aber so ist es nicht. Es war die Beschaffenheit des Tons, die darüber entschied, welche Art von Gefäß daraus hervorgeht. Das ist die eigentliche

## DAS WUNDER SEINES BEGRÄBNISSES

Lektion, die wir daraus lernen. Wir sind nicht einfach nur Ton, und Gott macht daraus, was er will. Wenn wir in seinen Händen gelingen, dann sind wir die richtige Art von Ton, dann macht er uns zu wunderbaren Leuten. Aber wenn wir ihm nicht erlauben, uns zu dem zu machen, was er vorhat, dann macht er uns zu hässlichen Menschen. Er möchte uns zu wunderschönen Menschen formen – lest das selbst in Jeremia 18 nach – zu wunderschönen Vasen, die seine Gnade empfangen. Aber wenn sie nicht zu dem werden wollen, was er für sie vorhat, dann macht er sie zu groben Pötten, die sein Gericht empfangen. Der Töpfer wird dich auf die eine oder die andere Weise benutzen, aber es ist deine Entscheidung, ob er dich als wunderschöne Vase voll seiner Gnade, oder als hässlichen Pott voll seines Gerichts benutzt.

Am nächsten Tag sollte Jeremia wieder zum Haus des Töpfers gehen. Diesmal war der grobe Pott so hart und brüchig, dass gar nichts mehr daraus geformt werden konnte. Die Sonne hatte ihn ausgetrocknet. Der Töpfer nahm ihn, brach ihn in Stücke und warf ihn in das Tal Hinnom. Das ist ein Sinnbild auf das, was Gott mit Menschen tun wird. Er will sie zu einer wunderschönen Vase formen, aber wenn sie unter seinen Händen nicht gelingen und dem Töpfer nicht erlauben so zu werden, dann macht er sie zu einem groben Gefäß seines Gerichts. Wenn sie dann so weiterleben, dass sie zu hart werden, und es zu spät ist, um sie noch umzuformen, dann werden sie in das Tal Hinnom geworfen, in die Hölle. Die Hölle ist Gottes Müllplatz für unbrauchbare Menschen, aus denen er nichts Sinnvolles mehr machen kann. Das ist für mich der eigentliche Schrecken der Hölle: Menschen, die verdorben sind, die Gott nicht mehr zu dem gebrauchen kann, was er mit ihnen vorhatte, und die dann von Gott in die Hölle geworfen werden – und wenn man dabei an Jesus denkt, der gekommen ist, um uns vor diesem schrecklichen Schicksal zu bewahren.

## DIE SIEBEN WUNDER SEINER WELTGESCHICHTE

Das ist das Tal Hinnom, das Tal, in das man die Leichen der gekreuzigten Menschen zu dem ganzen Müll warf. Als ich in dieses Tal kam, waren dort der Gestank, der Rauch und die vielen Maden und Würmer, die sich von den verrotteten Essensresten ernährten – es war der schrecklichste Ort, den ihr euch vorstellen könnt. Eigentlich bedaure ich es, dass man diesen Ort nicht so gelassen hat, damit die Touristen ihn sehen können. Andererseits hat man dort nie Touristen hingeführt, obwohl er nur wenige hundert Meter außerhalb der Stadtmauern Jerusalems liegt. Wenn ihr damals Israel besucht hättet, dann hätte man euch nicht dorthin geführt, um es zu betrachten. Man hätte euch auch nichts davon erzählt, denn es ist kein rühmlicher Ort für die Geschichte Israels.

Jesus wäre also beinahe nicht beerdigt worden, aber Josef von Arimathäa, der ein Felsengrab besaß, sagte: „Er kann mein Grab haben." Er wollte wohl irgendwie seine Tat wieder gut machen, dass er sich bei der Abstimmung über die Hinrichtung Jesu nur der Stimme enthalten und nicht mehr dagegen unternommen hat. Er und Nikodemus nahmen also den Leichnam. Es gab wohl eine Art Beerdigungszeremonie. Sie nahmen den Leichnam vom Kreuz ab, nachdem sie die Erlaubnis dazu bekommen hatten. Dann wickelten sie ihn mit den Leinentüchern und den Gewürzen ein und legten ihn in das Grab. Dann rollten sie einen großen Stein vor den Eingang des Grabes. Der Stein war wahrscheinlich zwei oder drei Tonnen schwer. Gemäß einer der frühen Handschriften des Evangeliums waren zwanzig Männer erforderlich, den Stein an seinen Platz zu rollen. Man wollte sicher gehen, dass der Leichnam drinnen ist und drinnen bleibt. Jesus wurde also in diesem Grab begraben.

Siebenhundert Jahre vorher sagte Jesaja über den leidenden Gottesknecht, der für die Sünden des Volkes sterben würde: „Und man gab ihm bei Gottlosen sein Grab, aber bei einem Reichen ist er gewesen in seinem Tod."

## DAS WUNDER SEINES BEGRÄBNISSES

Dieser Vers ist ein wenig verzwickt, der dort inmitten dieser Prophetie erscheint, aber er bedeutet Folgendes: Eigentlich hätte sein Grab bei den Gottlosen im Tal Hinnom sein sollen, aber er wurde im Grab von reichen Leuten begraben. Jesus wurde sogar in einem vorzüglichen Grab bestattet. Ich persönlich bin zu achtzig Prozent davon überzeugt, dass das Gartengrab das wirkliche Grab Jesu ist, aber ich möchte nicht rechthaberisch sein.

Von der Grabeskirche wird auch behauptet, dass sie über dem Grab Jesu errichtet worden ist. Aber wenn man das Gartengrab besucht, dann passt einfach alles. Es war ein christlicher englischer Generalmajor, der in einem Haus wohnte, das an die nördliche Stadtmauer Jerusalems angebaut war. Er schaute eines Morgens zum gegenüberliegenden Hügel, der wie ein gigantischer Totenschädel mit Augenhöhlen, Nasenhöhle und einem grauen Mund aussah. Er dachte: „Das sieht ja aus wie Golgatha." Golgatha heißt ja „Schädelstätte". „Ganz in der Nähe muss doch ein Grab zu finden sein." Er nahm ein paar Soldaten mit sich, die ihm halfen, fünf Meter tiefen Schutt wegzuräumen, und tatsächlich, er fand den Eingang eines Grabes. Heute ist eine wunderschöne Anlage daraus geworden. Falls es doch nicht der richtige Platz ist, so fühlt er sich doch wenigstens wie der richtige Platz an. Man hat einen schönen Garten angelegt, und man kann in das Grab hineingehen. Interessanterweise handelt es sich um ein Familiengrab mit zwei langen Felsbetten an jeder Seite und einem kürzeren Bett am Ende. Das längere Bett auf der linken Seite ist auf ziemlich grobe Weise aus dem Felsen ausgehauen worden, um es zu verlängern. Es hat den Anschein, dass es früher kürzer war und dann notdürftig und hastig verlängert worden ist, damit eine größere Person darauf Platz hat. Aber auch das deutet darauf hin, dass es sich um eine überstürzte Bestattung gehandelt haben muss, denn die Arbeit wurde schnell und hastig verrichtet. Aber wo das eigentliche Grab ist, spielt keine allzu große Rolle. Er ist auferstanden, und darauf kommt es an. Trotzdem sagt jeder, der das Gartengrab besucht, dass es ein großartiges Erlebnis ist, dort gewesen zu sein.

Aber was sagt uns das alles? Er hatte ein Begräbnis. Normalerweise wird ein toter Körper gewaschen. Aber dafür war keine Zeit, dennoch wurde er von diesen beiden Männern in Tücher eingewickelt. Einige Wochen vorher hatte eine Frau, die zu den engsten Freunden Jesu gehörte, eine Flasche mit kostbarem und feinstem Parfüm zerbrochen und das Parfüm über ihm ausgegossen. Jesus sagte: „Kritisiert diese Frau nicht." Denn Judas Iskariot hatte zuvor gesagt: „So eine Verschwendung. Das Geld hätte man in unsere Reisekasse tun sollen." Jesus sagte: „Das war keine Verschwendung. Sie hat mich schon im Voraus für mein Begräbnis gesalbt." Seitdem erinnert man sich an das, was sie getan hat. Irgendwie ahnte diese Frau, dass er keine anständige Bestattung erhalten würde. Vielleicht wusste sie es deswegen, weil sie zu seinen Füßen saß und ihm zuhörte, wie er erzählte, was mit ihm geschehen würde. Sie wusste, dass er keine angemessene Bestattung erhalten würde, jedenfalls hat sie es aus Liebe zu ihm getan. Dieser Vorfall geschah in Bethanien einige Wochen zuvor. Als die Frauen dann schließlich am Ostersonntag zum Grab kamen, war es zu spät, um eine angemessene Bestattung nachzuholen. Sie hatten noch mehr Gewürze mitgebracht, wollten sich noch besser um den Leichnam Jesu kümmern, aber da war kein Leichnam mehr da.

Das Begräbnis Jesu ist für unseren Glauben unverzichtbar. Den Machthabern der Juden war der drei Tonnen schwere Stein am Eingang des Grabes nicht genug. Sie machten sich Sorgen. Er hatte ja vorhergesagt, dass er nach drei Tagen wieder lebendig werden würde. Es gehörte zur selben Vorhersage dazu, wo er sagte: „Ich werde den Heiden

## DAS WUNDER SEINES BEGRÄBNISSES

überliefert und gekreuzigt werden." Er wusste, dass er zuerst verspottet werden würde. Das hatte er seinen Jüngern gesagt, aber er sagte außerdem: „Nach drei Tagen werde ich wieder bei euch sein", und das wussten seine Jünger. Deshalb gingen die Juden zu den römischen Machthabern und sagten: „Würdet ihr bitte das Grab bewachen lassen." Sie waren nicht darüber besorgt, dass er nach drei Tagen auferstehen würde, denn das glaubten sie nicht. Sie sorgten sich vielmehr darüber, dass seine Jünger das Grab aufbrechen würden, den Leichnam stehlen würden, und dann vortäuschen würden, dass er wieder lebendig geworden sei. Das würde noch größere Unruhe unter dem Volk hervorrufen. Er wurde also nicht nur in ein Grab, das mit einem großen Stein verschlossen war, gelegt, sondern er wurde nach seiner Grablegung auch von bewaffneten Soldaten ganze drei Tage lang bewacht. Die ganze Sache schaute ziemlich endgültig aus.

Und tatsächlich ist es das Erste, was wir dazu sagen können, nämlich dass Jesus richtig tot war. Hätte es nur das kleinste Lebenszeichen gegeben als sie die Leiche wegtrugen, sie salbten, sie in Leichentücher wickelten und in das Grab legten, dann hätten sie bestimmt alles nur Mögliche getan, um ihn wiederzubeleben – aber er war richtig tot. Wenn man mit einer Leiche zu tun hat und all das mit einer Leiche tut, dann weiß man, dass diese Person tot ist – es setzt dann ja auch schon die Leichenstarre ein. Die Tatsache, dass er bestattet wurde, und dass man mit seinem toten kalten Körper hantieren musste, bedeutet ganz klar: Es gab keinerlei Lebenszeichen mehr.

Wenn man ihn dann noch in ein Grab legt und einen großen Stein davor rollt, dann kann das nur bedeuten, dass man davon überzeugt ist, dass es keine Hoffnung mehr für ihn gibt. Es ist für uns sehr wichtig, dass wir wissen: Er war wirklich tot.

Sogar heute noch gibt es Theorien, die besagen, dass er am Kreuz nur in Ohnmacht gefallen sei. Er wurde fast zu Tode gepeitscht, er hatte seit dem letzten Abendmahl nichts gegessen, er wurde schlimm misshandelt, an das Holz genagelt, von einem Speer durchbohrt, und immer noch gibt es Leute, die behaupten, dass er nicht richtig gestorben sei, dass er nur ohnmächtig geworden sei, und er sich in der Kühle des Grabes wieder erholt habe. Es ist schon erstaunlich, wie verzweifelt manche Leute beweisen wollen, dass der Bericht nicht wahr ist.

Als nächstes zeigt uns sein Begräbnis, dass es endgültig war. Als Pastor habe ich verschiedentlich Witwen besucht, deren Ehemänner kürzlich verstorben waren. Oft reden sie von ihrem Mann in der Gegenwartsform. Sie sagen beispielsweise: „Mein Mann liegt aufgebahrt im Wohnzimmer. Wollen sie ihn noch einmal sehen?" Ich gehe dann mit ihnen ins Wohnzimmer, und da liegt er. Sie kämmen ihm dann noch das Haar, richten das Kopfkissen zurecht, damit er es etwas bequemer hat, so als ob er schlafen würde, und immer sprechen sie in der Gegenwartsform: „Er liegt im Wohnzimmer", und nicht etwa sein *Körper*, sondern *er*. Aber ich habe auch bemerkt, wenn einmal die Beerdigung stattgefunden hat, so dass sie den Ehepartner endgültig nicht mehr zu Gesicht bekommen, dass sich dann die Zeitform, in der sie über ihren Ehemann sprechen, von der Gegenwart zur Vergangenheit ändert. Bei uns in England ist es Sitte, nach der Beerdigung zusammen eine Mahlzeit einzunehmen. Nach der gemeinsamen Mahlzeit sagen sie dann: „Mein Ehemann *war* ein sehr guter Mensch, er *war* mir ein guter Ehemann und ein guter Vater seinen Kindern." Sie ändern ihre Redeweise von „er *ist*" zu „er *war*". Was diese Sache ändert, ist nicht der Tod, sondern das Begräbnis. Erst durch das Begräbnis wird es zu einem endgültigen Abschied. Solange man noch den Leichnam sieht, hat man die Illusion, dass der Mensch irgendwie noch bei dir ist, aber wenn man den Leichnam nicht mehr sieht, ihn niemals mehr wiedersieht, kann man die Endgültigkeit akzeptieren. Das ist dann wirklich das Ende. Ich habe sogar Witwen gekannt, die versucht haben, ihren Ehemann von den Toten zum Leben zu erwecken, als der Leichnam noch bei ihnen war, aber ich habe nie erlebt, dass sie es versuchten, nachdem er begraben war. Dann ist nämlich die Sache beendet. Nicht wenn eine Person tot ist, sondern erst wenn die Person tot und begraben ist, dann ist die Sache beendet, man wird ihn nie mehr wiedersehen – das ist das Ende dieses Menschen. Das ist – ganz menschlich betrachtet – die volle Bedeutung eines Begräbnisses. Das hätte auch das Ende der Geschichte mit Jesus sein sollen, aber wir wissen, dass es das nicht war.

Das Begräbnis bedeutet also, dass Menschen nichts mehr für ihn und auch nichts mehr für seinen Leichnam tun konnten. Er war unerreichbar. Nach dem Zeitpunkt seines Begräbnisses konnte niemand mehr irgendetwas für ihn tun: Aus – Ende – vorbei. Jetzt konnte nur noch eine Person irgendetwas für ihn tun, und das ist Gott selbst. Genauso wie im Dunkel des Mutterleibes ganz am Anfang, als Gott ein männliches Spermium erschuf, das die Eizelle in Maria befruchtete und den Menschen Jesus entstehen ließ, war es Gott, der im Dunkel des Grabes ein erstaunliches Wunder vollbrachte. Beides war vor den Blicken und der Einflussnahme der Menschen verborgen, Gott vollbrachte ein weiteres Schöpfungswunder. Im nächsten Kapitel werde ich verdeutlichen, dass die Bibel nicht etwa sagt: „Jesus erstand von den Toten auf", sondern dass es heißt, dass Gott ihn von den Toten auferweckte. Er war außerhalb der Reichweite von Menschen. Nur Gott konnte innerhalb des Grabes etwas tun, denn nur er konnte in das Grab hineinkommen und dieses großartige Wunder tun.

## DIE SIEBEN WUNDER SEINER WELTGESCHICHTE

Nun wollen wir uns die wichtigste Frage stellen: „Wie lange war Jesus begraben?" Eigentlich eine ganz einfache Frage, aber sie ist deshalb schwierig, weil die Schrift widersprüchliche Antworten darauf gibt. Jesus selbst sagte, dass er drei Tage und drei Nächte im Grab sein würde. Das passt nicht zwischen Freitagnachmittag und Sonntagmorgen hinein. Hattet ihr damit auch schon Schwierigkeiten? Habt ihr euch schon gefragt, wie das zusammenpasst? Jesus selbst sagte: „Genauso wie Jona drei Tage und drei Nächte im Bauch des Walfischs war, so wird der Sohn des Menschen inmitten des Grabes sein – aber das ist unmöglich: Freitag bis Sonntag. Wenn er also drei Tage und drei Nächte im Grab war, wie kann er dann am dritten Tage auferstehen? Und trotzdem findet man diese Aussage in den Evangelien: Am dritten Tage stand er von den Toten auf, bzw. wurde auferweckt. Das scheint ein echter Widerspruch zu sein, aber man kann ihn auflösen. Und ich möchte ihn für euch auflösen, denn ich glaube, dass jeder Widerspruch in der Bibel aufgelöst werden kann, wenn man weitere Wahrheiten kennt.

Es gibt zwei Schlüssel, um diese Widersprüche aufzulösen: Einer davon ist, dass die hebräische und die römische Zeiteinteilung unterschiedlich sind. Die Hebräer zählen die Tageszeit von Sonnenuntergang zum nächsten Sonnenuntergang, von sechs Uhr abends bis sechs Uhr abends, deshalb besteht ein ganzer Tag für sie aus *Nacht und Tag*. Für uns ist das anders, denn wir sind der römischen Zeiteinteilung gefolgt, von Mitternacht zu Mitternacht. Für uns besteht ein Tag aus *Tag und Nacht*, während die Hebräer *Nacht und Tag* sagen. Die Hebräer gründen ihre Zeiteinteilung auf Genesis Kapitel 1. Dort lesen wir: Es war Abend, es war Morgen, ein Tag. Die Erde nahm ihren Anfang in der Dunkelheit und danach wurde erst Licht. Die Hebräer dachten so wie Gott. Bei Sonnenuntergang, um sechs Uhr abends, begannen die zwölf Stunden der Dunkelheit, und

## DAS WUNDER SEINES BEGRÄBNISSES

auf die Dunkelheit folgte das Licht – die zwölf Stunden des Tages. Nacht und Tag, Abend und Morgen, Dunkelheit und Licht, während wir genau andersherum denken. Wir fangen mit dem Tag an, auf den die Nacht folgt, wir fangen mit dem Licht an, auf das die Dunkelheit folgt. Also war er nach der hebräischen Zählweise drei Tage und drei Nächte im Grab. Nach der römischen Zählweise wurde er am dritten Tag auferweckt, und so kann man diesen Widerspruch auflösen. Aber wir benötigen noch den zweiten Schlüssel: Jesus starb nicht an einem Freitag – und schon wird das Rätsel gelöst. Er starb an einem Mittwochnachmittag um drei Uhr. Aber wie konnte es zu dieser festzementierten Überlieferung der Kirche kommen, dass er an einem Freitag starb? Man sagt zu diesem Tag „Karfreitag", und fromme Katholiken essen an diesem Tag kein Fleisch, sondern Fisch. Woher haben sie diese Idee? Bitte folgt mir jetzt ganz aufmerksam: Jesus starb um drei Uhr nachmittags und sie mussten ihn bis sechs Uhr abends begraben haben, weil um sechs Uhr abends der Sabbat beginnt. Deshalb sagt man: „Gut, wenn der Sabbat um sechs Uhr abends beginnt, dann muss es ein Sabbat gewesen sein, und deshalb starb Jesus an einem Freitagnachmittag." Jeder Christ ist dieser Überzeugung, aber wenn ihr Johannes 19,31 lest, werdet ihr Folgendes vorfinden: „Dieser Sabbat war ein spezieller Sabbat." Man sagte dazu auch ein „Großer Sabbat". Es war kein Freitag, als sie das sagten, an einem solchen „Großen Sabbat" begann das Passahfest. Das Passahfest begann mit einem speziellen Sabbat, an dem niemand arbeitete, und solch ein spezieller Sabbat konnte jeder beliebige Wochentag sein. Eine weitere kleine Information wird euch außerdem hilfreich sein: Jesus wurde nicht im Jahre Null unserer Zeitrechnung geboren. Derjenige, der sich unseren Kalender ausdachte, hat einen Fehler gemacht. Jesus wurde etwas eher, nämlich im Jahre 4 v. Chr. geboren. Vier Jahre vor Christus wurde Christus geboren. Unglücklicherweise besteht dieser Fehler in unserem Kalender fort. Woher wissen wir das? Weil zum Zeitpunkt seiner Geburt der König Herodes noch am Leben war. Jesus muss also früher geboren worden sein. Wir wissen, dass Jesus mit dreiunddreißig Jahren gestorben ist. So kommen wir auf das Todesjahr 29 n. Chr. Im Jahre 29 n. Chr. fiel der Beginn des Passahfestes auf einen Donnerstag – das weiß man. Wenn also Jesus im Jahre 29 n. Chr. starb, worauf alles hinweist, dann begann das Passahfest an einem Donnerstag, und es war ein Mittwoch um drei Uhr nachmittags, als man das Passahlamm schlachtete.

Jetzt passt alles wunderbar zusammen. Jesus starb am Mittwochnachmittag um drei Uhr. Er wurde um neun Uhr vormittags an das Kreuz geschlagen, starb um drei Uhr nachmittags und wurde vor Sonnenuntergang begraben. Dann begann der erste Tag des Passahfestes mit einem speziellen Sabbat (lies Joh19,31). Dann war Nacht und Tag (Tag Eins), Nacht und Tag (Tag Zwei), Nacht und Tag (Tag drei), nach Hebräischer Zeitrechnung war er – genau wie er es gesagt hatte – drei Tage und drei Nächte im Grab. Man beachte, dass er zu jeder Zeit nach sechs Uhr abends am endenden Samstag bzw. am beginnenden Sonntag auferstehen konnte, denn da begann für die Juden der erste Tag der Woche – nicht für die Römer, wohl aber für die Juden. Es deutet alles darauf hin, dass er zwischen 18:00 und Mitternacht an unserem Samstag auferstanden ist. Wenn er zu diesem Zeitpunkt auferstanden ist, dann war es der erste Tag der Woche für die Juden, und es war der dritte Tag nach seinem Tod für die Römer. Wir sehen also wieder einmal, wie die verschiedenen Bibelstellen zusammenpassen, alles ist ineinander stimmig. Aber irgendwie meinen wir immer noch, er wäre am Sonntag um 10:00 Uhr auferstanden, weil wir da den Ostersonntags-Gottesdienst feiern. Aber als die Frauen vor Sonnenaufgang zum Grab kamen, war dieses bereits leer, und zwar schon seit ein paar Stunden. Könnt ihr jetzt sehen, wie alles zusammenpasst? Natürlich hat der genaue Tag seines Todes auf eure Rettung keinen besonderen Einfluss, aber es berührt eure Rettung durchaus, an welchem Tag er auferstanden ist, wie wir später noch sehen werden. Ihr könnt meine Theorie gerne verwerfen. Für mich ist es dennoch wichtig, wenn wir zu Schriftstellen kommen, die scheinbar nicht zusammenpassen, und sie dann, nachdem wir alles durchdacht haben, wieder übereinstimmen. Es ist spannend, wenn man herausfindet, dass doch alles zusammenpasst.

Wir haben jetzt also die Frage, wie lange er im Grab war, beantwortet. Es gibt aber noch eine weit wichtigere Frage. Diese Frage ist für sein Begräbnis grundlegend, sie lautet: Sein Körper lag im Grab, aber wo war *Er*? Das ist sehr wichtig, wenn man bedenkt, dass der Tod unseren Geist von unserem Körper trennt, und unser Geist weiterlebt, so wie es in der Ballade aus dem amerikanischen Bürgerkrieg heißt: „John Browns Leiche liegt modernd im Grab, aber seine Seele marschiert weiter..." Genau das passiert beim Tod. Du verlässt deinen Körper und dein Geist geht weiter – aber wohin geht er? Und wohin ging Jesus? Wo war er selber? Er verließ seinen in Leichentücher eingewickelten Körper dort im Grab, aber wo war er?

Wir finden die Antwort in der Bibel, und ihr glaubt nicht, wie viele Christen das nicht glauben, und wie viele theologische Diskussionen und Lehrmeinungen daraus entstanden sind. Leider muss ich sagen, dass spätere Versionen des Apostolischen Glaubensbekenntnisses falsch liegen, wenn sie sagen: „Er litt unter Pontius Pilatus, wurde gekreuzigt, starb und wurde begraben. Er stieg in die Hölle hinab." Das zugrundeliegende Römische Glaubensbekenntnis erwähnt aber gar keine „Hölle". Die heutige Version des Glaubensbekenntnisses gibt den Text an dieser Stelle so wieder: „Er stieg zu den Toten hinab".

Alle Ostkirchen glauben, dass er zur Hölle ging und dass er die Tore der Hölle öffnete und alle hinausließ. Man nennt es „die Höllenfahrt Christi". In den Ostkirchen lehrt man das die Menschen. In der Westlichen Kirche wird das ganz und gar nicht gelehrt, und trotzdem glaubte man im Mittelalter, dass er zur Hölle ging. Ich fürchte, dass man das auch heutzutage wieder beginnt zu glauben, und zwar aufgrund der Lehre einiger moderner Glaubenslehrer, die man oft im Fernsehen sehen kann – dass er nach seinem Tod in die Hölle hinabstieg und dort in der Hölle Sühnung für uns erwirkte. Ich aber habe versucht, euch beizubringen, dass Jesus in den letzten drei Stunden seines Lebens am Kreuz in die Hölle ging. Das war der Zeitpunkt, an dem er in die Hölle ging und für uns alle die Hölle schmeckte, als er in dieser Finsternis durstig, einsam und von Gott verlassen war. Geistlich gesehen ging Jesus vor seinem Tod in die Hölle hinab, und nicht danach. Das Apostolische Glaubensbekenntnis sollte vielmehr sagen, dass er in den Hades hinabstieg. Leider meinen die meisten Leute, dass Hades und Hölle derselbe Ort seien. Hades ist das griechische Wort für die Welt der dahingeschiedenen Geister, nicht mehr und nicht weniger. Dieser Ort ist weder schlecht noch gut; es ist einfach der Ort, an den tote Menschen hingehen – wo ihre Geister hingehen, wenn sie ihre Körper hinter sich lassen. Das hebräische Wort für Hades war *Scheol*, was auch nichts anderes bedeutet, nämlich die Welt der dahingeschiedenen Geister – der Leute, die gestorben sind. Ihre Geister waren im *Scheol*, ihre Körper blieben in den Gräbern zurück.

Habt ihr im Buch Jona schon diesen sehr wichtigen Punkt entdeckt: Jona war tot, als er im Bauch des Walfisches war, und nicht lebendig. Lest das Buch Jona aufmerksam und ihr werdet herausfinden, dass sein Körper, als die Seeleute ihn über Bord geworfen hatten, um den von Gott gesandten

## DAS WUNDER SEINES BEGRÄBNISSES

Sturm zu stoppen, auf den Grund des Mittelmeeres sank. Er sagte: „Ich lag zwischen Seetang, zu den Gründen der Berge sank ich hinab." Nun, zum Ertrinken benötigt man eineinhalb Minuten, und noch eine längere Zeit benötigt man, um zum Meeresgrund hinab zu sinken. Er sagte: „Wasser verschlang meine Kehle." Er beschreibt das Ertrinken. Aber wo war der Ort, wo er sein Gebet sprach? Sein Körper war im Inneren des Wales, aber es heißt: „Er betete aus dem *Scheol*." Sein Geist war im *Scheol*.

Er sagte: „Der Erde Riegel waren hinter mir auf ewig geschlossen," und er schrie – es heißt buchstäblich so: „Ich schrie aus dem *Scheol*." Er war im Inneren des Wales tot, denn der Wal hatte einen toten Körper verschluckt und spuckte diesen später am trockenen Land wieder aus. Es war eine buchstäbliche Auferstehung aus den Toten. Versteht ihr die Geschichte jetzt? Der Wal verschluckte keinen lebendigen Körper, und er betete auch nicht vom Walfischbauch aus. Er betete aus dem Scheol – sein Geist und sein Körper waren bereits getrennt. Und deswegen sagt Jesus: „Denn wie Jona drei Tage und drei Nächte in dem Bauch des großen Fisches war, so wird der Sohn des Menschen drei Tage und drei Nächte im Herzen der Erde sein." Sein Körper würde im Grab liegen, aber sein Geist würde im *Scheol* bei denen sein, die bereits gestorben waren.

Wem haben wir diese Information zu verdanken? Die Antwort ist: Petrus. Der erste Brief des Petrus sagt uns ganz genau, wo Jesus war und was er tat. Genaugenommen heißt es, dass Jesus dem Fleisch nach getötet, aber im Geist lebendig war; er ging dann in den *Scheol* und traf dort tote Leute und predigte ihnen. Diese Information, die uns Petrus gibt, ist erstaunlich. Wir wissen, dass Jesus nach seiner Auferstehung Petrus ganz für sich erschien, aber wir wissen nicht, wo sich das abspielte oder was sie miteinander redeten. Also muss ich meine Vorstellungskraft einsetzen. Als Jesus dem Petrus ganz alleine erschien, wird Petrus wohl gesagt haben: „Wo um alles in der Welt bist du gewesen?" Jesus sagte vielleicht: „Ich war nicht auf der Erde, ich war im Hades." „Was hast du denn im Hades gemacht?" Jesus hat es Petrus erzählt, und Petrus berichtet es in seinem Brief – er hat das Evangelium den Toten gepredigt, aber nicht allen. Petrus sagt: „Er predigte nur denjenigen, die in der Sintflut zur Zeit Noahs umgekommen waren." Die Sintflut war mehr als zweitausend Jahre früher. Dieser Bericht sagt uns, dass nicht nur Jesus nach dem Tod bei vollem Bewusstsein war, sondern dass die Menschen, die in der Sintflut umgekommen waren, ebenso bei vollem Bewusstsein und in der Lage waren, seine Predigt zu hören.

Das sollte euch zu denken geben. Ihr hört nicht auf, ihr selbst zu sein, wenn ihr sterbt. Zwei Minuten nach eurem Tod seid ihr bei vollem Bewusstsein und ihr wisst, wer ihr seid, und ihr wisst auch, wo ihr seid, und ihr wisst auch mit wem ihr zusammen seid. Wir haben dafür diesen Beweis: Jesus ging zwischen seinem Tod und seiner Auferstehung in das Totenreich und predigte denjenigen, die in der Sintflut umgekommen waren, das Evangelium. Warum das so ist, darüber habe ich mir viele Gedanken gemacht. Die Antwort darauf habe ich nicht aus der Schrift und ihr könnt sie gerne ablehnen, aber ich dachte einfach darüber nach: „Warum hat Jesus ihnen gepredigt – und warum nur denen, die in der Sintflut umgekommen waren?" Ich gelangte dann zu dieser Antwort: Sie sind die Einzigen, die sich darüber beklagen können, dass Gott ungerecht ist, indem sie nämlich sagen: „Du hast uns vorzeitig hinweggerafft." Gott hatte nämlich nach der Sintflut geschworen, dass er so etwas nie wieder tun würde, an keiner anderen Generation. Sie könnten sich also über Gott beklagen, dass er ihnen diese Chance, die er anderen Generationen einräumt, vorenthalten hat. Wenn dem so sein sollte, dann hat vielleicht der Vater zum Sohn gesagt: „Geh hin, und predige dieser Generation, denn ich habe mich

## DAS WUNDER SEINES BEGRÄBNISSES

ihnen gegenüber nicht wirklich fair verhalten, bzw. seitdem bin ich weniger fair, weil ich so etwas nicht noch einmal tue; also geh hin und predige ihnen." Ich weiß nicht, ob es die richtige Antwort ist. Aber es ist eine Tatsache, dass wir im 1. Petrusbrief 3 lesen: „In seinem Geist ging er ins Totenreich und predigte denen, die in den Tagen Noahs ertrunken waren." Eine erstaunliche Tatsache. In der Karwoche treffen sich die Kirchen von Sonntag bis Freitag und dann wieder am Ostersonntag täglich zu Gottesdiensten. Es gibt keinen Karsamstags-Gottesdienst. Deshalb wissen auch nur wenige, was Jesus am Samstag getan hat – man übersieht es einfach. Vielleicht habt auch ihr heute davon zum ersten Mal gehört. Aber bitte, überprüft mich. Glaubt nicht einfach alles, was David Pawson sagt – ich kenne diesen Menschen nur zu gut. Lasst euch nicht an der Nase herumführen, prüft es selber in eurer Bibel. Lest eure Bibel und prüft, ob das, was ich sage, Gottes Wort ist. Wenn ihr es in der Bibel nicht finden könnt, dann vergesst es. Um Gottes Willen, vergesst es und esst bei der nächsten Mahlzeit keinen gegrillten Prediger!

Jesus hat also zwischen seinem Tod und seiner Auferstehung den Toten gepredigt, und ihr findet das noch einmal im 1. Petrusbrief 4, wo es heißt, dass das Evangelium den Toten gepredigt wurde. Dann wurde er wieder lebendig.

Wenn ihr von eurem Körper getrennt seid, könnt ihr keinen Kontakt mit Menschen, die noch auf der Erde sind, aufnehmen. Das macht den Tod für uns so schmerzlich. Wenn ein geliebter Mensch stirbt, dann wissen wir, dass wir mit ihm nicht mehr reden und Gemeinschaft haben können. Wir sind von ihnen abgeschnitten, denn der Tod trennt euch zwar von den Lebenden, nicht aber von den Toten. Das müssen wir uns vor Augen führen. Ich will jetzt alles noch einmal für euch zusammenfassen.

Es gibt drei Phasen der menschlichen Existenz, die wir so bezeichnen: „Im Leib" – „vom Leib getrennt" – „mit dem

Leib wiedervereint". Jeder von uns muss diese drei Phasen durchmachen. Wenn du mich heute hier reden hörst, dann bist du „im Leib", und ich kann mit dir kommunizieren, denn ich bin ebenso „im Leib". Aber irgendwann werde ich „vom Leib getrennt", von dir abgetrennt sein, auch wenn du dann immer noch meine Tonbandaufnahmen hören oder meine Bücher lesen kannst. Seitdem meine Tochter im Alter von sechsunddreißig Jahren starb, bin ich von ihr getrennt, dennoch ist sie durchaus lebendig. Sie ist immer noch ein tapferes und lebendiges Mädchen. Ich glaube, dass sie jetzt sogar noch viel lebendiger ist als früher, aber ich kann mit ihr nicht kommunizieren.

Menschen haben schon immer mit Hilfe spiritistischer Methoden versucht, mit Toten zu kommunizieren, aber das hat fatale Auswirkungen, denn Dämonen haben die Fähigkeit, Tote nachzuahmen. Sie machen das so raffiniert, dass die Menschen darauf hereinfallen. Nur ganz selten erlaubt Gott, mit Toten zu kommunizieren, aber es ist keine Erfahrung nach der man von sich aus streben sollte. Uns ist es untersagt, spiritistische Methoden anzuwenden. Der König Saul hat es gemacht, und Samuel wurde aus dem Totenreich zurückgerufen, um mit ihm zu reden. Jesus sprach auf dem Berg Hermon mit Mose und Elia. Es gibt also ganz selten Begebenheiten in der Bibel, wo Tote mit Lebenden reden, aber nur wenn Gott es so anordnet – wir selbst sollten es niemals versuchen. Ich sehne mich danach, wieder mit meiner Tochter zusammen zu sein und mit ihr wieder reden zu können. Ich weiß, mit wem sie jetzt Gemeinschaft hat, und ich befürchte, dass ich schon manche sterbende Person gebeten habe, ihr meine Liebe auszurichten. Klingt das für euch merkwürdig? Aber sie werden meine Tochter vor mir treffen. Also habe ich sie gebeten, ihr eine Nachricht von mir zu überbringen. Ich habe bemerkt, dass es den sterbenden Menschen, die ich in ihrem Tod begleitet habe, Hoffnung gibt, denn sie merkten, dass ich wirklich an ein Leben nach dem Tod glaube.

Wir befinden uns also in dem Stadium, in dem wir „im Leib" sind, und der Leib stellt für uns durchaus eine Beschränkung dar. Beim Tod wird der Geist freigelassen, ist bei Jesus und bei seinem Volk, und kann mit ihnen uneingeschränkt kommunizieren, bei vollem Bewusstsein, aber sie sind von uns, die wir „im Leib" sind, vorübergehend getrennt. Die dritte Phase der menschlichen Existenz ist die „Wiedervereinigung mit dem Leib", wenn wir einen neuen Leib haben, was aber keine Reinkarnation ist, wie sie in anderen Religionen gelehrt wird. Ich glaube nicht an Reinkarnation, denn diese Theorie besagt, dass du als jemand anderer zurückkehrst, vielleicht sogar als Tier, wenn du hier auf der Erde schlecht gelebt hast. Es gibt da ein altes Lied, in dem es heißt: „Geh mit dieser Ente behutsam um, sie könnte deine Großmutter sein." Das ist Reinkarnation, und das ist Unsinn – glaube es nicht. Aber du wirst wieder in einem Leib sein, und zwar als du selbst – das sind wunderbare Nachrichten. Wir gehen also durch diese drei „Daseins-Räume" – vom ersten in das zweite Stadium, zuerst „im Leib", dann „vom Leib getrennt", und zwar einer nach dem anderen. Aber wir gehen auch vom zweiten in das dritte Stadium, um alle mit dem Leib wiedervereint zu werden. Genaugenommen findet der Übergang in das dritte Stadium an zwei unterschiedlichen Tagen statt. Zuerst werden die Gerechten mit dem Leib wiedervereint, später werden die Ungerechten mit dem Leib wiedervereint. Der Unterschied besteht darin, wo sie die Ewigkeit mit diesen Leibern verbringen.

Ich will Folgendes damit sagen: Jesus durchschritt alle drei Stadien bzw. „Daseinsräume" innerhalb von nur einer Woche. Warum es bei ihm so schnell ging, ist offensichtlich. Trotzdem war er „im Leib" und dann war er „vom Leib getrennt". Aber selbst in diesem Stadium konnte er predigen und lehren, und zwar nicht den Lebendigen, sondern den Toten. Dann wurde er „mit dem Leibe wiedervereint", so konnte er wieder mit den Menschen in dieser Welt kommunizieren. Er wird in der Bibel unser „Vorläufer" genannt. Er ist uns vorangegangen, er hat uns einen Weg gebahnt. Er hat uns alle drei Stadien unserer Existenz gezeigt, wobei das jetzige Stadium lediglich die Vorbereitung auf die nächsten zwei Stadien ist. Was wir in dieser Zeit, in der wir „im Leib" sind, tun, hat Auswirkungen auf unsere ganze Zukunft, entweder werden wir den einen oder den anderen Weg einschlagen. Dennoch muss ausnahmslos jeder von den Toten auferweckt werden.

Die entscheidende Frage ist, was mit einem passiert, wenn man „mit dem Leib wiedervereint" ist, wo man also die dritte Phase der Existenz verbringt: Es ist entweder die neue Erde oder die Hölle. Wenn ihr also meint, dass ihr nach dem Tode weiterlebt, so ist das bei weitem nicht alles. Ihr werdet auf alle Fälle vom Himmel auf die Erde zurückkommen. Ich habe schon bei den Beerdigungen meiner Tochter, meiner Schwester und ihres Mannes und meiner achtundneunzigjährigen Schwiegermutter gepredigt. Bei jeder Beerdigung sagte ich: „Sie werden wiederkommen – eines Tages werden sie mit dem Leib wiedervereint sein und hier sein." Wisst ihr, als ich dabei die Trauergemeinde ansah, schauten sie mich an, als ob ich ein Buddhist wäre – sie hatten das noch nie gehört, sie hatten es noch nie in ihrer Bibel gelesen, dabei steht es da.

Zusammenfassend können wir also sagen: Beim Begräbnis Jesu geht es genau darum. Es beweist, dass er wirklich tot war. Er war von uns getrennt, er war von all seinen Jüngern getrennt, aber er war nicht von Gott getrennt. Er war auch nicht von den Toten getrennt, und er predigte den Toten, während er den Lebendigen nicht mehr predigen konnte. Das zeigt uns, was uns selbst erwartet. Nach dem Tod werden wir sofort bei vollem Bewusstsein sein. Wir werden Gemeinschaft mit den bereits Verstorbenen haben und ganz besonders mit Christus und denen, die in Christus gestorben sind. Ich sehne mich danach. Wenn ich also vor meiner Frau sterbe, sage ich ihr „Auf Wiedersehen", aber ich sage „Hallo" zu meiner Tochter. Genauso wird es sein, und ich danke dem Herrn, dass er mein Vorläufer ist, mein Wegbereiter, der vor mir hergeht und den Weg bereitet, und so hat er innerhalb von nur einer Woche mir gezeigt, wo der Weg für mich entlanggeht.

# 4

# Das Wunder seiner AUFERSTEHUNG

Es gibt viele verschiedene Vorstellungen vom Leben nach dem Tod. Wir müssen zwischen Reanimation, Reinkarnation und Auferstehung unterscheiden.

Bei der Reanimation holt man jemanden wieder ins Leben zurück. Für die heutige Medizin ist es nichts Besonderes, jemanden, der gestorben ist, wiederzubeleben. Zu Hause habe ich ein Buch, das die Lebensgeschichte von Tom Scarinci, einem Italoamerikaner, erzählt. Wir haben zusammen in Berlin gedient, und er sprach vor mir. Er stand da und erzählte: „Ich war zehn Tage lang tot, und Jesus hat mich von den Toten auferweckt." Ich wäre nach ihm drangekommen, aber ich dachte: „Mach doch weiter!" Er machte weiter und erzählte die wohl erstaunlichste Geschichte einer Wiederbelebung, die ich je gehört habe.

Sie spielte sich im Stanford Medical Center, das der Stanford Universität in San Francisco angegliedert ist, ab, wo Tom zehn Tage lang wegen Sauerstoffmangels in seinem Gehirn tot war, während sein Körper mit einer Herz-Lungen-Maschine am Leben gehalten wurde. Allerdings war er zehn Tage lang klinisch tot – und wurde wieder zum Leben erweckt. Es ist wirklich auch eine der amüsantesten Geschichten, die ich je gehört habe, und gleichzeitig eine der erstaunlichsten. Das Cover seines Buches mit dem Titel „Zehn Tage tot", zeigt seinen Körper, wie er zehn Tage lang auf der Intensivstation lag.

Aber hier handelt es sich um eine Reanimation, eine Wiederbelebung, denn dieser Mann wird wieder sterben. Er wurde in seinen alten Körper zurückgeholt, was natürlich auch eine wunderbare Sache ist, aber er wird alt werden und irgendwann sterben müssen. Das trifft auch auf die verschiedenen Totenauferweckungen in der Bibel zu, bis auf eine – die von Jesus. Lazarus ist auch wieder gestorben; es gibt sogar die Legende, dass er nach seiner Auferweckung nie wieder lächeln oder lachen konnte, weil er für den Rest seines Lebens wieder in diese sündhafte Welt zurückgekehrt war.

Viele von uns kennen die Mund-zu-Mund-Beatmung, und was man mit ertrunkenen Menschen tun muss, um sie wiederzubeleben. In Krankenhäusern finden viele Wiederbelebungen statt. Man macht das mit Defibrillatoren am Herzen usw. Aber das ist Wiederbelebung oder Reanimation. Es ist keine Auferstehung, denn Jesus ist nicht auf diese Weise wieder zum Leben zurückgekehrt, aus ihm ist etwas ganz Neues geworden, und er lebt jetzt, zweitausend Jahre später, immer noch. Das ist etwas ganz anderes als die anderen „Auferstehungen", von denen das Alte und das Neue Testament berichten. Alle anderen sind in ihre alten Körper und in diese alte Welt zurückgekehrt, und sie sind wieder gestorben – das ist keine wirkliche Auferstehung. Bei einer Auferstehung bekommt man einen neuen Leib, der nicht mehr altert, nicht mehr stirbt, nicht mehr krank, schwach oder müde wird.

Aber was ist mit der östlichen Idee der *Reinkarnation*? Es ist der Glaube, dass du in einem anderen Körper wiederkommst. Ob es ein besserer oder ein schlechterer Körper ist, hängt davon ab, wie du dein vorheriges Leben geführt hast. Du kommst in einem anderen Körper, als ein anderer Mensch, oder sogar als Tier wieder, bis du schließlich so vollkommen gelebt hast, dass du aus deinem Körper ganz und gar herausgerettet wirst, und dann schließlich in alle

# DAS WUNDER SEINER AUFERSTEHUNG

Ewigkeit ohne Körper leben darfst. Das ist etwas völlig anderes als Auferstehung.

Bei der Auferstehung kommst du als du selbst mit einem neuen Körper wieder, der nicht altert oder stirbt – es ist ein unsterblicher Körper. Es ist die Art von Körper, die Gott ganz am Anfang für dich vorgesehen hatte. Das ist also etwas ganz anderes, und du wirst am Ende auch nicht aus diesem Körper entfliehen, du wirst in diesem neuen Körper für immer leben. Ich freue mich auf meinen neuen Körper, denn ich habe da eine Theorie, die ich übrigens mit vielen Christen aus allen Epochen teile, dass nämlich mein neuer Körper das Alter von dreiunddreißig Jahren haben wird (genauso wie der neue Körper von Jesus). Ich kann es gar nicht erwarten, wieder dreiunddreißig Jahre alt zu sein! Da befand ich mich nämlich, was das Physische, Mentale und Emotionale betrifft, auf der Höhe meiner Kraft.

Als ich einmal die Temple Church in London besuchte, wo viele Kreuzfahrerritter begraben sind, haben mich ihre in Marmor gehauenen Abbilder auf den Grabplatten fasziniert. Sie alle schauen aus, als ob sie dreiunddreißig Jahre alt wären, obwohl einige von ihnen bei ihrem Tod auf dem Schlachtfeld schon viel älter waren. Sie haben also auch geglaubt, dass sie einen Körper, so wie Jesus einen hat, haben werden. Jesus hat nach seiner Auferstehung nie wieder einen Geburtstag gefeiert, denn er ist seitdem nicht älter geworden. Auch wir werden einen gleichartigen verherrlichten Körper wie er besitzen, der nicht mehr altert. Denkt darüber nach – nie wieder Geburtstag feiern! Keine Sorge, du wirst darüber glücklich sein!

Die hebräische und die griechische Sichtweise über das Leben nach dem Tod könnten nicht unterschiedlicher sein. Wir sind in der griechischen Gedankenwelt aufgewachsen. Im griechischen Denken unterscheiden sich Seele und Körper ganz erheblich. Die Seele ist im Körper eingesperrt, und wenn der Körper stirbt, dann wird die Seele freigelassen. Man sehnt sich danach, endlich mit dem Körper abgeschlossen zu haben. Nichts liegt dem hebräischen Denken ferner. Der hebräische Gedanke ist folgender: Ohne den Körper bin ich nicht vollständig.

Ich überlebe zwar den Tod als „vom Leib getrennter" Geist, aber ich bin keine vollständige Person. Paulus drückt es so aus: „Ich werde entkleidet." Das bedeutet nicht, dass er sich nackt fühlt, aber dass ihm in seinem Bewusstsein etwas fehlt. Deshalb sehnt er sich nach dem Tag, an dem er seinen neuen Körper bekommen wird. Deswegen sagt er auch: „Manchmal denke ich, dass ich nicht in diesem Zustand, nämlich vom Körper entkleidet zu sein, sein möchte." Dann denkt er etwas nach und sagt: „Aber nein, ich will lieber außerhalb meines Körpers und zu Hause beim Herrn sein." Das ist viel besser als dieses Leben, aber trotzdem fühlt er wie ein Hebräer, ein Jude, dass nämlich das Leben ohne Körper irgendwie unvollständig ist, dass der Körper einfach ein Teil von *dir* ist – und nicht nur irgendetwas Physisches, in dem du ein paar Jahre lang lebst.

Wenn du in den Spiegel schaust und deinen Körper betrachtest, dann schaust du *dich* an. Es ist bestimmt eine wunderbare Erfahrung, Gemeinschaft mit denen zu haben, die in Christus gestorben sind; aber wir warten auf mehr – wir warten auf den neuen Körper. Diesen neuen Körper bekommst du nicht, wenn du stirbst – das kommt später, und wir werden es alle gemeinsam zur gleichen Zeit erleben. Abraham wird zusammen mit mir seinen neuen Körper bekommen, am selben Tag. Freust du dich schon darauf? Einer nach dem anderen, und jeder für sich, geht vom Tod in den körperlosen Zustand über, aber wir als Volk Gottes bekommen unsere neuen Leiber gemeinsam und zum selben Zeitpunkt. Was für ein herrlicher Tag wird das sein, wenn wir einen neuen Körper erhalten!

## DAS WUNDER SEINER AUFERSTEHUNG

Im hebräischen Denken ist der Tod also eine Beschränkung, die dich deines Körpers beraubt. Er bedeutet keinen Verlust des Bewusstseins, sondern einen Verlust des Körpers, man wird zu einer körperlosen Existenz. Und deshalb wird Gott unsere Existenz wieder komplett machen, wenn er uns einen neuen Körper gibt. Am besten kann ich es damit erklären, indem ich euch versichern kann, dass kein christliches Glaubensbekenntnis jemals gesagt hat oder sagt: „Ich glaube an die Unsterblichkeit der Seele." Es heißt immer: „Ich glaube an die Auferstehung des Leibes." Das ist die christliche Hoffnung auf die Zukunft, und nicht so wie in der Ballade über John Brown, in der seine Seele einfach weitermarschiert. Deine Seele wird in einen neuen Körper gesetzt werden, der viel besser ist als dein alter Körper, der genau das tut, was du von ihm willst, der dein perfekter Gehilfe sein wird, während dein erster Körper manchmal das Gegenteil getan und sich als Meister über dich aufgespielt hat. Je älter du wirst, desto mehr kontrolliert dein Körper dich, was ich am eigenen Leibe verspüre. Ich wusste nie, wie es sich anfühlt, alt zu sein, jetzt weiß ich es. Es ist ganz anders als ich dachte, aber so ist es nun einmal – ich werde alt.

Aber lasst uns noch einmal auf die Ereignisse im Leben Jesu schauen. Er weckte den Lazarus von den Toten auf, einige Wochen bevor er selbst starb. Dieses Wunder war die Sensation im ganzen Land, denn dieser Mann war schon vier Tage lang tot gewesen, und als Jesus sagte: „Öffnet das Grab!" sagte dessen Schwester: „Aber Herr, er stinkt schon. Die Verwesung hat schon eingesetzt, du kannst das nicht tun." Aber Jesus sagte: „Öffnet das Grab!" Das nächste, was sie zu Gesicht bekamen, war Lazarus, wie er in Leichentücher eingewickelt am Eingang des Grabes stand. Denn er war in seinen alten Körper zurückgekommen und nicht mit einem neuen Körper auferstanden. Er musste wieder „ausgewickelt" werden, damit er sich wieder bewegen konnte. Jesus sagte: „Macht ihn frei." Entfernt die Tücher, damit er sich wieder bewegen kann – denn sie sahen sein Gesicht und seine geöffneten Augen, aber er konnte sich nicht bewegen. Deswegen sagte Jesus: „Wickelt ihn aus und lasst ihn gehen." Und das taten sie dann auch. Mit Jesus musste man das nicht tun, denn er kam nicht in seinen alten Körper zurück. Der alte Körper verschwand, hörte einfach auf zu existieren, was zur Folge hatte, dass die Leichentücher einfach in zusammenfielen, und die Kopfbinde für sich selbst zusammengewickelt dalag. Der Apostel Johannes sah das, und die Bibel sagt an dieser Stelle: „Er glaubte." Wir wissen nicht genau, was er glaubte, aber er sagte, dass er glaube, dass niemand den Körper weggenommen habe. Man kann einen Körper nicht aus den Leichentüchern herausholen, sodass diese weiter aufgewickelt bleiben. Johannes glaubte, dass in diesem Grab irgendetwas Übernatürliches stattgefunden hatte.

Wir haben bereits über den Bericht des Todes Jesu und über die Dauer seines Aufenthalts im Grab nachgedacht. Jetzt wollen wir den Bericht seiner Auferstehung betrachten – und zwar aus der menschlichen Sichtweise. Ich finde es sehr interessant, dass sie den Anfangsbeweis für seine Auferstehung schon gesehen haben, bevor sie ihn selbst antrafen. Darin erkennen wir eine feinfühlige Vorbereitung der Menschen auf das, was für sie wohl das Verblüffendste sein musste, was sie jemals hören oder erleben würden. In seiner Weisheit hat der Herr also erlaubt, den Beweis seiner Abwesenheit vom Grab zu sehen, bevor man den Beweis seiner selbst außerhalb des Grabes sah. Sie durften vorher die leeren Leichentücher und das leere Grab sehen. Sie wurden sogar von den Engeln gefragt: „Warum seid ihr hierhergekommen? Er ist nicht hier. Er ist auferstanden." Ihr könnt keinen Leichnam einbalsamieren, der gar nicht

## DAS WUNDER SEINER AUFERSTEHUNG

mehr existiert! Die große Frage ist jetzt aber: Wer hat den Stein weggerollt?

Am Ostersonntag war der erste Zeitpunkt, an dem die Frauen zum Grab kamen und ans Werk gehen konnten, die Soldaten waren da bereits weggelaufen. Sie kamen am ersten Werktag der Woche, um den Leichnam einzubalsamieren. Als sie zur Grabesstätte kamen, sagte eine von ihnen: „Wer wird für uns den Stein wegrollen?" Wenn schon zwanzig Männer notwendig waren, um den Stein vor das Grab zu rollen, würden da ein paar Frauen den Stein wegrollen können? Niemals – aber als sie zum Grab kamen, war der Stein bereits weggerollt, und ein Engel saß oben auf ihm. Engel sind viel stärker als wir, und ich kann mir vorstellen, dass ein Engel ihn einfach weggeschoben und sich daraufgesetzt hat. Dieses Detail gefällt mir einfach. Übrigens musste der Engel den Stein nicht wegrollen, um Jesus aus dem Grab zu lassen. Er hat den Stein nur deshalb weggerollt, damit die Welt hineingehen kann und es sich anschauen kann. Als also die Frauen zum Grab kamen, war dieses leer. Sie stürzten davon und berichteten es den Jüngern. Diese rannten zum Grab, so können wir es in der Bibel lesen, und fragten sich immer noch, ob jemand in das Grab eingebrochen sei und den Leichnam gestohlen habe. Als Petrus und Johannes zum Grab kamen, ging Petrus – ganz typisch für ihn – sogleich hinein. Johannes stand am Eingang und sah. Er sah diese Leichentücher, und das überzeugte ihn. Niemand hatte den Leichnam bewegt, nur Gott war in diesem Grab beschäftigt gewesen.

Dann geschahen die verschiedenen Erscheinungen. Die erste Erscheinung widerfuhr einer Frau – Maria, nicht Maria, der Mutter, sondern Maria Magdalena. Sie erkannte nicht, mit wem sie da sprach, bis eine Stimme sagte: „Maria!" Sie kannte diese Stimme – was für ein Moment. Jetzt kommen wir zu einer Fehlübersetzung unserer Bibeln. Jesus sagte nicht zu ihr: „Rühre mich nicht an." Er sagte: „Höre auf, mich anzufassen; halte mich nicht fest." Offensichtlich hatte sie seine Knöchel umklammert und sagte: „Ich lasse dich nie wieder gehen. Du bist zurückgekommen, und ich werde dich für immer festhalten." Er sagte: „Höre auf, mich festzuhalten, Maria, ich gehe zurück in den Himmel, wo ich hingehöre. Du kannst mich hier nicht festhalten." Das ist eine Szene, die das Herz berührt, denn Frauen, die man beraubt hat, wollen einen Körper, selbst wenn es ein toter Körper ist. Wenn Arbeiter bei einem Unglück auf einer Ölbohrinsel verbrennen, dann ist das Schlimmste daran, dass die Hinterbliebenen keinen Leichnam beerdigen können. Frauen brauchen den Körper, damit sie ihn beerdigen und ehren können, und oft gibt es keinen Körper mehr. Maria wollte diesen Körper, und sie wollte sich an ihn hängen.

Von da an hatten sie nicht nur den Beweis des leeren Grabes – und das leere Grab ist ein entscheidendes Beweisstück, niemand hat jemals den Leichnam Jesu finden können – auch für uns Gläubige stellt das einen gewissen Nachteil dar. Weder Ungläubige noch Gläubige können seinen Körper hervorzaubern. Früher habe ich mich danach gesehnt, dass Jesus leibhaftig bei uns sein möge. Es wäre so viel einfacher, die gute Botschaft zu verkündigen. Man könnte seinem Freund sagen: „Georg, komm und triff dich mit Jesus. Darf ich vorstellen? Georg, das ist Jesus – Jesus, das ist mein Freund Georg." Ich bin mir sicher, dass es um Georg bald geschehen wäre, wenn er in diese Augen blickte, er würde sich sehr schnell Jesus anschließen. Diese Möglichkeit habe ich nicht. Als ich dann älter wurde, hörte ich auf, so kindisch zu denken, denn wenn Jesus immer noch leibhaftig auf der Erde wäre und nicht in den Himmel aufgefahren wäre, wie oft könntet ihr ihn davon überzeugen, eure Kirche zu besuchen? Wie oft könntet ihr ihn zu einem Anbetungsgottesdienst einladen? Vielleicht einmal im ganzen Leben. Seht ihr das Problem? Wie oft könnt ihr seinen Geist zu einem Gottesdienst einladen? Zu jeder Zeit – immer, wenn ihr anbetet. Deswegen sagte Jesus: „Ich muss gehen und einen Stellvertreter senden, der bei euch bleibt."

Es gibt also eine ganze Reihe von Erscheinungen. Die Apostelgeschichte berichtet: „Er zeigte sich ihnen mit Beweisen, dass er lebendig ist." Diese Erscheinungen waren der sichere Beweis. Eines Abends gingen zwei Jünger nach Emmaus; sie waren weder nahe Verwandte noch gehörten sie zum engeren Kreis der Jünger. Sie gingen nach Emmaus, wo sie zu Hause waren, das ungefähr fünfzehn Kilometer entfernt unterhalb von Jerusalem liegt, es war am späten Ostersonntagabend. Sie blickten in die untergehende Sonne und rechneten bestimmt nicht damit, Jesus zu begegnen. Ich kann gut nachvollziehen, wie sie ihn nicht erkannten, als ein Fremder sich ihnen anschloss und fragte: „Kann ich mit euch gehen?" Sie kannten ihn vorher ja auch nicht besonders gut, obwohl sie mit ihm entfernt verwandt waren. Als sie sich unterhielten, sagte er: „Warum schaut ihr so traurig drein?" Sie sagten: „Hast du etwa nichts mitbekommen? Derjenige, auf den wir unsere Hoffnung setzten, dass er Israel retten würde, ist tot – sie haben ihn umgebracht." Dann erteilte er ihnen eine Lehre aus der Bibel und sagte: „Ihr Unverständigen, kennt ihr etwa eure Bibel nicht?" Er ging mit ihnen das ganze Alte Testament durch, die ersten fünf Bücher des Gesetzes, die Psalmen, die Schriften und dann die Propheten. Er zeigte ihnen alle Schriften, die von ihm sprachen, und sagte: „Erkennt ihr etwa nicht, dass vor der Herrlichkeit die Leiden kommen müssen?" Dass er zuerst leiden musste, bevor er in seine Herrlichkeit eingehen kann – das ist alles in der Bibel für euch aufgeschrieben, warum habt ihr es nicht geglaubt? Sie erkannten ihn immer noch nicht. Aber jetzt wurde es dunkel, und sie kamen zu Hause in Emmaus an.

## DIE SIEBEN WUNDER SEINER WELTGESCHICHTE

Irgendwie wollten sie ihn noch nicht gehen lassen. Er tat so, als ob er weitergehen wolle, aber sie sagten: „Halt, komm und bleibe über Nacht bei uns. Lass uns noch weiterreden. Komm mit uns." Dann setzten sie sich zum Essen hin. Ich habe mich lange Zeit gefragt, wie sie ihn dann erkannten. In ihrer Kultur war es Sitte, den Gast das Brot brechen zu lassen, damit er sich das größte Stück nehmen könnte. Das ist Höflichkeit. Sie gaben ihm also einen Laib Brot, um es zu brechen. Dabei kamen seine Hände zum Vorschein, und sie sahen es. Ihre Augen wurden geöffnet, da wussten sie es! Sie waren darüber so begeistert, dass sie sofort aufsprangen und die ganzen fünfzehn Kilometer aufwärts nach Jerusalem rannten. Jesus war schon vor ihnen da, denn in seinem neuen Körper war er viel schneller als sie. Sie rannten zu den Jüngern zurück, um ihnen zu berichten: „Er war bei uns zu Hause; wir haben mit ihm gegessen; er brach das Brot." Dann sagte auf einmal eine Stimme: „Schalom." Das erste Wort, das der auferstandene Jesus sagte, war „Schalom" (Friede), da wussten sie, dass er lebendig ist. Sie konnten einfach nicht glauben, dass er wieder zurückgekommen war. Sie hatten zum Abendessen Fisch und Chips. Er sagte: „Gebt mir etwas davon." Sie gaben ihm etwas zu essen, und er aß vor ihren Augen. Sie dachten sich: „Er muss echt sein; Geister essen nichts." Schließlich waren sie überzeugt, aber er sagte trotzdem noch: „Wenn ihr es immer noch nicht glauben könnt, dann kommt und steckt eure Finger durch meine Hände. Steckt eure Hände hier in meine Seite." Der Körper war ganz neu, aber er hatte die Identitätsmerkmale seines alten Körpers – das ist ein wichtiger Punkt. Man konnte ihn immer noch an seinen Narben erkennen. Sein neuer Körper hatte sie weiterhin, sodass er ihnen beweisen konnte, dass er lebendig ist.

Einige Zeit später trafen sie ihn noch einmal in Galiläa. Er bereitete für sie Frühstück zu und grillte Fisch. Das ist absolut real. Das sind keine Geistererscheinungen, sondern es ist ein Geist, der mit dem Körper wiedervereint ist. Allerdings ist es ein Körper, der verschwinden und auftauchen kann, wann er will. Es ist ein Körper, der hinein und heraus durch verschlossene Türen gehen kann. Es ist ein einzigartiger Körper mit gewaltigen Kräften. Dinge, die Jesus in seinem alten Körper nie tun konnte, konnte er jetzt tun. Was er aber nie tun konnte war, an zwei Plätzen gleichzeitig zu sein. Er war entweder in Jerusalem oder in Galiläa oder in Emmaus. Er konnte in Windeseile große Entfernungen zurücklegen, konnte aber nie an zwei verschiedenen Orten gleichzeitig sein.

Das ist ein wichtiger Punkt, denn wenn wir in einem Körper sind, können wir nicht an mehreren Orten gleichzeitig sein – auch in seinem Auferstehungsleib konnte Jesus das nicht tun. Genauso wie er plötzlich erschien, genauso verschwand er des Öfteren. Ihr habt vielleicht angenommen, dass er, als er wieder zu ihnen zurückgekehrt war, sichtbar bei ihnen bleiben würde, aber so war es nicht. In Emmaus war er, unmittelbar nachdem sie ihn am Brotbrechen erkannt hatten, sogleich verschwunden. Als er den Jüngern erschien, verschwand er danach auch gleich wieder. Thomas – dieser „ungläubige" Thomas, wie wir ihn fälschlicherweise nennen – hatte vielleicht mehr Glauben als alle anderen. Als er an diesem Sonntagabend von einem Spaziergang zurückkam, sagten sie: „Er lebt und er hat sogar Fisch gegessen. Schau auf den Teller mit den Gräten! Er hat unser Abendessen aufgegessen." Thomas sagte: „Wenn ich nicht meinen Finger in seine Hände und meine Hand in seine Seite lege, dann könnt ihr mich nicht dazu bringen, zu glauben." Eine Woche später, kommt Jesus plötzlich wieder zu ihnen und sagt: „Thomas, komm und stecke deinen Finger in meine Hand." Könnt ihr erkennen, was das heißt? Jesus gibt dieselben Worte des Thomas wieder, während er augenscheinlich nicht mehr im Raum war, aber jetzt hält er ihm diese Worte vor.

Dieses Verschwinden bedeutet also nicht, dass Jesus nicht mehr da war, als sie ihn nicht mehr sehen konnten. Er war immer noch da und hörte ihrer Unterhaltung zu, allerdings unsichtbar. Er bereitete sie auf eine unsichtbare Gegenwart vor. Er erschien also nicht nur, um ihnen zu beweisen, dass er zurückgekommen war, sondern er verschwand auch immer wieder, um sie davon zu überzeugen, dass er sie nicht verlässt, auch wenn er verschwindet. So wurden sie nach und nach an eine Gegenwart gewöhnt, in der sie ihn nicht sehen konnten. All das war eine Vorbereitung auf die Zukunft. Das ist sehr faszinierend. Es zeigt, dass Jesus ein großartiger Lehrer war. Er hat ihnen beigebracht, dass er ihnen zuhört, auch wenn sie ihn nicht sehen. Bei all dem Erscheinen und Verschwinden nach seiner Auferstehung war er die meiste Zeit unsichtbar bei ihnen, und hin und wieder auch sichtbar. Er konnte seinen Körper unsichtbar und unberührbar oder sichtbar und betastbar machen. Sein Körper war ein neuer Körper, den sein Geist perfekt kontrollieren konnte, und ebenso wird es auch mit unseren Köpern sein. Um von Jerusalem nach Galiläa zu gelangen, musste er keine lange Wanderung unternehmen.

Als die Jünger zurück nach Galiläa gekommen waren, wussten sie nicht, was sie anfangen sollten. Petrus sagte: „Ich gehe fischen, ihr könnt ja hierbleiben, wenn ihr wollt, aber ich werde in der Nacht fischen gehen." So ging er nachts zum Fischen, und als die Dämmerung anbrach, hatten sie nichts gefangen – aber am Ufer stand ein Mann und sagte: „Ihr werft das Netz auf der falschen Seite aus, werft es auf der anderen Seite des Bootes aus." Sie taten es und sie fingen eine Menge von einhundertdreiundfünfzig Fischen. Ich habe auf dem See Genezareth schon eine Nacht zusammen mit Fischern zugebracht, die ihre Netze auswarfen. Wenn man bei jedem Wurf vier oder fünf Fische fängt, dann ist das ein

## DAS WUNDER SEINER AUFERSTEHUNG

gutes Ergebnis – aber einhundertdreiundfünfzig Fische? Ihr ahnt nicht, was Theologen daraus schon gemacht haben. Ein Theologe sagte: „Zwölf Apostel zum Quadrat sind einhundertvierundvierzig plus die Trinität zum Quadrat ergibt einhundertdreiundfünfzig." Das ist die Art und Weise wie manche Leute mit der Bibel umgehen! Ich will euch sagen, was einhundertdreiundfünfzig Fische bedeuten: Eine große Menge Fische! Das ist alles, was es bedeutet. Versucht nicht, irgendetwas anderes hineinzulesen. Jeder, der die Schriften allegorisieren will, befindet sich auf dem Holzweg. Nehmt die Bibel auf ganz einfache Weise.

Es waren viele Fische, und als sie die Fische gefangen hatten, sagte Petrus: „Es ist der Herr", und Petrus sprang ins Wasser und schwamm ans Ufer. Dann sah er plötzlich, dass Jesus ein Kohlenfeuer angezündet hatte, – das ist die wörtliche Übersetzung – auf dem er für sie Fische briet. Das war innerhalb kurzer Zeit das zweite Mal, dass Petrus in ein Kohlenfeuer blickte. Das erste Mal war im Hof des Hohepriesters, als man über den bereits festgenommenen Jesus das Urteil sprach. Damals schaute eine kleine Magd den Petrus an und sagte: „Du hast einen galiläischen Akzent. Du bist doch einer von seinen Jüngern." Er sagte: „Ich kenne diesen Mann nicht." „Doch, ich habe dich zusammen mit ihm gesehen." „Nein, du musst mich mit jemand anderem verwechseln." Genau zu diesem Zeitpunkt führten sie Jesus durch den Hof, und Petrus weinte. Er hatte seinen besten Freund in einer Notlage verleugnet, und das ging ihm nach.

Jetzt blickt er wieder in ein Kohlenfeuer. Jesus sagte: „Petrus, liebst du mich?" Es folgt nun ein interessanter Wortwechsel – Petrus vermied dabei das Wort *agape*, welches Jesus benutzt hatte. Petrus antwortete: „Ich mag dich", und benutzte dabei ein anderes Wort. „Petrus, liebst du mich mehr als diese?" Petrus sagte: „Jesus, du weißt, dass ich dich sehr mag." Der Herr sagte: „Petrus, du magst mich, nicht wahr?" Petrus antwortete: „Du kennst mich, du weißt, dass ich dich sehr liebhabe." Petrus verwendete das Wort „Liebe" (*agape*) nicht, weil er sich daran erinnerte, dass er Jesus dreimal verleugnet hatte, als er bei einem Kohlenfeuer stand. Aber jetzt ist Jesus dabei, diese Wunde zu heilen. Er fragte ihn dreimal und Petrus weigerte sich dreimal zu behaupten, dass er Jesus mit derselben Liebe liebte, die Jesus für ihn hatte. Er war ganz aufrichtig, und wegen seiner Aufrichtigkeit sagte Jesus: „Füttere meine Schafe." Petrus wurde zwar nicht der erste Papst, aber er wurde der erste Hirte der christlichen Kirche und kümmerte sich um die Herde Jesu. Das ist eine bewegende Szene gewesen. Wenn ihr einmal diesen Ort besucht, an dem sich das zugetragen hat, werdet ihr drei Steine im Kiesstrand entdecken, von denen jeder die Form eines Herzens hat. Ihr könnt sie euch anschauen und euch daran erinnern, dass Jesus diese drei Fragen an Petrus gestellt hat, und dass er auf diese Weise die Wunde in seinem Herzen geheilt hat, die er davontrug, als er Jesus dreimal verleugnete – was für ein bewegender Bericht.

Dieses fortwährende Erscheinen und Verschwinden war die Vorbereitung auf den Tag, an dem Jesus zurück in den Himmel gehen würde – und dennoch scheint es, als ob Jesus ein Versprechen abgegeben habe, das er nicht würde einhalten können. Er sagte: „Siehe, ich bin bei euch alle Tage bis zur Vollendung des Zeitalters, aber ich gehe jetzt in den Himmel zurück." Das macht doch irgendwie keinen Sinn? Es macht erst dann Sinn, wenn ihr erkennt, dass der Heilige Geist der Geist Jesu ist, seine unsichtbare Gegenwart. Bevor sie ihn in den Himmel auffahren sahen, versprach er ihnen, dass er immer bei ihnen bleiben würde. Und so waren sie nicht unglücklich, weil sie wussten: Wenn er etwas verspricht, dann hält er es auch. Er sagte: „Ich werde euch jemand anderen senden, der meinen Platz einnehmen wird, jemanden wie mich, einen anderen Tröster."

## DAS WUNDER SEINER AUFERSTEHUNG

Ich mag diese Übersetzung „der Tröster" eigentlich nicht. Da stelle ich mir eher einen gestrickten Pullunder oder ähnliches darunter vor. Das Wort bedeutet eigentlich „Beistand" – jemand, der euch beisteht. Jemand, der euch stärkt, der bei euch ist, wenn ihr nicht mehr aus noch ein wisst. Es ist ein schönes Wort: „der Beistand". Jesus sagte, dass er euch einen anderen „Beistand" senden wird, der bei euch bleiben wird. Es gibt zwei verschiedene Wörter für „ein anderer" im Griechischen. Das eine bedeutet „ein anderes, welches anders beschaffen ist" und das andere bedeutet „ein anderes, das exakt genauso beschaffen ist". Als Jesus ihnen einen anderen „Beistand" versprach, meinte er einen anderen, der exakt so beschaffen ist, wie er selbst. Aus diesem Grunde waren sie, als Jesus sie verließ und in den Himmel ging, nicht unglücklich. Sie haben keine Tränen vergossen, denn sie hatten das Versprechen Jesu, dass ein anderer „Beistand" kommen würde, der allezeit mit ihnen sein würde – er würde derselbe sein wie Jesus, wenn man es so ausdrücken will, er wäre zu ihnen genauso, wie Jesus es war. Wenn der Heilige Geist dich erfüllt, dann fühlt sich das genauso an, wie wenn Jesus dich erfüllt, denn es ist der Geist Jesu.

Wir wollen nun zu dem weitergehen, was ich den Beweis für die Auferstehung nenne. Ich habe die Abfolge der Ereignisse erzählt, um zu zeigen, was genau passiert ist. Dabei werdet ihr bemerkt haben, dass Jesus keinem seiner Feinde erschienen ist. Er ist weder Pontius Pilatus, noch Hannas noch Kaiphas erschienen. Obwohl sie sicherlich davon gehört hatten, hat er ihnen keinen Beweis seiner Auferstehung gegeben. Jesus gibt Ungläubigen keinen Beweis. Er gibt nur denjenigen einen Beweis, die sich ihm wirklich hingeben, und wir wissen es: Er lebt! Er hat es uns bewiesen, nicht aber der Welt. Sie müssen erst glauben, dass er wirklich existiert und wirklich lebendig ist, dann wird er sich ihnen offenbaren – so trifft er seine Auswahl sehr bedacht. Er erschien den Jüngern, den beiden entfernten Verwandten auf dem Weg nach Emmaus, die ja wirklich hofften, dass er der Erlöser Israels sein würde; er erschien fünfhundert Menschen auf einmal, es heißt aber auch, dass einige nicht glaubten. Manche aus den hintersten Reihen standen bei dem Ereignis nicht nahe genug oder dachten vielleicht, dass sie nur irgendwelche Erscheinungen gehabt hätten oder dass es sich um jemand anderen gehandelt haben müsse – wie auch immer.

Unsere Situation ist aber eine andere: Wir haben keine körperlichen Beweise; er hat nicht von unserem Abendessen gegessen. Zu uns hat er nicht gesagt: „Komm, und lege deinen Finger in meine Hände." Das ist auch der Grund, weshalb er zum ungläubigen Thomas sagte: „Gesegnet sind diejenigen, die nicht sehen und doch glauben." Zu dieser Kategorie gehören wir. Wir haben nichts gesehen, wir haben keine Beweise. Welche Beweise können wir aber dieser Welt anbieten, die nichts glaubt? Können wir ihnen irgendetwas vorweisen? Die Antwort ist: „Ja, das können wir." Aber es ist kein wissenschaftlicher Beweis. Wissenschaftliche Beweise basieren auf zwei Dingen: Erstens, dass ein Beobachter anwesend ist, wenn es passiert, und zweitens, dass der Beobachter in der Lage ist, dieses Ereignis in einem Labor zu reproduzieren. Kein Wissenschaftler war bei der Auferstehung anwesend, und niemand hat es jemals geschafft, jemand anderen aufzuerwecken. Wir können also keine wissenschaftlichen Beweise liefern. Wir wissen aber auch, dass Ungläubige zwar sagen, dass Jesus tot ist, sie aber keinen toten Körper vorweisen können. Gläubige sagen, dass er auferstanden ist, aber wir sind nicht in der Lage, einen lebendigen Körper vorzuweisen. Das schaut also ganz nach einer Sackgasse aus, nicht wahr? Es gibt aber einen Beweis, den wir anführen können, es ist ein sogenannter

## DAS WUNDER SEINER AUFERSTEHUNG

Rechtsbeweis, wie man ihn auch vor Gericht vorbringt.

Wenn ein Gericht zusammentritt, dann ist diese Art immer der einzige Beweis. Jedes Gericht muss entscheiden, ob ein Verbrechen stattgefunden hat oder nicht, ob der Mensch auf der Anklagebank schuldig oder unschuldig ist. Man entscheidet aufgrund eines Rechtsbeweises. Denn niemand von den Richtern oder Geschworenen war dabei, als der Mord geschah. Sie müssen herausfinden, ob es so geschehen ist oder nicht. Das kann viele Verhandlungstage dauern. Die Beweise, die vor Gericht vorgebracht werden, um zu beweisen, dass ohne vernünftige Zweifel ein Mord stattgefunden hat, sind diese zwei: Augenzeugen oder Indizienbeweise. Bei Letzteren hat zwar niemand gesehen, dass etwas stattgefunden hat, aber alles, was beobachtet wurde, weist darauf hin, dass es stattgefunden hat. Wenn man keine Augenzeugen hat, dann muss eine lückenlose Beweiskette von Indizienbeweisen herhalten. Man kann einen Mord, selbst wenn keine Leiche vorhanden ist, und niemand den Mord gesehen hat, anhand von Indizienbeweisen beweisen. Wenn genügend viele Indizienbeweise vorhanden sind, wird der Fall entschieden, und der Angeklagte schuldig gesprochen. Entscheidend ist der Ausdruck „ohne vernünftige Zweifel".

Im Fall der Auferstehung Jesu haben wir zuallererst Augenzeugenberichte: Fünf an der Zahl. Wir haben die vier Apostel und ihre Evangelien, und wir haben Paulus. Er war der erste, der einen Augenzeugenbericht über den auferstandenen Jesus abgab. Und weitere vier schrieben es später nieder: Matthäus, Markus, Lukas und Johannes. Die in den Evangelien niedergeschriebenen Augenzeugenberichte sind absolut überzeugend, und ich will euch auch sagen, warum. Wenn fünf Personen irgendetwas gesehen haben und es dann später beschreiben, werden ihre Beschreibungen immer etwas voneinander abweichen, denn jeder hat es etwas anders beobachtet, und genau darin liegt der Beweis, dass sie es wirklich gesehen haben. Wenn alle den identischen Bericht abgeben, dann weiß man, dass sie sich abgesprochen haben. Aber wenn die Berichte etwas voneinander abweichen, dann weiß man, dass sie stimmen. Wenn zum Beispiel ein Autounfall der Untersuchungsgegenstand des Gerichts ist, verschiedene Personen vor Gericht ihren Augenzeugenbericht abgeben müssen und sie gefragt werden: „Was haben Sie gesehen?"

Dann sagt der eine: „Nun, ich sah wie ein Hund über die Straße lief, das Auto wollte ausweichen, kam ins Schleudern und krachte mit dem anderen Auto zusammen." Der nächste Augenzeuge sagt: „Zwei Hunde haben sich gegenseitig über die Straße gejagt." Da besteht durchaus eine Diskrepanz: Waren es nun einer oder zwei Hunde? Die Antwort ist: Es waren zwei, aber der eine Zeuge sah nur einen. Dann wird man fragen: „Welche Farbe hatte denn das Auto?" Der eine sagt: „Das Auto war irgendwie blau." Der andere Zeuge sagt: „Es war irgendwie grün." Wahrscheinlich hatte das Auto eine türkise Farbe, und der eine sah es eher grün, der andere eher blau. Wenn man also solche leichten Diskrepanzen zwischen den Augenzeugenberichten vorgelegt bekommt, dann kann man davon ausgehen, dass sie stimmen, und dass man nichts vorher abgesprochen hat.

Das eine Evangelium sagt, dass beim Grab ein Engel gewesen ist, das andere Evangelium berichtet von zwei Engeln: Einer innerhalb und einer außerhalb des Grabes. Das beweist nur, dass jeder ein eigenes Zeugnis abgibt – einen Augenzeugenbericht, und der eine sah einen Engel, und der andere sah zwei Engel. Könnt ihr mir folgen? Es bedeutet, dass ihr hier wirklich ganz unverfälschte Augenzeugenberichte habt, weil sie eben nicht zu einhundert Prozent übereinstimmen. Wenn sie in jedem Detail völlig übereinstimmen würden, dann wüsstet ihr, dass sie sich etwas ausgedacht haben, dass sie sich abgesprochen haben.

Zwischen den Augenzeugenberichten der Evangelien von Matthäus, Markus, Lukas und Johannes gibt es Unstimmigkeiten. Es ist aber genau diese Art von Unstimmigkeit, die man in unverfälschten Augenzeugenberichten normalerweise vorfindet. Es stellt für mich einen weiteren Beweis dafür dar, dass wir es mit Augenzeugenbeweisen aus erster Hand zu tun haben.

Wir sind keine Augenzeugen, aber wir haben Indizienbeweise – was meine ich damit? Nehmen wir einmal an, wir müssten über einen Mordfall urteilen, bei dem ein Mann beschuldigt wird, seine Frau von einer Felsklippe in die Tiefe gestürzt zu haben. Niemand sah ihn dabei, aber es gibt Indizienbeweise. Welcher Beweis würde ihn überführen? Der erste Zeuge würde aussagen: „Ich sah diesen Mann zusammen mit seiner Frau oben auf der Felsklippe spazieren gehen. Später sah ich, wie er alleine zurückkam." Das stellt keinen Beweis dar, aber es ist ein Indiz. Später hat man herausgefunden, dass der Mann zwei Flüge in ein anderes Land gebucht hat, und dass er eine Geliebte hat, auf deren Namen eines der Flugtickets ausgestellt war. Auch das beweist nicht, dass er seine Frau umgebracht hat, aber auch das ist ein Indiz – er hatte ein Motiv. Dann entdeckt man Briefe dieses Mannes an seine Geliebte, wo er schreibt: „Ich habe eine Lebensversicherung auf meine Frau abgeschlossen, wir werden genug Geld haben, um davon leben zu können." Auch das beweist noch nichts, aber es ist ein weiteres Indiz und man kann die Verurteilung darauf aufbauen. Man kann also ein sauberes Urteil anhand dieser Indizienbeweise fällen, ohne dass man die Leiche gefunden hat, und ohne dass jemand direkt gesehen hat, wie er seine Frau von der Klippe stieß. Das Gericht kann über den Mann ein Urteil fällen, das über jeden vernünftigen Zweifel erhaben ist. Um solch eine Art Beweis handelt es sich auch beim Evangelium.

## DIE SIEBEN WUNDER SEINER WELTGESCHICHTE

Wir wollen nun einige Indizienbeweise für die Auferstehung Jesu anschauen. Erstens: Die Juden verlegten ihren Anbetungstag von Samstag auf Sonntag – so etwas war vorher noch nie geschehen! Es wäre das gleiche, wie wenn man einen Moslem davon überzeugen würde, den Versammlungstag von Freitag auf Samstag zu verlegen, oder wenn man einen Christen dazu bringen würde, den Tag des Gottesdienstes von Sonntag auf Montag zu verlegen. Aber es ist eine Tatsache, dass die Juden seitdem anfingen, Gott am Sonntag, dem ersten Arbeitstag der jüdischen Woche, anzubeten. Ich hatte einmal in meiner Gemeinde angekündigt, dass die Ältesten nach langen Diskussionen übereingekommen waren, unseren Sonntagsgottesdienst auf Montag zu verlegen. Ich sagte: „Weil der Montag ein Arbeitstag ist, haben wir uns entschlossen, den Vormittagsgottesdienst um sechs Uhr morgens und den Abendgottesdienst um sieben Uhr abends abzuhalten." Dabei versuchte ich, einen ernsthaften Gesichtsausdruck zu bewahren, und tatsächlich glaubte man mir! Sie dachten wohl nur: „Wie kann ich das nur mit meinem Tagesablauf vereinbaren?" Ich bin halt eben ein kleiner Scherzbold! Aber sie haben mir diesen Scherz heimgezahlt. Sie haben mir auf der Predigtkanzel keine Uhr, sondern vielmehr einen Kalender angebracht, damit ich sehen kann, wann der Sonntag zu Ende ist! So wie meine Frau zu sagen pflegt: „Ganz allgemein betrachtet, ist David eben ein…" Den Rest könnt ihr euch denken.

Dass die Juden ihren Anbetungstag von Samstag auf Sonntag, den ersten Arbeitstag der Woche verschoben haben, und sich ganz in der Frühe und spät am Abend getroffen haben, weil es ein Arbeitstag ist, ist beispiellos. Irgendetwas muss passiert sein, dass sie diesen Wechsel vollzogen.

Oder nehmt noch einen anderen Indizienbeweis, den ihr euch erst einmal erklären müsst. Da gibt es ein kleines

## DAS WUNDER SEINER AUFERSTEHUNG

Grüppchen von Jesusjüngern, die sich hinter verschlossenen Türen verstecken und um ihr Leben bangen, und ein paar Wochen später gehen sie freimütig durch die Straßen und beschuldigen die Bewohner von Jerusalem, ihren Retter umgebracht zu haben. Wir könnt ihr euch solch einen eklatanten Sinneswandel erklären? Es muss irgendetwas passiert sein, sodass aus Feiglingen solche tapferen Männer geworden sind, die auf diese Weise ihr Leben aufs Spiel setzen.

Wenn die Auferstehung ein Betrug gewesen wäre, wie könnt ihr euch erklären, dass zweitausend Jahre später anderthalb Milliarden Menschen glauben, dass es die Wahrheit ist? Da muss man schon sehr viele Menschen verführen, und dennoch glaubt die Mehrheit der Weltbevölkerung, zumindest auf dem Papier, dass Jesus von den Toten auferstanden ist – das ist ein weiteres Indiz.

Wo auch immer Heilung im Namen Jesu stattfindet, ist dies ein weiterer Beweis. Viele Menschen sind schon im Namen Jesus von unheilbaren Krankheiten geheilt worden.

Ihr seht also wie sich die Beweise geradezu auftürmen. Ich könnte euch noch Dutzende von Beweisen anführen, die jedes Gericht der Welt davon überzeugen würden, dass Jesus lebt. Das ist auch der Grund dafür, dass so viele Juristen Christen werden. Ich habe ein Buch mit dem Titel „Rechtsanwälte, die an Jesus glauben". Sie kennen sich eben mit Beweisen und Beweisführung aus. Ein Jurist, der unvoreingenommen ist, wird viel leichter zu einem Christen, als es bei anderen Berufen der Fall ist, denn er hat sich die Beweise angeschaut und ist überzeugt worden. Es gab einmal zwei Juraprofessoren in Oxford, die beweisen wollten, dass Jesus tot ist. Sie wollten auf diese Weise dem Christentum ein Ende bereiten. Das spielte sich im Jahre 1921 ab. Am Beginn der Sommerferien trennten sie sich, um jeder für sich die Beweise zu sichten und zu beweisen, dass Jesus nicht von den Toten auferstanden ist. Diese klugen Köpfe gingen also jeder in seinen Sommerurlaub. Als sie sich zum Beginn des nächsten Semesters wieder trafen, sagte der eine Professor zu seinem Kollegen: „Es ist mir wirklich peinlich, dich wieder zu treffen, denn ich bin jetzt davon überzeugt, dass er von den Toten auferstanden ist." Der andere Professor sagte: „Du weißt nicht, wie erleichtert ich bin, das von dir zu hören, denn als ich all diese Beweise untersuchte, wurde auch ich davon überzeugt." Da taten sich die beiden im Jahre 1921 zusammen und schrieben ein Buch, in welchem sie durch Indizienbeweise und die Augenzeugenberichte, denen sie nun Glauben schenkten, bewiesen, dass Jesus auferstanden ist. Ein weiterer Jurist, Frank Morrison schrieb das Buch „Wer bewegte den Stein?" (Who Moved the Stone?). Ihr müsst zusehen, dass ihr dieses Buch noch ergattern könnt, denn eigentlich wollte er beweisen, dass Jesus tot und nicht auferstanden ist, aber er kam nur ein Kapitel weit. Er musste erklären, dass daraus ein ganz anderes Buch geworden ist, denn er wurde durch die Beweise überzeugt, dass Jesus von den Toten auferstanden ist.

Aber warum glaubt es dann nicht die ganze Welt? Weil sie nicht glauben wollen – denn wenn Jesus von den Toten auferstanden ist, dann lag er richtig und nicht falsch. Dann war er unschuldig und nicht schuldig. Aber vor allem liegt es daran, dass du dein Leben ändern musst, wenn du glaubst, dass Jesus von den Toten auferstanden ist. Dann musst du seinen Worten zuhören und glauben, was er gesagt hat, und dann wird sich dein Leben ändern. Das ist der Grund, warum die Welt befangen ist, wenn es um die Beweise für die Auferstehung Jesu von den Toten geht. Es ist schwer, sie zu überzeugen, sich die Beweise unvoreingenommen anzusehen – sie wollen es nämlich nicht. Aber ich habe herausgefunden, dass es nicht die Beweise sind, die den Ausschlag geben, sondern wenn man den auferstandenen Jesus *erlebt*. Ihr könnt alle Beweise, die es nur gibt, anführen, und dennoch euer Gegenüber nicht überzeugen, wenn er es nicht glauben will. Aber wenn sie glauben wollen, dann können sie den auferstandenen Jesus erleben. Danach muss man sie nicht mehr überzeugen. Dann hat der Herr selbst ihnen den Beweis gegeben.

Wir schauen uns noch einmal die Wichtigkeit und die Bedeutung der Auferstehung an. Was bedeutet sie für uns? Was bedeutet sie für das ganze Universum? Was hat Gott getan, als er Jesus von den Toten auferweckte? Ich beginne damit, dass ich glaube, dass sein Auferstehungsleib nicht derselbe war, wie der Leib, den sie ins Grab gelegt hatten. Es war ein neu geschaffener Körper, und der alte Körper verschwand einfach ins Nichts. Gott kann aus dem Nichts etwas schaffen, und er kann etwas Existierendes in nichts auflösen. Deswegen sind auch die Leichentücher zusammengefallen. Deshalb musste Jesus auch nicht wie Lazarus aus den Leichentüchern ausgerollt werden. Trotzdem war sein neuer Körper dem alten ähnlich. Er hatte immer noch die Nagelwundmale, er hatte immer noch dieselben Gesichtszüge. Man konnte ihn erkennen, obwohl er einen neuen Körper hatte. Es war ein ganz realer Körper, den man betasten und sehen konnte, der aber auch unsichtbar und unberührbar werden konnte, wenn er es wollte. Ich glaube das deshalb, weil ich glaube, dass seine Auferstehung der Beginn einer neuen Schöpfung war. Der allererste Teil, der in diesem alten Universum neu geworden ist, war der Leib Jesu, er ist der Beginn der neuen Schöpfung. Das bedeutet es für mich.

Ich will dies noch näher ausführen. Ich habe bereits gesagt, dass ich glaube, dass Gott im Dunkel des Grabes einen neuen Körper für seinen Sohn geschaffen hat – einen unsterblichen Körper; einen Körper der für die Ewigkeit gemacht ist; einen Körper der nicht mehr wie sein vorheriger Körper altert. Ich stelle euch jetzt eine Frage, die ihr euch selbst wahrscheinlich noch nie gestellt habt. Aber wenn ich die Bibel lese, dann stelle ich mir immer Fragen – so bin ich nun mal. Ich bin irgendwie nie richtig erwachsen geworden und frage immer noch wie ein kleines Kind: „Warum ist das so, Papa? Wie? Wann? Wo?" Kinder sind immer am fragen, und auf diese Weise lernen sie – und deshalb stelle auch ich Fragen. Ich frage nun Folgendes: Woher hat Jesus bei seiner Auferstehung die Kleider herbekommen? Habt ihr schon einmal darüber nachgedacht? Ihr wisst, dass er seine Leichentücher im Grab zurückgelassen hat. Ist er bei seiner Auferstehung etwa nackt erschienen? Ich denke nicht, denn zuerst sah ihn eine Gruppe von Frauen, und ich kann mir nicht vorstellen, dass er ihnen nackt erschien. Hat er vielleicht ein offenes Geschäft gefunden und sich dort Kleider gekauft? Oder hat jemand mit ihm Mitleid gehabt, mit einem nackten Mann, und ist schnell nach Hause gelaufen, um ein paar Kleider zu holen? Die Antwort ist, dass der auferstandene Jesus die neuen Kleider vom selben Ort bezogen hat, woher er auch seinen neuen Körper hat. Für den allmächtigen Gott ist es bestimmt leichter, ihm neue Kleider zu geben als einen neuen Körper. Er war eine neue Schöpfung, ein neuer Körper mit neuen Kleidern.

Wir wollen diesen Gedanken noch etwas weiterspinnen. Habt ihr erkannt, dass der Ostersonntag der Beginn einer zweiten Schöpfungswoche ist? In der ersten Schöpfungswoche schuf Gott zuerst den neuen Himmel und die neue Erde und danach erst den Menschen. In der neuen Schöpfung macht er zuerst neue Menschen und danach erst den neuen Himmel und die neue Erde. Es ist jetzt alles in umgedrehter Reihenfolge. Das erste Stück der neuen Schöpfung, welches er bereits in dieser alten Schöpfung schuf, war der Körper seines eigenen Sohnes. Deswegen geschah das am ersten Tag der Woche, der kein Sabbat, kein heiliger Tag, sondern der erste Arbeitstag der Woche ist. An dem Tag, an dem Jesus auferstand, musste jeder wieder in die Arbeit gehen. Und genau deshalb weckte Gott ihn an diesem Tag von den Toten auf. Gott hat sich wieder an die Arbeit gemacht und hat die neue Schöpfung mit seinem Sohn begonnen.

Fangt ihr an zu verstehen? Wir leben im achten Schöpfungstag. Gott machte die Welt in sechs Tagen – wie lange diese Tage waren, darauf will ich jetzt nicht eingehen – aber der siebte Tag war ein sehr langer Tag. Er dauerte Jahrhunderte, in denen Gott nichts Neues machte, so wie das Buch Prediger es ausdrückt: „Es gibt nichts Neues unter der Sonne." Wenn wir das Neue Testament lesen, dann taucht das Wort „neu" auf, und zwar im Zusammenhang mit der neuen Schöpfung.

Deshalb beten wir Christen Gott auch nicht am Samstag an. Wenn die Juden am Samstag, dem Sabbat, anbeten, dann erinnern sie sich daran, dass Gott am siebten Tag von seinen Werken geruht hat, und deshalb ist es auch ihr Ruhetag. Aber für den normalen Christen ist es kein Ruhetag, oft ist es sogar der geschäftigste Tag der Woche, denn was wir feiern, ist nicht die Ruhe Gottes am Ende der alten Schöpfung, sondern dass er sich wieder an die Arbeit gemacht hat und eine neue Schöpfung begonnen hat.

Das ist die ganz grundlegende *Bedeutung* der Auferstehung. Sie ist der Beginn einer neuen Welt. Die erste Schöpfung in dieser neuen Welt ist der neue Körper Jesu. Und auch unsere neuen Körper werden wie sein verherrlichter Körper sein. Wir sind keine unsterblichen Seelen, die in sterblichen Körpern gefangen sind. Das ist die griechische Sichtweise, die immer noch in unserem Bildungssystem ihr Unwesen treibt. Die hebräische Sichtweise finden wir in dem, was Paulus in 1. Korinther 15 sagt, dass nämlich diese sterbliche Seele einen unsterblichen Körper bekommen muss. Wenn wir unseren unsterblichen Körper anziehen, dann ist der Tod verschlungen, dann hat der Tod seinen Stachel verloren.

## DIE SIEBEN WUNDER SEINER WELTGESCHICHTE

Lest einmal 1. Korinther 15 ganz aufmerksam. Gott will eine sterbliche Seele in einen unsterblichen Körper setzen, genauso wird es passieren. Christen sagen also niemals: „Ich glaube an die Unsterblichkeit der Seele." Sie sagen vielmehr: „Ich glaube an die Auferstehung des Leibes", wobei Auferstehung „Wieder-erschaffung" bedeutet.

Der Beginn der neuen Schöpfung wird nicht enden, bis das ganze Universum gestorben und zu einem neuen Himmel und zu einer neuen Erde „wieder-auferstanden" ist. Die Auferstehung Jesu ist der Beginn eines ganz neuen Universums. Der Gott, der die alte Schöpfung gemacht hat, hat sich wieder an die Arbeit gemacht, und deshalb feiern wir am ersten Arbeitstag der jüdischen Woche unseren Sonntag. Schon seit den ersten Tagen sind die Christen am Sonntagmorgen zum Gottesdienst aufgestanden, denn das ist der große Tag, an dem Gott sich wieder an die Arbeit seiner Schöpfung gemacht hat, nur dass es diesmal eine brandneue Schöpfung ist.

Die Auferstehung bedeutet aber noch mehr. Wir wollen noch einmal zur Gerichtsverhandlung Jesu zurückkehren. In der Nacht haben sie ihn schuldig gesprochen – schuldig der Gotteslästerung. Bei seiner Gerichtsverhandlung, die er vor dem Römer Pilatus tagsüber hatte, wurde er des Hochverrats angeklagt. Wir wissen, dass er in beiden Fällen unschuldig war. Er bezeichnete sich als Gott, aber er sagte dabei die Wahrheit. Es war keine Gotteslästerung. Er sollte der König der Juden werden, aber auch das war kein Hochverrat, es war die Wahrheit. Die Auferstehung ist also zuallererst die Umkehr des Schuldspruchs der menschlichen Gerichte. Gott sagt dadurch: „Ihr habt Unrecht! Mein Sohn ist unschuldig." Paulus drückt es so aus: Gott bekräftigt durch die Auferstehung von den Toten, dass Jesus sein Sohn ist. Das steht am Anfang des Römerbriefes. Gott sagt: Es ist falsch von euch, dass ihr meinen Sohn verdammt habt. Er war in allen Anklagepunkten unschuldig, und ich erkläre ihn für unschuldig, indem ich ihn von den Toten auferwecke. Vom Moment der Auferstehung an waren die Apostel, die Jünger und alle anderen Gläubigen davon überzeugt, dass Jesus der Sohn Gottes war – sie hatten den Beweis. Alles, was er über sich gesagt hatte, entsprach der Wahrheit. Gott hat das Urteil der menschlichen Gerichte ins Gegenteil verkehrt, sodass wir jetzt wissen, wer im Recht und wer im Unrecht war. Jesus hatte recht, Jesus hat die Wahrheit gesprochen – nicht Hannas und Kaiphas, nicht Pontius Pilatus und auch nicht Herodes. Der Beweis wurde erbracht, dass Jesus der Sohn Gottes ist. Ihr fragt euch jetzt vielleicht, warum Gott den Urteilsspruch nicht schon vorher umgekehrt hat? Warum ist er nicht dazwischen gegangen, als man Jesus kreuzigte, warum hat er diese Bestrafung nicht gestoppt? Warum hat er nichts dagegen unternommen? Sogar als die Menge Jesus verspottet hat, als er schrie: „Eloi, Eloi, lama schabachtani?" („Mein Gott, mein Gott, warum hast du mich verlassen?"), als die Menge sagte: „Wir wollen sehen, ob Gott nicht vielleicht kommt und ihn rettet und das Urteil umkehrt" ließ Gott Jesus sterben. Er ließ zu, dass er begraben wurde, und er weckte ihn erst am dritten Tag danach von den Toten auf.

Nun, ich habe euch bereits erzählt, warum. Gott wollte, dass er bestraft wird. Gott wollte, dass er stirbt. Gott wollte das Kreuz. Und deshalb bedeutet die Auferstehung, dass das, was Jesus am Kreuz getan hat, jetzt von Gott akzeptiert wird. Jesus ist nicht nur als Person gerechtfertigt worden, sondern es wurde auch sein Werk akzeptiert. Die Auferstehung beweist, dass seine Tat am Kreuz von Gott als ein Opfer für die Sünden der ganzen Welt akzeptiert worden ist. Das passt doch wunderbar zusammen! Gott wusste schon von vornherein, was er tun würde. Und nachdem Jesus bestraft und getötet worden war, weckte er ihn von den Toten auf und kehrte das Urteil um. Aber zugleich *wurde er um unserer Sünden willen gestraft – er starb für uns gemäß der Schriften.*

Die Auferstehung ist wirklich sehr bedeutsam! Ich habe schon Christen getroffen, die denken, dass die Auferstehung nur bedeutet, dass auch wir den Tod überstehen werden. Die Auferstehung ist viel mehr als nur das. Sie ist der Beginn eines ganz neuen Universums, und was Gott einmal anfängt, das führt er auch zu Ende, allerdings in umgekehrter Reihenfolge zur ersten Schöpfungswoche. Hoffentlich erinnert ihr euch beim nächsten Sonntagsgottesdienst daran und sagt: „Halleluja! Gott ist wieder am Werk! Er ist wieder beschäftigt. Er schafft wieder etwas, und ich bin Teil seiner neuen Schöpfung!" Ist das nicht aufregend?

Das alles und noch viel mehr bedeutet die Auferstehung, und deshalb ist die Auferstehung auch die Grundlage unseres Glaubens. Paulus gibt in 1. Korinther 15 folgende Stellungnahme ab und spricht die Konsequenzen aus: „Wenn Christus nicht auferstanden wäre, dann wären wir noch in unseren Sünden." Das Kreuz kann ohne die Auferstehung nichts für dich bewirken. Genau das sagt Paulus damit aus. Wenn Christus nicht von den Toten auferstanden wäre, dann wären wir immer noch in unseren Sünden, nichts hätte sich geändert, das Kreuz hätte keine Auswirkungen. Wenn er noch immer im Grab liegen würde, wäre er umsonst gestorben. Viele Menschen haben schon erkannt, wie entscheidend die Auferstehung für das Christentum ist. Ohne die Auferstehung würde alles zusammenfallen. Unsere Kirchen müssten schließen. Wir müssten vor der Welt zugeben, dass wir einer Lüge aufgesessen wären, dass wir verführt und getäuscht worden wären.

Das Christentum könnte sofort aufhören, wenn Christus nicht von den Toten auferstanden ist. Viele Menschen haben schon gesagt, dass es doch gar nicht wichtig ist, ob Christus auferstanden ist oder nicht. „Er war einfach ein perfekter Lehrer, und wenn wir nur alle seiner Lehre folgen würden, dann wäre die Erde ein besserer und glücklicherer Ort." Wir denken dabei vielleicht an Mahatma Gandhi, der Indien von der englischen Kolonialmacht befreit hat. Er glaubte auch an die Lehren Jesu und versuchte, sie anzuwenden, besonders die Lehre vom gewaltlosen Widerstand. Das war das Zentrum der Lehre Gandhis, und er hat sie einem Missionar namens Stanley Jones zu verdanken. Das Einzige, was er von Jesus annahm, war seine *Lehre*. Aber, dass Jesus *lebt*, hat er nie angenommen. Er sagte: „Wenn wir nur gemäß der Bergpredigt leben, dann kann Indien frei werden!" Er hat seine politischen Aktionen auf die Bergpredigt gegründet, und es hat funktioniert.

Wie steht es um den Russen Leo Tolstoi? Auch er glaubte, dass Jesus ein Lehrer ist, er dachte sogar, dass er der größte Sittenlehrer aller Zeiten war, und er war bestrebt seine Lehre anzuwenden, was in seinen Novellen Ausdruck findet. In England gibt es viele Menschen von dieser Sorte, die eine gewisse christliche Moralethik vertreten, die glauben, dass die Lehre Jesu sehr gut ist. Sie sagen: „Wir wollen versuchen, danach zu leben." Es gibt nur ein Problem dabei: Niemand hat es bisher geschafft, die Bergpredigt zu leben. Dieser Standard ist für die menschliche Natur einfach zu hoch. Es ist eine Sache, anzuerkennen, dass die Welt ein wunderbarer Ort wäre, wenn alle gemäß der Bergpredigt leben würden; es ist aber eine andere Sache, die Menschen dazu zu bringen, dass sie so leben, denn keiner von uns ist dazu in der Lage.

Als Jesus die Sünde zu etwas Schlimmerem, nämlich einem Verbrechen erklärte, hat er uns alle verdammt. Er sagte, dass es ein Verbrechen ist, Menschen zu töten. Wenn du dir aber wünschst, dass ein anderer tot ist, oder wenn du jemanden einen Narren nennst, dann hast du ihn in deinem Herzen bereits umgebracht – bei Jesus ist Verachtung gleichbedeutend mit Mord. Er sagte: „Das Gesetz sagt, du darfst keinen Ehebruch begehen, aber wenn du nur an Ehebruch denkst, eine Frau ansiehst und gerne mit ihr ins Bett gehen würdest, dann hast du bereits Ehebruch begangen." Er hat also unsere Gedanken und Gefühle den Taten gleichgesetzt. Das bedeutet die Bergpredigt – Jesus sagte uns, dass wir unsere Feinde lieben und für sie beten sollen. Er hat uns gesagt, dass wir unser Gebetsleben, unser Almosengeben und unser Fasten geheim halten sollen, und nichts tun sollen, um von anderen gesehen zu werden. „Lass deine rechte Hand nicht wissen, was deine linke tut." Wenn ich die Lehren der Bergpredigt lese, muss ich mich schämen. Wenn ihr sie lest, dann merkt ihr wirklich, dass ihr Sünder seid. Das Problem ist, dass wir es nicht einhalten können. Ohne die Auferstehung ist diese ganze Lehre nutzlos und vergeblich. Genau das sagt Paulus mit 1. Korinther 15. Und vielleicht rührt daher auch die Zögerlichkeit der Menschen, die Auferstehung zu akzeptieren, sich die Beweise für die Auferstehung auch nur anzuschauen und sich überzeugen zu lassen.

Ihr werdet nicht glauben, wie viele Theorien es gibt, die sich vernünftig denkende Menschen schon ausgedacht haben, um die Auferstehung zu widerlegen. Es gibt zum Beispiel solche, die sagen, dass es irgendwie irgendjemandem gelungen sein müsse, trotz der römischen Wachmannschaft und trotz des versiegelten Steins den Leichnam zu stehlen. Dann gibt es andere, die behaupten, dass die Frauen am Sonntagmorgen zum falschen Grab gekommen wären. Sie waren Augenzeugen seines Begräbnisses, und es gab auch nur ein einziges Grab dort. Wie konnten sie also zum falschen Grab kommen? Das war kein Friedhof mit vielen Gräbern, wie wir ihn kennen, es war eine private Grabanlage. Dann gibt es diejenigen, die die Erscheinungen für Halluzinationen halten, dass man sich also nur einbildete,

## DAS WUNDER SEINER AUFERSTEHUNG

Jesus lebendig zu sehen. Aber es bleibt die Tatsache, dass er ihr Abendessen gegessen hat und Frühstück für sie zubereitet hat. Halluzinationen können normalerweise kein Frühstück zubereiten! Dann gibt es solche, die sagen, dass er am Kreuz nur bewusstlos geworden sei, und dass er sich in der Kühle des Grabes irgendwie wieder erholt hat – und zwar von den Peitschenhieben, die ihn fast das Leben gekostet hätten, von der Schwäche, weil er seit dem letzten Abendmahl nichts mehr gegessen hatte. Und nach all diesem habe er es irgendwie geschafft, den Stein wegzurollen. Das ist einfach nur lächerlich. Warum will man nur mit aller Gewalt beweisen, dass er nicht auferstanden ist? Nun, ich wiederhole mich: Sie haben kein mentales, sondern ein moralisches Problem. Sie wollen nicht, dass er lebt, weil sie sich dann nämlich vor ihm verantworten müssten.

Sie müssten dann nämlich seine Lehre annehmen und durch seinen Geist ein Leben gemäß seiner Lehre führen, aber das wollen sie nicht, sie wollen sich nicht ändern. Deswegen wollen sie nicht glauben – es würde zu tief in ihr Leben eingreifen. Es würde auch bedeuten, dass alles, was er gesagt hat, wahr ist, denn Gott hat ihn gerecht gesprochen. Er hat ja auch gesagt: „Jeder Mensch wird sich vor mir verantworten müssen – ich werde die Nationen richten." Das bedeutet, dass wir alle und auch jeder außerhalb unserer Versammlungen eines Tages vor Jesus stehen und gerichtet werden. Es bedeutet, dass auch Pontius Pilatus eines Tages vor Jesus stehen wird. Auch Adolf Hitler und Saddam Hussein werden vor Jesus stehen. Jeder Mensch wird eines Tages vor Jesus stehen, und er wird über ihr ewiges Schicksal entscheiden. Das hat er angekündigt, und die Auferstehung beweist, dass er Recht hat und in allem die Wahrheit gesagt hat. Den Menschen gefällt der Gedanke nicht, dass sie sich einmal vor Jesus verantworten müssen. Sie verabscheuen den Gedanken, dass er eines Tages zu ihnen sagen wird: „Wie hast du hier auf der Erde gelebt?" Aber es ist die Wahrheit.

Ich bin lange genug hier auf der Erde, um zu erkennen, dass, wenn Menschen sich dazu entschlossen haben, die Wahrheit nicht zu akzeptieren, sie auch Wege finden, ihr aus dem Weg zu gehen. Irgendwie schaffen sie es immer wieder, ihr aus dem Wege zu gehen. Selbst die nettesten und freundlichsten Menschen weigern sich, an die Auferstehung zu glauben, weil sie sich nicht ändern wollen – das ist die Wurzel des Problems. Ich habe aber auch schon erlebt, dass die schlimmsten Menschen, die man sich nur vorstellen kann, verändert wurden, sobald sie dem auferstandenen Jesus begegnet sind – als sie mit ihm redeten und feststellten, dass er lebt. Das ist für mich der größte Beweis seiner Auferstehung. Solche Dinge tut er immer noch. Tatsächlich heißt es ganz am Anfang der Apostelgeschichte, wo Doktor Lukas, der sie verfasst hat, sich auf sein Evangelium bezieht: „Den ersten Bericht habe ich dir abgegeben und dir erzählt, was Jesus angefangen hat, zu tun und zu lehren. Jetzt schreibe ich einen weiteren Bericht, in dem ich erzähle, was er weiterhin tat und lehrte." Zweitausend Jahre später wirkt Jesus immer noch. Es sind die Dinge, die er nie hätte tun können, wenn er auf der Erde geblieben wäre. Und genau darum geht es im nächsten Kapitel.

# 5

# Das Wunder seiner
# HIMMELFAHRT

Jesus kam in diese Welt wie kein anderer Mensch und er ging auch von dieser Welt wie kein anderer Mensch. Wir haben bereits über seine Geburt, seine Ankunft nachgedacht, und jetzt wollen wir seinen Abschied betrachten. Wir haben schon festgestellt, dass er diese Welt erst sechs Wochen nach seinem Tod verlassen hat. Dabei nahm er seinen Körper mit sich, was normalerweise den Menschen unmöglich ist, und verließ diese Welt lebendig. Niemand hat jemals diese Welt auf diese Art und Weise, die wir Himmelfahrt nennen, verlassen. Die Kreuzigung, die Grablegung und die Auferstehung Jesu sind für unseren Glauben zentral und grundlegend. Genauso verhält es sich mit der Fleischwerdung und mit der Himmelfahrt.

Die Fleischwerdung war die *Voraussetzung* für diese drei Dinge, nämlich die Kreuzigung, die Grablegung und die Auferstehung. Die Himmelfahrt, als Jesus zurück in den Himmel ging, *vervollständigte* sie. Natürlich ist die Himmelfahrt im Kirchenkalender enthalten. Auch jedes Glaubensbekenntnis beinhaltet die Himmelfahrt nach der Auferstehung. Und dennoch ist die Himmelfahrt das am meisten vernachlässigte Element des Glaubensbekenntnisses. Wann habt ihr das letzte Mal eine Predigt über die Himmelfahrt gehört?

Sie gehört unbedingt zu unserem Glauben dazu, dennoch

wird sie vernachlässigt. Warum? Zum einen liegt es daran, dass sie an einem Donnerstag geschah. Weil sie nicht an einem Sonntag stattfand, wird sie gerne übersehen. Aber auch Weihnachten ist nicht immer an einem Sonntag, und trotzdem feiern wir es. Ich denke also nicht, dass die Tatsache, dass die Himmelfahrt vierzig Tage nach der Auferstehung, also mitten in der Woche stattfand, der Grund dafür ist, dass wir nur so wenig davon hören. Wir alle sagen doch viel lieber „Hallo" als „auf Wiedersehen". Wir freuen uns, wenn Menschen zu uns kommen, und sind eher traurig, wenn sie uns wieder verlassen. Wir feiern deshalb seine Ankunft und nicht seinen Weggang. Es kann also daran liegen, dass wir nicht „Auf Wiedersehen" sagen wollen, aber bei den zwölf bzw. elf Jüngern war es wohl etwas anders, denn sie waren glücklich, als er ging. Sie wurden mit Freude erfüllt, als er ging. Das bedarf wohl einer Erklärung. Ist es ein psychologisches Problem? Nein, ich denke, es geht um mehr.

Unser Problem könnte vielmehr theologischer Natur sein. Die westliche Kirche hat schon immer die Kreuzigung in den Vordergrund gestellt, während die östliche Kirche der Auferstehung viel mehr Bedeutung zugemessen hat. Ich muss zugeben, dass ich mehr östlich als westlich eingestellt bin. Sowohl Protestanten als auch Katholiken haben die Kreuzigung so sehr betont, dass die Auferstehung den zweiten Platz eingenommen hat, aber im Osten ist die Auferstehung das Wichtigste. So grüßen sich die Menschen am Ostersonntag in Moskau auf den Straßen mit: „Christus ist auferstanden" und man antwortet: „Wahrhaftig, er ist auferstanden." Das ist dort im Osten der ganz normale Gruß, aber in Amerika ist das nicht so, vermute ich. Aber weder die östlichen noch die westlichen Kirchen schenken der Himmelfahrt besondere Beachtung. Sie glauben zwar daran, es ist Teil ihres Glaubens, aber sie predigen darüber nicht, sie denken gar nicht einmal daran – jahraus, jahrein, von einem Himmelfahrtstag bis zum nächsten. Die Kirche, zu der ich gehöre, hat den Himmelfahrtstag völlig ignoriert, und ich musste sie anbetteln, dass sie es mir gestatten, einmal an einem Himmelfahrtstag, also einem Donnerstag predigen zu dürfen. Sie sagten: „Wir lassen dich nur dann predigen, wenn du uns vorher aufschreibst, was du sagen wirst, damit wir es prüfen können." Es war mir ein so großes Verlangen, darüber zu predigen, dass ich ihnen vorher alles haarklein aufschrieb, und so ließen sie mich predigen. Irgendwie steckt da etwas ganz Besonderes dahinter. Ich denke, dass der wirkliche Grund dahinter weder psychologischer, noch chronologischer, noch theologischer, sondern *kosmologischer* Natur ist. Wir können uns einfach nicht vorstellen, wo der Himmel ist. Wir wissen heutzutage so viel über die Welt und unsere Erde und den Platz, den sie im Universum einnimmt, aber die Himmelfahrt scheint in unsere Vorstellungen vom Kosmos nicht hineinzupassen.

Lasst es mich folgendermaßen erklären: Als die Menschen noch glaubten, dass die Erde feststeht und flach ist, war der Himmel über ihnen, und die Hölle war unter ihnen. Das Leben war ganz einfach. Jesus ist ganz einfach in den Himmel, der über ihnen war, hinaufgefahren. Sie wussten damals noch nicht, dass sich die Erde dreht und im Weltraum ihre Bahn zieht. Wenn der Himmel genau über Jerusalem liegt, wo ist er dann, wenn die Erde sich dreht? Und wo soll man den Himmel verorten, wenn doch die Sterne ihre elliptischen Bahnen ziehen? Wo ist denn dann Jesus hingegangen, und wo ist er jetzt? Ist er einfach nur verschwunden als er sich in die Wolken hinaufbewegte? So stellen sich uns jetzt viele Fragen, weswegen immer mehr christliche Gelehrte sagen, dass die Himmelfahrt gar nicht stattgefunden habe – sie sei ein Mythos, eine Geschichte mit einer Botschaft dahinter, aber sie sei keine historische Begebenheit. Ich glaube allerdings nicht, dass sie ein Mythos ist.

Als der erste Russe vom All wieder zurückkehrte, konnte er sich eine witzige Bemerkung darüber nicht verkneifen. Er sagte den Russen: „Ich habe keine Engel gesehen." Das ist wahr, er hat bestimmt keine Engel gesehen, aber sie haben ihn gesehen. Da haben die Worte eines amerikanischen Astronauten schon einen größeren Wahrheitsgehalt, als man ihn bei seiner Rückkehr aus dem Weltraum fragte: „Bist du dort oben Gott begegnet?" und er dann antwortete: „Nein, aber wenn ich meinen Weltraumanzug ausgezogen hätte, dann wäre ich ihm bestimmt begegnet." – das ist sicherlich wahr. Aber es ist eine Tatsache, dass die Wissenschaft noch kein Anzeichen von Leben außerhalb der Erde gefunden hat. Sie haben immer gehofft, Lebenszeichen im All zu finden; sie horchen mit Radioteleskopen den Himmel ab und hoffen sehnsüchtig darauf, Botschaften aus dem All zu empfangen. Sie haben auch Metalltafeln auf dem Mond zurückgelassen und hoffen, dass irgendjemand da draußen sie finden und die Botschaften darauf verstehen wird. Die menschliche Rasse fühlt sich offensichtlich ziemlich alleine gelassen. Habt ihr das schon bemerkt?

Wir suchen verzweifelt nach jemand anderem da draußen, während die Bibel uns sagt, dass „da draußen" kein leerer Raum ist, sondern dass er voller Leben ist. Das Problem ist, dass die Wissenschaft die falschen Instrumente zur Beobachtung benutzt, ebenso wie wir. Wir schauen in den Weltraum – ich saß schon einmal in einem riesigen Krater, in dem sich ein großes Weltraumteleskop befand. Ich schaute mir damit den Himmel an und konnte keinerlei Lebenszeichen sehen, dennoch wusste ich, dass er voller Leben ist, denn so sagt es die Bibel. Dort oben sind Tausende von Engeln. Es ist richtig, dass der russische Astronaut keinen von ihnen sehen konnte, aber sie sahen ihn. Die Wahrheit ist, dass es dort noch eine andere Ebene der Realität gibt, die wir mit unseren Sinnen nicht wahrnehmen können. Alle wissenschaftlichen Instrumente sind im Grunde genommen nur eine Erweiterung unserer Sinne – Sehen, Hören, oder was auch immer – um uns ein wahrnehmbares Bild davon zu geben, was dahinter liegt.

Meine Antwort ist diese: Der Himmel ist überall, außer auf der Erde. So scheint es die Bibel zu verstehen – sie sieht es so, dass es nur die Erde und den Himmel gibt, und sonst nichts. Zum Glück kommt die Wissenschaft mittlerweile auch dahinter, indem die Quantenphysik immer mehr Einzug hält. Der Pionier der Quantenphysik war ein Deutscher namens Max Planck. Ein kluger Wissenschaftler, der Theorien eingeführt hat, die man vierzig Jahre früher nie akzeptiert hätte. Für uns wissenschaftliche Laien ist seine Denkweise haarsträubend, aber dennoch erkennt die Quantenphysik in unserem Universum ein ganz neuartiges Muster und glaubt, dass es Dinge in unserem Universum geben kann, die man nicht wahrnehmen kann. Die Bibel sagt das schon lange.

Es war einmal der Prophet Elisa, und er wurde in einer Stadt namens Dothan umzingelt. Sein junger Diener wachte früh am Morgen auf und sah, wie die ganze Stadt von syrischen Kampfwagen umzingelt war. Er sagte: „Elisa, schau her! Sie haben uns eingekreist! Wir sind von Kampfwagen umzingelt!" Elisa sagte nur: „Herr, öffne bitte seine Augen", da wurden seine Augen geöffnet und er sah den ganzen Himmel genau oberhalb der syrischen Kampfwagen mit himmlischen Kampfwagen bedeckt. Es war eine der seltenen Gaben Gottes, durch die man die unsichtbaren Dinge sehen kann, das Leben, welches dort stattfindet, welches wir normalerweise nicht wahrnehmen können. Da musste sich der junge Mann schämen, weil er erkannte, dass wesentlich mehr himmlische als syrische Kampfwagen vorhanden waren. Es bestand also keinerlei Anlass zur Sorge. Solange er wie jeder andere Mensch sah, machte er sich

Sorgen, aber sobald Gott ihm die Augen öffnete, konnte er die Situation ganz anders erkennen. Ich denke, dass wir manchmal deshalb in Panik geraten, weil wir die Dinge in der Welt wie jeder andere Mensch auch wahrnehmen; wenn wir nur Gottes Perspektive einnehmen könnten und die Dinge so sehen könnten, wie er sie sieht! Gott sitzt immer noch auf dem Thron. Er bewahrt vollkommene Ruhe und sorgt sich nicht über das, was passiert. Denn alles läuft nach seinem Plan, und er wird alles zu Ende führen. Wenn wir in der Zeitung all diese Schlagzeilen lesen, bekommen wir Panik. Wir sagen: „Das Ende ist nahe, wie schrecklich!" Oh Herr, öffne ihnen doch bitte ihre Augen, damit sie die Dinge aus deiner Perspektive sehen können, so wie sie wirklich sind.

Das ist meines Erachtens der Grund dafür, warum wir Christi Himmelfahrt nicht mögen; es passt nicht zu unserer pseudowissenschaftlichen Welt. Wo aber ging er hin? Die Antwort ist: Er verließ die Erde, und wenn du die Erde verlässt, dann bist du im Himmel. Natürlich hat man damals die Vorstellung von sieben Ebenen des Himmels gehabt. Man redete vom Himmel, an dem die Vögel fliegen, die Wolken ziehen, das blaue Himmelszelt usw. bis zum siebten Himmel, wo Gott wohnt. Aber in Wirklichkeit ist Gott immer um uns. Wir leben und weben in Gott. Wenn man also fragt, in welchem Bereich des Universums der Himmel liegt, dann ist das die falsche Frage. Man sollte eher fragen: in welchem Bereich des Himmels liegt das Universum? Das wäre die richtige Fragestellung. Um uns herum ist überall der Himmel, nur dass wir ihn nicht wahrnehmen können. Die Engel sind überall um uns; jeder Gottesdienst, der auf der Erde gefeiert wird, wird von Engeln besucht, wusstet ihr das?

Vor vielen Jahren predigte ich regelmäßig vor einer Versammlung von einer Person – nur eine einzige alte Dame kam regelmäßig zu dieser Versammlung. Selbst wenn das Wetter auf den Shetland Inseln grauenhaft war, und es stürmte war sie da. Sie sagte immer zu mir: „Nun, der Herr ist hier, du bist hier, ich bin hier, lass uns also einen vollständigen Gottesdienst feiern." Ich musste zu den Kirchenliedern auf dem Harmonium spielen, ich musste die Kollekte von ihr einsammeln, ich habe ihr die Predigt gehalten, aber es waren mit die besten Gottesdienste, die ich je besucht habe. Wenn ich vor einer kleinen Anzahl von Menschen predigte und man mich danach fragt, wie viele Personen anwesend waren, dann sage ich immer: „Tausende." Wenn wir Gott anbeten, sind immer Tausende anwesend, denn wir beten zusammen mit den Engeln an. Allerdings sehen wir sie nicht. Ganz nebenbei: Wusstet ihr, dass die Engel eure Frisuren begutachten? Als Paulus darüber sprach, dass es für Männer unpassend ist, das Haar lang, und für Frauen, das Haar kurz zu tragen, sagte er: „Es ist wegen der Engel." Sie beobachten dich, wenn du anbetest. Sie wollen Männer sehen, die zu ihrem Mannsein, und Frauen, die zu ihrem Frausein stehen, und das mit ihren Frisuren zum Ausdruck bringen.

Die Engel sehen auf uns, und das wird auch in der Liturgie der anglikanischen Kirche deutlich. Während der Kommunion sagt man: „Deshalb loben und verherrlichen wir deinen heiligen Namen mit Engeln und Erzengeln." Ich besitze eine Tonaufnahme eines Gesangs einer Jugendgruppe, die vom Gesang von Engeln begleitet wird. Ihr Gesang ist wirklich nicht von dieser Welt – es ist eine herrliche Musik. Wenn du singst, dann singen die Engel mit dir. Und deshalb erheben wir zusammen mit der ganzen Himmelswelt den Herrn, auch wenn wir sie nicht sehen. Manchmal gewährt uns Gott das Vorrecht, einen Engel zu sehen – ich hatte dieses Vorrecht vor ein paar Monaten, und es ist wirklich eine außergewöhnliche Erfahrung. Manchmal kann Gott dir den Blick auf diese andere Welt freigeben, aber nur sehr selten. Es wäre nicht gut für uns, wenn wir sie die ganze Zeit sehen würden, sonst wären wir hier zu nichts mehr zu gebrauchen. Wir wären dann nur noch geistesabwesend. Eines Tages werden wir ihnen allen begegnen und sie sehen. Gott in seinem Erbarmen und seiner Weisheit erlaubt uns nur manchmal einen kurzen Blick auf diese andere Welt, die uns umgibt.

Jesus musste nun einmal diese Erde verlassen und in den Himmel gehen – all das ist um uns herum, alles was nicht Erde ist, das ist der Himmel. Er verließ die Erde und ging in den Himmel. Ein alter Bischof der anglikanischen Kirche sagte einmal im BBC: „Jesus kommt nicht zurück, denn er ist nie weggegangen." Ich bin versucht zu sagen: „So ein Blödsinn!" Die Bibel zeigt uns, dass der Himmel überall ist, ausgenommen die Erde. Deshalb musste Jesus die Erde verlassen und nach Hause zurück in den Himmel gehen. Und genau das haben sie gesehen. Ich habe bereits darüber geredet, dass Jesus immer wieder nach seiner Auferstehung verschwunden ist, aber beim letzten Mal war es anders: Sie sahen, wie er wegging. Sie sahen ihm ein Stück weit hinterher, und dann entschwand er ihren Blicken in einer Wolke. Ich kann euch versichern, dass an diesem Tag Westwind herrschte, denn nur aus dieser Richtung bringt der Wind Wolken ins Heilige Land.

Mit diesem günstigen westlichen Wind erhob sich Jesus und wurde über die Wolken erhoben. Weil er über den Wolken war, konnten sie irgendwann nur noch die Wolke sehen. Sie starrten in den Himmel, als die Engel sagten: „Männer von Galiläa, warum starrt ihr in den Himmel? Er kommt wieder zurück, und zwar auf dieselbe Art und Weise, wie ihr ihn habt gehen sehen." Wenn doch nur einer einen Videorekorder dabeigehabt und die Himmelfahrt gefilmt hätte, dann könnte man den Film rückwärtslaufen lassen, und man wüsste, wie seine Wiederkunft auf die Erde aussehen wird. Aber damals hatte man noch keine Videorekorder, dennoch wird er in derselben Weise zurückkehren, wie

## DAS WUNDER SEINER HIMMELFAHRT

er gegangen ist. Die Wettervorhersage wird also einen Westwind mit Wolken ankündigen, und er wird durch die Wolken wieder herabkommen.

Das ganze Universum ist voll von viel intelligenteren und stärkeren Wesen als wir. Wenn Gott unsere Augen öffnet, dann offenbart er uns die himmlische Welt – wenn es notwendig ist, einen Engel zu sehen, damit wir erkennen, dass wir himmlische Hilfe empfangen. Engel spielen bei vielen Ereignissen eine wichtige Rolle. Wenn wir nicht an die Existenz von Engeln glauben, dann ergeben weite Teile des biblischen Berichts über Jesus keinen Sinn. Sie waren bei seiner Empfängnis dabei, sie waren dabei, als den Hirten die Geburt angekündigt wurde, sie waren während seiner Versuchung in der Wüste dabei, sie waren in Gethsemane dabei, sie waren beim Grab dabei, und sie waren bei der Himmelfahrt dabei.

Wie intelligent sie sind, erkennt man an der Tatsache, dass sie die Jünger mit „Männer von Galiläa" ansprachen. Noch eine Woche vorher hätten sie das nicht sagen können, denn da war ja noch Judas Iskariot unter ihnen, der nicht aus Galiläa stammte. Aber jetzt konnten sie ganz richtig sagen: „Männer von Galiläa, warum starrt ihr in den Himmel?", denn alle Übriggebliebenen waren aus Galiläa. Ich habe das jetzt nur beiläufig erzählt. Aber gerade diese Details sind es, die mich davon überzeugen, dass wir es mit einem wahrheitsgemäßen Bericht zu tun haben. Alles passt perfekt zusammen. Habt ihr bemerkt, wie oft in diesem Bericht über die Himmelfahrt Augenzeugen erwähnt werden? In nur wenigen Versen ganze fünf Mal:

Und als er dies gesagt hatte, wurde er vor ihren Blicken emporgehoben, und eine Wolke nahm ihn auf vor ihren Augen weg. Und als sie gespannt zum Himmel schauten, wie er auffuhr, siehe, da standen zwei Männer in weißen Kleidern bei ihnen, die auch sprachen: „Männer von Galiläa, was steht ihr und seht hinauf zum Himmel? Dieser Jesus, der von euch weg in den Himmel aufgenommen worden ist, wird so kommen, wie ihr ihn habt hingehen sehen in den Himmel."

Könnt ihr erkennen, wie oft von „Blicken", „Augen", „schauen", „sehen" die Rede ist? Für dieses Ereignis gab es Augenzeugen. Es ist tatsächlich passiert; es ist kein Mythos mit einer geistlichen Bedeutung. Die Jünger haben gesehen, wie er von ihnen schied. Bei den früheren Gelegenheiten, als er verschwand, war es anders. Sechs Wochen lang erschien er ihnen und verschwand dann plötzlich wieder. Er wollte ihnen damit beweisen, dass er immer noch bei ihnen war und ihrer Konversation folgte, selbst wenn er verschwunden war. Auch wenn er verschwand, war er immer noch bei ihnen. Aber jetzt sahen sie ihn gehen, und das war ein großer Unterschied zu seinem früheren Verschwinden. Er verschwand in den Wolken, aber sie sahen es, und es wurde ihnen bewusst, dass er sie verlassen hat. Sie erkannten, dass er nun nicht mehr unsichtbar bei ihnen war, um ihrer Konversation zu lauschen.

Ihr nehmt jetzt vielleicht an, dass sie deswegen traurig waren – hatten sie doch drei Jahre mit ihm, ihrem besten Freund zusammengelebt, und jetzt war er fort. Aber sie gingen voller Freude nach Jerusalem. Als sie nach Jerusalem gingen, taten sie sogar etwas, was kein Jude jemals machen würde: Sie beteten ihn an. Einen Menschen anzubeten stellt für einen Juden die schlimmste Gotteslästerung, ja einen Hochverrat dar. Aber sie gingen nach Jerusalem zurück und beteten Jesus an. Denn sie wussten nun, dass er Gott ist, der Sohn Gottes, göttlich – vollkommen göttlich. Sie waren sich jetzt absolut sicher, dass dieser Zimmermann aus Nazareth, mit dem sie zusammengelebt, gegessen und übernachtet hatten, Gott ist – und deshalb beteten sie ihn an. Sie waren froh darüber, dass er zurück in den Himmel gegangen ist, sie freuten sich über ihn, aber auch über sich selbst. Im Himmel

## DAS WUNDER SEINER HIMMELFAHRT

würde er viel mehr für sie tun können, als wenn er hier auf der Erde geblieben wäre. Das werde ich euch jetzt darlegen.

Wann war seine Himmelfahrt? Vierzig Tage nach der Auferstehung und zehn Tage vor Pfingsten. Wir feiern Pfingsten an einem Sonntag und Christi Himmelfahrt an einem Donnerstag. Wo fand die Himmelfahrt statt? Auf dem Ölberg, der etwas höher als die Stadt Jerusalem ist. Es geschah also außerhalb der Sichtweite von Jerusalem. Man kann es damit vergleichen, dass der auferstandene Jesus weder Pilatus, noch Hannas und Kaiphas erschienen ist. Und so wollte er auch nicht, dass ungläubige Menschen die Himmelfahrt sehen. Er nahm also seine Jünger auf den Ölberg ein kurzes Stück hinter dessen Gipfel mit, außerhalb der Sichtweite der Stadt. Von dort aus fuhr er in den Himmel auf. Es ist mir unangenehm, euch erzählen zu müssen, dass es auf dem Ölberg jetzt zwei Kirchen gibt, wo man seine Himmelfahrt zelebriert. In beiden Kirchen befinden sich aus Plastik gegossene Fußabdrücke, um zu beweisen, dass es der richtige Platz ist. Was Christen nicht alles einfällt? Dennoch ist es der richtige Ort. Wie fuhr er auf? Er musste nicht hüpfen und springen. Er erhob sich einfach, während er die Hände zum Segen über ihnen ausbreitete. Als er hoch genug war, kam die Wolke und nahm ihn mit. Das erinnert mich an einen Vers in den Psalmen: „Er macht die Winde und die Wolken zu seinem Wagen." So fuhr er in den Himmel auf – es war ein reales Ereignis in Zeit und Raum. Sechs Wochen lang erschien und verschwand er immer wieder, aber jetzt wussten sie, dass es zwar nicht für immer, aber für eine lange Zeit sein würde, bis sie ihn wiedersehen würden.

Das sind die Tatsachen. Was bedeutet das nun? Zuerst will ich fragen, *was es für Jesus bedeutete?* Es ist ganz offensichtlich, dass er wieder nach Hause kam. Ist das nicht ein schönes Wort „Ich komme nach Hause." Zu Hause ist der Ort, den ihr am liebsten habt, zu Hause ist der Ort, wo eure

Freunde sind, ihr gehört einfach nach Hause, zu Hause könnt ihr euch entspannen – und Jesus ging nach Hause. Als ich ein Kind war und wir wegfahren mussten – in das Internat oder in den Urlaub – und wir dann zurück nach Hause kamen, dann lag vor unserer Haustüre immer ein Zettel, auf welchem „Willkommen zu Hause" geschrieben stand, mit irgendeiner netten Zeichnung von dem, was wir unterwegs so getan hatten. Mein Vater hat diese Zettel immer irgendwo aufgehängt. Als er starb, habe ich auf seinen Grabstein eingravieren lassen: „Willkommen zu Hause". Lord Baden Powell, der Gründer der Pfadfinderbewegung, brachte seinen Jungs bei, wie sie sich durch Zeichen den richtigen Weg markieren konnten, damit die anderen nachkommen konnten. Zum Beispiel ein Pfeil für „in diese Richtung", oder ein Balken für „hier nicht entlang". Es gab ein Zeichen für „ich bin nach Hause gegangen", und das war ein Kreis mit einem Punkt in der Mitte. Als Baden Powell starb, hat man auf seinen Grabstein einen Kreis mit einem Punkt in der Mitte eingemeißelt. Jeder Pfadfinder weiß, dass es „ich bin nach Hause gegangen" bedeutet. Der Himmel ist das Zuhause Jesu; dort war er ja vorher schon so lange Zeit gewesen. Bei der Himmelfahrt ging er nach Hause. Er war dreiunddreißig Jahre fort gewesen.

Zweitens: *Er ist sicher und wohlbehalten nach Hause zurückgekehrt.* Er hatte Kämpfe; er hat große Risiken auf sich genommen, als er weg war. Er musste großen Gefahren ins Auge sehen, aber er ist sicher und wohlbehalten zurückgekehrt, außerhalb der Reichweite seiner Feinde – er hat sich ein für alle Mal in Sicherheit gebracht.

Drittens: *Er ist siegreich nach Hause zurückgekehrt.* Römische Kaiser haben oft ihre Söhne ausgesandt, um die Feinde in einem weit entfernten Teil ihres Reiches zu bezwingen. Wenn der Sohn nun nach Hause zurückkehrte, hat der Kaiser einen Triumphzug abgehalten. In diesem

## DAS WUNDER SEINER HIMMELFAHRT

Triumphzug schritten die siegreichen Soldaten voran, der siegreiche Sohn des Kaisers fuhr in einem Wagen, dann folgten die Kriegsgefangenen in Ketten, und dann kamen die Wagen mit der ganzen Beute, die sie vom Feind erbeutet hatten. Dieser ganze Triumphzug marschierte durch die breiteste Straße Roms. Der Kaiser saß auf einem Thron, und die Menge applaudierte dem Sohn.

Dieses Bild wird von der Bibel aufgenommen, und es heißt, dass Jesus aufgefahren ist und Gefangene mit sich geführt und Geschenke an die Menschen verteilt hat, nämlich die Kriegsbeute. Es ist alles vorhanden: Ein Sohn, der siegreich aus der Schlacht zurückkehrt. Normalerweise ehrt dann der Kaiser seinen Sohn damit, dass er ihn zu sich ruft, und dieser sich zu seiner Rechten auf den Thron setzt. Der Sohn verlässt also seinen Wagen, steigt die Stufen zum Thron hinauf und setzt sich zu seinem Vater. Es war im Römischen Reich tatsächlich nichts Ungewöhnliches, wenn ein Kaiser dann sagte: „Jetzt bist du der Kaiser. Du darfst meinen Platz einnehmen. Regiere!" Diese ganze Ausdrucksweise übernimmt Paulus in seinen Briefen, wenn er über die Himmelfahrt spricht. Er kam nach Hause, er kam sicher und wohlbehalten nach Hause und er kam siegreich nach Hause.

Was für ein Empfang muss das bei Jesus gewesen sein, als er zurück in den Himmel kam! Er wird uns nicht im Detail beschrieben, aber meint ihr, dass die Engel sich still verhielten, als er siegreich zurückkam? Aber, was wirklich passierte, ist Folgendes: Er wurde gekrönt. Die Himmelfahrt stellt die Krönung Jesu dar. Gott erhöhte ihn und gab ihm den Namen, der über allen Namen genannt ist, und er wurde als König des Universums gekrönt. Ihr wisst ja, dass es niemand so gut versteht, solche Spektakel zu zelebrieren, wie die Briten. Die Königliche Hochzeit ist unvergleichlich, und ich wage folgende Behauptung: Wir können aus diesen

Veranstaltungen des Königshauses die besten Spektakel auf Erden machen. Ich kann mich noch lebhaft daran erinnern, wie ich das erste Mal vor dem Fernseher saß. Ich sah die Krönungszeremonie Ihrer Majestät, Königin Elisabeth – welch großartiges Schauspiel! Man holte dazu die goldene Kutsche hervor, eine vollständig vergoldete Kutsche. Es ist ein riesiges Spektakel. Es kann sein, dass du so etwas nur einmal im Leben sehen kannst, denn es findet sehr selten statt.

Mein Vater war bei dieser Hochzeit Gast der Königlichen Familie. Ich schaue mir gerne diese alten Filmaufnahmen an, denn ich kann meinen Vater darauf erkennen, und irgendwie komme ich mir vor, als sei ich selbst mit dabei gewesen. Die Himmelfahrt war der Krönungstag Christi, und deshalb feiern wir sie. Das war der Tag, an dem er zum König gekrönt wurde, als alle Mächte im Himmel und auf Erden in seine Hand gegeben wurden, als er sich zur Rechten des Vaters setzte (und dort sitzt er noch immer) und die Regierung über das Universum übernahm. Die Himmelfahrt bedeutet, dass er König der Könige, Herr der Herren, Präsident der Präsidenten, Premierminister der Premierminister wurde. Das ist der große Tag seiner Himmelfahrt und seiner Inthronisation.

Im Philipperbrief Kapitel 2 sagt Paulus: „Deshalb hat Gott ihn auch hoch erhoben." Nicht nur „erhoben", wie es meistens in unseren Bibeln übersetzt ist, sondern „hoch erhoben": *„Darum hat Gott ihn auch hoch erhoben und ihm den Namen verliehen, der über jeden Namen ist, damit in dem Namen Jesu jedes Knie sich beuge, der Himmlischen und Irdischen und Unterirdischen, und jede Zunge bekenne, dass Jesus Christus Herr ist, zur Ehre Gottes, des Vaters."*

Die Heiligen des Alten Testaments haben ihn willkommen geheißen, die Engel haben ihn willkommen geheißen, der Vater hat ihn willkommen geheißen, stellt euch nur diese Szene vor. Wir haben keine genaue Beschreibung, es wäre wohl zu viel für uns, aber ich kann es mir sehr gut vorstellen.

## DAS WUNDER SEINER HIMMELFAHRT

Diesem großen Tag hat Jesus freudig entgegengesehen, so wie der Hebräerbrief sagt: „der um der vor ihm liegenden Freude willen die Schande nicht achtete und das Kreuz erduldete...". Diese Freude war der Tag seiner Krönung. Er hat sich darauf gefreut, während er das Kreuz erduldete. Zu wissen, was auf ihn wartet, half ihm, die Kreuzigung durchzustehen. Die Herrschaft liegt nun auf seinen Schultern.

Wir übersehen dabei gerne etwas, das wir uns in Erinnerung rufen sollten. Als Jesus in den Himmel zurückkehrte, war er nicht mehr ganz derselbe. Er war nicht dieselbe Person, die den Himmel verlassen hatte, er war jetzt menschlich. Könnt ihr euch vorstellen, was die Engel fühlten, als sie sahen, wie ein menschliches Wesen, das ja niedriger als die Engel erschaffen ist, nun über sie regiert? Vergesst niemals, dass jetzt ein menschliches Wesen das Universum regiert. Er kam herab, nahm unsere menschliche Natur dauerhaft an, und ging als Mensch zurück in den Himmel. Er ist immer noch Mensch und er regiert das ganze Universum für uns. Er tut es für die Gemeinde und er tut es für die ganze Welt und er herrscht, bis alle seine Feinde zu seinen Füßen liegen – das ist seine Mission.

Immer noch gibt es Menschen, die ihn nicht anerkennen, immer noch gibt es Nationen, die ihn nicht anerkennen, aber er wird regieren. Einer der im Neuen Testament am meisten zitierten Texte des Alten Testaments ist Psalm 110: „Er wird herrschen, bis alle seine Feinde unter seine Füße gelegt sind." Darauf warten wir. Er regiert zwar bereits, aber es gibt noch viele, die es nicht anerkennen. Eines Tages wird jedes Knie sich beugen, jede Zunge bekennen, dass er Herr ist. Es gibt also einen Menschen im Himmel, der uns dort repräsentiert. Für unseren beschränkten Verstand ist es noch geheimnisvoller, dass jetzt ein Mensch zur Gottheit gehört. Jesus hat unsere menschliche Natur in die Gottheit hineingebracht. Gott ist jetzt andersgeartet – so war er vorher nicht, denn jetzt ist in der Gottheit eine Person vorhanden, die ein Mensch ist, wie wir es sind, und er wird für immer dieser Mensch bleiben. Wenn er zurückkommen wird, werdet ihr ein menschliches Wesen sehen; das ist der Sohn Gottes, der ewige Sohn Gottes.

Das ist die Bedeutung der Himmelfahrt für Jesus, aber wir werden uns nun einer anderen Perspektive zuwenden, nämlich der unseren. Was bedeutet es für uns, dass Jesus in den Himmel aufgefahren ist? Ich habe euch bereits gesagt, dass im Zentrum des Universums nun ein menschliches Wesen steht. Ich habe einmal mit einer katholischen Dame gesprochen und sie gefragt: „Warum beten Sie zu Maria?" Sie antwortete: „Weil sie ein Mensch ist – sie versteht uns." Ich sagte: „Aber erkennen Sie nicht, dass Jesus auch menschlich ist und er uns versteht? Er wurde in gleicher Weise wie wir versucht. Er ist die beste Person, die man sich im Himmel nur vorstellen kann, der für uns eintritt, wenn wir immer noch törichte und sündige Dinge tun." Es ist großartig, dass wir Jesus im Himmel haben, dass es einen Mittler zwischen Gott und Menschen gibt, nämlich den Menschen Jesus Christus.

Wir brauchen keinen anderen; wir haben ihn, und er ist für uns der perfekte Hohepriester. Wir brauchen einen Priester, der uns vertritt, aber wir brauchen keine irdischen Priester – viele Kirchen haben diesen Fehler begangen. Wir alle sind Priester. Die Priesterschaft der Gläubigen ist Teil der Lehre des Neuen Testaments, aber wir brauchen einen Hohepriester und wir haben einen – den besten, den man sich nur vorstellen kann. Durch ihn kommen wir zum Vater, wenn wir beten. Am Ende eines Gebets sprechen wir: „... durch Jesus Christus unseren Herrn", nicht weil es eine Gebetsformel wäre, sondern weil wir *durch* Jesus beten. Jesus hat ja gesagt: „Was immer ihr in meinem Namen beten werdet, werde ich für euch tun." Demnach werden unsere

## DAS WUNDER SEINER HIMMELFAHRT

Gebete von Jesus als unserem Hohepriester angenommen und dem Vater vorgelegt. Könnten wir einen besseren finden, der uns in so vollkommener Weise versteht, der dasselbe durchgemacht hat, wie wir? Er versteht und er vertritt uns.

Wenn ein Christ sündigt, passieren zwei Dinge im Himmel: Erstens: Es gibt eine Person im Himmel, die uns anklagt, der Ankläger der Brüder. Glaubt nicht, dass Satan in der Hölle ist, noch ist er nicht dort – er ist im Himmel. Er verklagt die Brüder im Himmel. In der himmlischen Ratsversammlung sagt er: „Jemand aus deinem Volk hat gesündigt!" Aber das Neue Testament, das uns sagt, dass er die Brüder verklagt, sagt auch, dass wir einen Anwalt vor dem Vater haben, der für uns gegenüber Satan eintritt. Wenn wir sündigen, springt Satan auf und sagt: „Hier hast du es, Herr – er sündigt, er ist nicht heilig." Aber der Herr Jesus tritt für uns als unser Anwalt in der Höhe auf. Lest das erste Kapitel des ersten Johannesbriefes, welches über unseren Anwalt spricht. Wir haben also einen Ankläger und einen Anwalt. Es gibt keinen besseren Anwalt; das können wir in der Geschichte mit der Ehebrecherin nachlesen. Jesus ist der beste Anwalt aller Zeiten. Jesus kann sagen: „Ich verurteile dich auch nicht" und so vertritt er unseren Fall vor Gott.

Außerdem *leistet er Fürbitte für uns*. Wir schätzen unsere Fürbitte oft viel zu hoch ein, ganz besonders dann, wenn wir *seine* Fürbitte für *uns* außer Acht lassen. Wenn keiner für dich betet, dann betet Jesus für dich – ein wunderbarer Gedanke! Er ist der größte Fürbitter aller Zeiten. Das Neue Testament sagt, dass er für uns vor dem Vater Fürbitte leistet. Er sagte zu Simon Petrus: „Petrus, ich habe für dich gebetet." Lass ihn einfach nur deinen Namen aussprechen und denke daran, dass Jesus sagt: „Ich habe für dich gebetet." „Oh Herr, ich bin zu beschäftigt, um für ein Land zu beten." „Ich bete für dich."

Denke daran, wenn du für andere Menschen betest – danke Jesus dafür, dass er für dich Fürbitte tut und für dich betet.

Das ist eines der Dinge, die er für dich im Himmel tut. So wie er für seine Jünger auf der Erde gebetet hat, so betet er nun für uns im Himmel.

Wir wollen fortfahren und uns fragen, *was Jesus für uns jetzt tut, was er vor seiner Himmelfahrt nicht getan hat?* Hier ist etwas, was ihr jetzt auf „Twitter" verbreiten könnt. Hier kommt ein Satz für euch: Als Jesus in den Himmel auffuhr, wurde er ein „Baptist". Nehmt es zu Herzen! Zwei Menschen werden in der Bibel „Täufer" genannt. Einer ist der Cousin Jesu, Johannes, und der andere ist Jesus selbst. Beide werden tatsächlich mit denselben griechischen Worten beschrieben, *ho baptizon*, was bedeutet „der, welcher tauft", und daher kommt auch das Wort „Baptist", bzw. „Täufer". Johannes war ein Täufer, und Jesus wurde nach seiner Himmelfahrt zu einem Täufer. Ich möchte dieses Wort erklären. Im Englischen wird es meist nicht übersetzt, sondern nur mit anderen Buchstaben wiedergegeben „to baptise", man verwendet im Englischen dasselbe Wort wie im Griechischen, aber was bedeutet es?

Es bedeutet eintauchen, eingetaucht werden, getränkt werden. Im Grunde genommen bedeutet es, dass ein Körper vollständig in eine Flüssigkeit eingetaucht wird, z.B. wenn man Wolle färbt. Man nimmt die Wolle und taucht sie vollständig in die Flüssigkeit mit Farbe ein, bis sie von der Farbe vollständig durchnässt ist. So hat man die Wolle „getauft". Oder man nimmt eine Tasse, taucht sie in ein großes Gefäß ein und füllt sie mit der Flüssigkeit aus dem Gefäß, auch das könnte man als „taufen" bezeichnen. Wenn man ein Schiff tauft, eine Flasche Champagner an der Bordwand zerschellen lässt und spricht: „Gott segne alle, die mit diesem Schiff fahren", dann ist das eigentlich keine Schiffstaufe. Wenn das Schiff bei einem Schiffbruch irgendwann einmal auf den Meeresgrund herabsinkt, dann kann man später in griechischen Zeitungen nachlesen: „Ship baptised" (das

## DAS WUNDER SEINER HIMMELFAHRT

Schiff wurde getauft). So verwendet man das Wort heute noch im Griechischen. Es bedeutet immer, dass ein Körper vollständig in einer Flüssigkeit untergetaucht wird.

Johannes hat die Menschen im Wasser getauft, und zwar vollständig. Deshalb war sein Spitzname „Johannes der Untertaucher" oder „Johannes, der Eintaucher" oder eben „Johannes der Täufer". Er war es, der sagte: „Es kommt jemand nach mir, der euch nicht ins Wasser eintauchen wird, sondern der euch in den Heiligen Geist eintauchen wird; er wird euch mit Heiligem Geist tränken." Als Jesus auf der Erde war, hat er das nicht getan. Während seines Dienstes hat er nie irgendjemanden im Heiligen Geist getauft. Der Heilige Geist war zwar mit seinen Jüngern, aber er war nicht in ihnen. Er sagte am Ende seines irdischen Lebens zu ihnen: „Der Heilige Geist wird in euch sein, wenn ihr im Heiligen Geist getauft werdet. Wenn ihr in ihn eingetaucht und von ihm getränkt werdet." Aber er hat es in dieser Zeit nicht getan, und selbst als er nach Hause ging, hatte er es bis dahin mit niemandem getan. Er hat vom lebendigen Wasser geredet, das aus denen hervorsprudeln würde, die an ihn glauben, aber es war noch nicht passiert, denn er konnte es nicht tun, bevor er in den Himmel aufgefahren war. Erst dort hat er die Gabe des Heiligen Geistes vom Vater empfangen und hat sie auf ganz normale Menschen wie dich und mich ausgegossen.

Jesus sagte: „Bleibt in Jerusalem, und ihr werdet nach wenigen Tagen in den Heiligen Geist getauft werden. Wartet, bis ihr diese Kraft empfangt; wartet, bis ihr im Heiligen Geist eingetaucht und getränkt worden seid." Das geschah an Pfingsten. Es konnte erst geschehen, nachdem Jesus seinen Platz im Himmel eingenommen hatte, die Kraft des Heiligen Geistes für andere empfangen hatte und den Heiligen Geist auf einhundertzwanzig Männer und Frauen, darunter seine Mutter, ausgegossen hat. Sie sprachen in Zungen und weissagten, der Heilige Geist gehörte jetzt ihnen. In der

Apostelgeschichte wurden dann immer mehr Menschen in den Heiligen Geist eingetaucht und getränkt, und auf diese Weise breitete sich die Gemeinde aus.

Das meine ich damit, wenn ich sage, dass Jesus nach seiner Himmelfahrt zu einem „Baptisten" wurde – kein Mitglied der Baptistengemeinde und auch kein „Southern Baptist". Er wurde zu einem Täufer. Diesen Titel erhielt er ebenso wie sein Cousin Johannes. Ich kann mir eure Twitternachrichten gut vorstellen: „Pawson sagt, Jesus wurde ein Baptist." Aber es ist wahr, ich vermittle Wahrheiten gerne auf ungewöhnliche Weise, denn das bringt euch zum Nachdenken. Ich frage mich, was ihr vorhin gedacht habt, als ich das zum ersten Mal sagte: „Jesus wurde bei seiner Himmelfahrt zu einem ‚Baptisten'". Er wurde ein Täufer, und er war jetzt in der Lage, Menschen im Heiligen Geist zu taufen. Seitdem tut er es immer wieder, aber er kann es nur tun, weil er in den Himmel zurückgegangen war. Bevor Jesus in den Himmel aufgefahren ist, konnte niemand auf der Erde mit dem Geist gefüllt werden – das ist die Wahrheit. Weil er nun den Geist auf Menschen ausgießt, gießt er auch Gaben auf die Menschen aus, Gaben, die sie vorher nie besaßen, übernatürliche Gaben, die sie befähigen, Dinge zu tun, die sie vorher nie tun konnten.

Jesus gießt seinen Geist aus, so dass gewöhnliche Menschen ungewöhnliche Gaben empfangen. Wenn ihr an eure natürlichen Gaben denkt, bekommt ihr vielleicht Minderwertigkeitskomplexe. Keine Sorge, dann seid ihr genau die richtigen Leute für die Taufe im Heiligen Geist, und ihr werdet außergewöhnliche Dinge tun; Dinge, die normale Leute nicht tun können, denn er hat seinen Geist und seine Gaben auf euch ausgegossen. Die größte Gabe des Vaters war sein Sohn. Die zweitgrößte Gabe des Vaters ist sein Heiliger Geist. Er gab uns seinen Sohn, aber wo wären wir, wenn es die zweite Gabe nicht gäbe? Er hat uns von seinem Geist gegeben, sagt der Apostel Johannes – wir haben einen großzügigen Herrn. Die Gemeinde sollte also charismatisch sein, was bedeutet: Mit Gaben ausgestattet, eine Gemeinde mit Diensten, die von oben herabkommen – seien es nun Apostel, Propheten, Evangelisten, Hirten oder Lehrer. In dieser Liste stehe ich an fünfter Stelle, ein Lehrer. Ich bin mit dem fünften Platz sehr glücklich, denn es gibt keine Abstufungen oder Ränge. Gott gibt unterschiedlichen Menschen unterschiedliche Gaben, um seine Gemeinde aufzubauen, zu stärken und sie gesund zu machen, damit die Gemeinde die Aufgaben erfüllt, die er für sie vorgesehen hat. Jesus hat seinen Jüngern sogar gesagt: „Ihr werdet noch größere Werke tun. Ihr werdet größere Werke als ich tun." Ich werde oft gefragt: „Was sind denn größere Werke?" Meine Antwort ist ganz einfach: „Tue alle Wunder, die er getan hat, und dann kannst du darüber nachdenken, größere Werke zu tun. Kümmere dich nicht um diese größeren Werke, bis du alle Werke getan hast, die er getan hat, dann kannst du dich den größeren widmen." Die Leute sind so begierig nach diesen größeren Gaben, dass sie sich um die anderen Gaben nicht kümmern. Mach einfach das, was Jesus gemacht hat, und dann kannst du weitersehen.

Er ist aber nicht nur Täufer, sondern auch Mittler. Er ist die einzige Person, die wir benötigen, um als Mittler zwischen Sündern und dem heiligen Gott tätig zu werden. Es muss jemand dazwischen geben, der Gott vor den Sündern, und Sünder vor Gott vertritt. Wir alle brauchen diesen Mittler. Weil er Mensch ist, ist er hervorragend dazu geeignet, Mittler zwischen Gott und Mensch zu sein. Wir brauchen diesen Mittler, damit er für uns plädiert, wenn der Ankläger der Brüder (Satan) uns anklagt. Wir brauchen einen Anwalt, und der ist Jesus. Im Hebräerbrief wird Jesus hinsichtlich seiner Himmelfahrt ein weiterer Titel gegeben: Er ist unser Vorläufer – unser Pionier, unser Wegbereiter. So ist Amerika entstanden, Pioniere sind nach Westen gezogen und haben die neuen Gebiete erschlossen. Die Geschichte Amerikas ist eine Geschichte von Pionieren, die in neues unbekanntes Land vordringen wollten.

Jesus ist unser Pionier. Erinnert ihr euch daran, welches die Ordnungen Gottes in seiner alten Schöpfung sind: Engel – Menschen – Tiere? In der neuen Schöpfung herrscht eine andere Ordnung unterhalb von Gott: Menschen – Engel – Tiere. Das ist doch erstaunlich! Gott nimmt tatsächlich erlöste menschliche Wesen und setzt sie über die Engel ein. Die Engel werden also unsere Diener sein und uns bedienen – das ist unsere Bestimmung in Christus. Er ist als Pionier vor uns hergegangen. Er ist das erste menschliche Wesen, das über den Engeln steht, und er ist dort, um den Weg freizuräumen, damit wir ihm folgen. Im Hebräerbrief handelt alles davon, Jesus an diesen höchsten Platz in der Schöpfung nachzufolgen. Wir müssen uns auf diese hohe Berufung vorbereiten. Wir müssen erkennen, dass wir eine Berufung haben, die über den Engeln steht, eine Berufung dorthin, wo er sitzt, zur Rechten des Vaters. Dort sollen auch wir hingelangen. Er ist also unser Pionier.

Er sagte: „Ich gehe hin, euch eine Stätte zu bereiten." Ist er etwa wieder ein Zimmermann geworden? Bereitet er jetzt ein Haus mit vielen Zimmern zu? Ich weiß es nicht, ich will warten und es mir dann ansehen. Er bereitet nicht nur eine Stätte, sondern auch eine Position für uns zu. Diese Position in der neuen Schöpfung unterscheidet sich erheblich von der alten. Er schuf den Menschen ein wenig niedriger als die Engel, aber jetzt sehen wir einen Menschen über die Engel erhöht. Dorthin werden auch wir folgen, und Gott wird die Schöpfungsordnung ändern.

Viertens will ich sagen, dass er unser Regent, unser König ist. Vor allem ist er *der Regent der Gemeinde*. Die Gemeinde ist ein sehr ungewöhnlicher Leib, denn der Leib ist auf der

# DAS WUNDER SEINER HIMMELFAHRT

Erde, aber sein Haupt ist im Himmel. Es gibt manchmal medizinische Komplikationen, bei denen das Haupt nicht in der Lage ist, den Körper zu kontrollieren, und es kommt zu vielfältigen Problemen, wenn der Körper nicht das tut, was das Gehirn will. Es ist ein kranker Zustand, in dem man sich dann befindet, aber ich fürchte, dass das sehr oft geschieht, wenn sich die Gemeinde entscheidet etwas zu tun, was das Haupt nicht tun möchte. Wenn auch die Gemeinde der Leib auf der Erde ist, so muss sie dennoch andauernd mit dem Haupt im Himmel in Verbindung bleiben, damit sie weiterhin die Herrschaft des Himmels auf der Erde demonstrieren kann; damit sie eine klare Demonstration des Himmels selbst darstellt – eine Kolonie des Himmels hier auf der Erde. Das ist sein Plan für die Gemeinde, und er wird ihn durchführen können, wenn wir ihm erlauben, uns zu regieren und unser Haupt zu sein.

Zweitens ist er *das Haupt der Welt*. Paulus drückt das folgendermaßen aus: „Er ist das Haupt über allem, um der Gemeinde willen." Er regiert die Völker, um der Gemeinde willen, und was er mit ganzen Völkern tut, tut er zum Wohle der Gemeinde. Das ist eine wunderschöne Wahrheit. Er ist das Haupt über allem – nichts passiert ohne seine Anordnung. Er erhält das All. Er legt die Grenzen der Völker fest; er nimmt der einen Nation ein Gebiet weg und gibt es einer anderen Nation, er hat alles unter Kontrolle. Es war einmal ein kleiner Junge in einem Eisenbahnzug unterwegs. Er saß im Zugabteil und sah glücklich und zufrieden aus. Die anderen Passagiere sorgten sich um ihn; sie dachten, dass er alleine unterwegs sei. Sie sagten: „Bist du ganz alleine?" Er sagte: „Ja." Sie sagten: „Hast du keine Angst ganz alleine?" Er sagte: „Nein." „Warum nicht?" Er sagte: „Mein Vater ist der Lokführer." Auch ihr könnt ganz einfach sagen: „Ich bin ein Kind Gottes, mein Retter fährt diesen Zug. Er hat die Leitung über diese Welt. Ihn überrascht nichts, er hat alles unter Kontrolle. Er bringt alles wieder in Ordnung, denn das Ziel der ganzen Weltgeschichte ist es, dass alle Dinge in Christus zusammengefasst werden." Wenn immer wir dabei mitwirken, tragen wir zur Verwirklichung dieses großen Ziels der Weltgeschichte bei. Eines Tages wird alles ihm gehören, und wir ersehnen diesen Tag.

Ich will euch mein eigenes Zeugnis erzählen. Viele Jahre lang war ich – und da bin ich ganz ehrlich – ein „Binitarier". Wisst ihr, was das ist? Ich glaubte an zwei Personen der Trinität und lehrte diese zwei Personen der Trinität, weil ich sie beide kannte – ich kannte den Vater und ich kannte den Sohn. Es ging mir gut damit, ein Evangelium zu predigen, das nur den Vater und den Sohn erwähnt. Über den Heiligen Geist wollte ich aber eher nicht predigen. Aber es war meine Pflicht, einmal im Jahr über den Heiligen Geist zu predigen, und zwar am Pfingstsonntag. Jeder erwartete von mir, an diesem Tag des Kirchenjahres zwei Predigten über den Heiligen Geist zu hören. Also studierte ich einige Bücher, damit ich genug zusammentragen konnte, um sie zufriedenzustellen. Aber ich war jedes Mal sehr froh, wenn ich am Sonntag darauf wieder zum Evangelium zurückkehren konnte, bzw. zu dem, was ich für das Evangelium hielt. Ich predigte also den Vater und den Sohn, und Gott ehrte das auch, denn ihn ehrt es, wenn die Wahrheit gepredigt wird. Allerdings war es nicht die volle Wahrheit. In meiner Assistenzzeit in Cambridge hatte mein Hauptfach das Thema: „Was geschah am Pfingsttag in Apostelgeschichte 2?" Ich habe meine Klausuren über dieses Thema geschrieben und bekam sogar eine gute Note. So etwas nenne ich: „Durch Promotionen die Kirchen leeren"! Ich habe also viel Papier mit Tinte vollgeschrieben, und wenn ich nur genug Griechisch hineingepackt habe und möglichst viele Theologen richtig zitieren konnte, dann war man mit diesen Arbeiten eines braven Studenten zufrieden. Aber ich selbst war nicht zufrieden, denn ich kannte den

Heiligen Geist nicht. Ich dachte nur: „Was ist mit diesem Heiligen Geist? Ich verstehe es einfach nicht." Dann wurde ich Pastor. Immer noch predigte ich alles, was ich über den Vater und den Sohn wusste, aber es war „binitarisch" und nicht trinitarisch.

Eines Tages fällte ich eine Entscheidung: „Mir langt es, ich werde über den Heiligen Geist predigen." Ich kündigte an, in der Gemeinde in einem Jahr zwanzig Mal über den Heiligen Geist zu predigen. Ich würde die ganze Bibel durchstudieren, jede Erwähnung des Heiligen Geistes aufspüren und sie in meinen Predigten verarbeiten. So brachte ich Ordnung in mein Chaos, schaute mir den Schöpfungsbericht an, dazu auch alle Geschichten über Personen vom Format eines Samson, dann die Propheten, die durch den Heiligen Geist sprachen. Ich las von all den erstaunlichen Dingen, zu denen der Heilige Geist sie befähigt hatte. So arbeitete ich mich erfolgreich durch das Alte Testament. Dann kam ich zum Neuen Testament. Matthäus, Markus und Lukas bereiteten mir keine sonderlichen Probleme, aber dann kam ich zu Johannes, und da wurde es komplizierter. Schließlich schaffte ich es tatsächlich am Pfingstsonntag zu Apostelgeschichte Kapitel 2 zu gelangen. Ich dachte: „das passt ja ausgezeichnet zusammen." Aber immer noch wusste ich nicht, was an Pfingsten eigentlich passiert war. Bei meinen Arbeiten in Cambridge war ich zu dem Ergebnis gekommen, dass das erste Pfingsten einfach zu weit entfernt lag, als dass irgendjemand sicher sagen könnte, was passiert ist – kurz gesagt: Ich war sehr skeptisch. Aber als ich zu Johannes Kapitel 15 kam, war ich der Situation nicht mehr gewachsen, und ich wünschte mir, dass ich diese Predigtserie nie angefangen hätte. Aber da musste ich durch. Es graute mir davor, zu Apostelgeschichte 2 zu kommen und meinen Zuhörern sagen zu müssen: „Ich weiß nicht, was damals passiert ist."

## DIE SIEBEN WUNDER SEINER WELTGESCHICHTE

Aber zufälligerweise passierte etwas in unserer Gemeinde. Es gab einen Mann in unserer Gemeinde, der jedes Frühjahr einen schlimmen Heuschnupfen bekam. Wenn der Pollenflug begann, dann verstopften seine Lungen mit lauter Schleim, und er wurde so krank, dass er mindestens sechs Wochen lang das Bett hüten musste, bis es wieder besser wurde. Er war ein kluger Mann, der im Patentamt in London arbeitete – das ist die Stelle, wo man Patente auf neue Erfindungen anmeldet. Er hieß James. Genau, als ich zu Johannes Kapitel 15 kam, bekam James wieder seinen Heuschnupfen mit Fieber und verschleimter Lunge. Er lag im Bett, schnappte nach Luft und war ganz weiß im Gesicht. Mir war klar, dass ich ihn besuchen sollte. Allerdings hatte ich keine Lust dazu, denn er war sozusagen der geheime „Oppositionsführer" in der Gemeinde. In jeder Gemeinde gibt es so jemanden, habt ihr das schon bemerkt? Manchmal gibt es sogar mehrere – aber normalerweise gibt es immer jemanden, der sich den Vorschlägen des Pastors widersetzt, und so ein Mann war er. Er war immer gegen meine Vorschläge, entweder weil wir es schon einmal versucht hatten und es nicht funktionierte, oder weil wir es noch nie versucht hatten und wir es deshalb bleiben lassen sollten. So war es mit allem, was ich in Angriff nehmen wollte. Oft kam ich wegen dieses Mannes frustriert von den Gemeindebesprechungen nach Hause. Ich klagte meiner Frau: „Warum hat Gott nur diesen James in unsere Gemeinde gestellt?" Dann antwortete sie mir meistens: „Schau David, der Rest der Gemeinde ist ja für dich, es ist doch nur dieser James, mach dir doch wegen dieses einen Mannes keine Sorgen." Aber ich machte mir Sorgen, denn er hatte sich mir schon so oft widersetzt, und das ging nicht spurlos an mir vorüber. Eines Sonntagnachmittags besuchte ich ihn dann. Den ganzen Weg dorthin ging mir Jakobus Kapitel 5 nicht aus dem Sinn; wahrscheinlich, weil er genauso hieß (A.d.Ü.: James, bzw. Jimmy ist die englische Form von Jakobus). Ich erinnerte mich daran, dass es dort heißt: „Ist jemand krank unter euch? Er soll die Ältesten rufen, und sie sollen ihn mit Öl salben, und er wird gesund werden." Den ganzen Weg ging es mir nicht aus dem Kopf. Als ich sein Schlafzimmer betrat, fragte er mich schniefend und nach Luft schnappend: „Was hältst du von Jakobus 5?" Ich sagte: „Ich habe auch darüber nachgedacht. Warum fragst du?" Er sagte: „Am Donnerstag müsste ich beruflich in die Schweiz fliegen, aber der Arzt hat mich für mehrere Wochen krankgeschrieben. Könntest du mich nicht mit Öl salben?" Ich antwortete: „Ich werde darüber beten." Das ist immer eine gute Entschuldigung, nicht wahr? Ich ging also wieder nach Hause und betete darüber. Währenddessen dachte ich: „Ich will eigentlich gar nicht, dass er gesund wird. Ich könnte jetzt ein paar Wochen lang in der Gemeinde Dinge in Angriff nehmen, ohne dass mich jemand davon abhält." Ich war dankbar dafür, dass er krank war, und ich sagte: „Herr, gib mir bitte einen guten Grund dafür, dass ich nicht zu ihm gehen und ihn mit Öl salben muss." Der Herr schwieg, der Himmel war wie Eisen. Bis zum Mittwoch ging es mir gar nicht gut, da rief seine Frau an und sagte: „Er hat sich schon ein Flugticket in die Schweiz gekauft. Würdest du bitte heute Abend kommen und ihn mit Öl salben?"

Mir war bis zu diesem Zeitpunkt noch keine Ausrede eingefallen, auch hatte ich solch eine Krankensalbung bisher noch nie in meinem Dienst vorgenommen. Mir blieb nichts anderes übrig, als zu sagen: „In Ordnung, ich komme heute Abend." Ich kaufte eine große Flasche Olivenöl, rief die Ältesten zusammen und sagte: „Wir gehen heute zu Jimmy."

Bevor wir sein Schlafzimmer betraten, war bereits etwas anderes geschehen. Ich war vorher in das Gemeindegebäude gegangen, hatte mich in der Kanzel niedergekniet und versucht, für James zu beten. Habt ihr schon jemals für jemanden gebetet, von dem ihr nicht wolltet, dass er gesund wird und im Bett bleibt? Es war eine absurde Situation. Ich wusste nicht, was ich sagen sollte. Ich wollte für ihn beten, konnte es aber gar nicht. Ich wollte ja nicht, dass es ihm besser geht.

Aber plötzlich sprach ich in einer anderen Sprache, die ich nie gelernt hatte. Es hörte sich wie Chinesisch an. Wie auch immer, ich betete in dieser Sprache. Dann schaute ich auf meine Uhr und sagte: „Das gibt es doch nicht! Habe ich tatsächlich eine Stunde lang gebetet?" Doch so war es, ich hatte eine Stunde lang gebetet. Ich starrte auf meine Uhr und sagte: „Ich habe eine Stunde lang für Jimmy gebetet, und das nicht in meiner eigenen Sprache. Ich frage mich, ob mir das noch einmal gelingt." Ich versuchte es, und es kam etwas heraus, das wie Russisch klang. Ich betete für Jimmy von ganzem Herzen und ich dachte: „Genau das ist in Apostelgeschichte 2 geschehen; das ist es! Mir war klar, dass heute Abend etwas passieren würde!

Einige Älteste und ich betraten sein Schlafzimmer und wir öffneten die Bibel bei Jakobus Kapitel 5. Wir behandelten diese Schriftstelle fast schon so wie eine Gebrauchsanweisung, wie eine Schritt-für-Schritt-Arbeitsanleitung. Als erstes sollten wir uns gegenseitig unsere Sünden bekennen. Mir war klar, dass wir das tun sollten, und so sagte ich zu James: „Ich habe dich noch nie gemocht." Er sagte: „Das beruht auf Gegenseitigkeit." Wir lasen weiter, wo es heißt, dass man ihn mit Öl salben soll. Ich nahm die Flasche, zog den Korken heraus, und schüttete den Inhalt über seinem Kopf aus. Dann schauten wir wieder in die Bibel und sagten: „Wir haben alles befolgt."

Könnt ihr euch vorstellen, was dann geschah? Absolut nichts! Er lag immer noch blass in seinem Bett, und ich dachte nur, dass wir uns so richtig blamiert hätten. Ich sprang auf und rannte weg. An der Haustüre drehte ich mich um und

## DAS WUNDER SEINER HIMMELFAHRT

sagte: „Hast du noch dein Flugticket für morgen, James?" „Selbstverständlich." Ich sagte: „Ich bringe dich morgen zum Flughafen." Dann lief ich weg und dachte: „Jetzt, wo er nicht geheilt worden ist, wird es ihm bestimmt noch viel schlimmer gehen. Oh Mann, vorher war es schon schlimm genug, aber jetzt haben wir alles noch viel schlimmer gemacht." Ich konnte die ganze Nacht nicht schlafen, und morgens traute ich mich fast nicht, ihn anzurufen.

Ich ging in mein Studierzimmer, um zu arbeiten. Um halb zehn klingelte das Telefon: „Hallo, hier ist James. Könntest du mich um elf Uhr zum Flughafen bringen?" „James!" sagte ich, „geht es dir besser?" Ich war erstaunt, seine Stimme zu hören, denn sie hörte sich völlig gesund an – ohne Schniefen und Husten. Er antwortete: „Ja, mir geht es besser. Ich war schon beim Friseur, um meine Haare für meine Reise schneiden zu lassen. Er sagte mir, wir müssen sie vorher waschen, er hätte noch nie so ölige Haare schneiden müssen.

Er war also schon beim Haarschneiden gewesen, danach hatte er mich angerufen. Ich sagte: „James, fühlst du dich wirklich fit für die Reise? Was sagt dein Arzt dazu?" „Ja, ich war auch schon beim Arzt." Ich fragte: „Was ist passiert?" „Mitten in der Nacht war es so, als ob zwei große Hände meine Brust zusammendrücken, ich hustete einen ganzen Eimer voll Schleim heraus. Ich kann wieder atmen!" Ich fuhr ihn zum Flughafen. Seitdem ist dieser Mann mein bester Freund geworden. Und nicht nur das, sondern er und seine Frau wurden im Heiligen Geist getauft. Und auch das war noch nicht alles. Obwohl er seit seiner Jugend schwach auf der Brust war, hatte er seitdem nie mehr wieder Heuschnupfen.

Am nächsten Sonntag stand ich wieder auf der Kanzel, um meine Lehrserie über den Heiligen Geist fortzusetzen. Eigentlich wollte ich genauso weitermachen wie bei den früheren Predigten. Ich hatte meine Notizen schon vor ein paar Wochen vorbereitet. Ich nahm mir also die nächste Ausarbeitung der Predigt aus dem Johannesevangelium vor. Mir fiel nichts Besonderes auf, es war so wie immer. Aber nach der Predigt kam ein junger Mann zu mir und sagte: „Was ist mit dir heute los gewesen?" Ich sagte: „Was meinst du?" „Heute stehst du wirklich hinter dem, was du gepredigt hast!" Dieser Mann ist jetzt ein junger Missionar, der unter Iranern arbeitet, er ist übrigens ein junger Zimmermann. Seitdem hat mein Dienst eine ganz neue Dimension, und ich vertraue darauf, dass es auch so bleiben wird. Ich bin ein echter Trinitarier geworden – ich glaube an den Vater, an seinen Sohn und an den Heiligen Geist. Wenn das auch auf euch zutrifft, dann seid auch ihr echte Trinitarier.

Wir wollen jetzt aber noch einmal auf die Himmelfahrt zurückkommen. Wenn die Himmelfahrt vernachlässigt wird, dann schleichen sich Dinge ein, die nicht wirklich zum Evangelium des Neuen Testaments gehören. Wenn ihr erst einmal glaubt, dass Jesus in den Himmel gefahren ist und zur Rechten Gottes sitzt, dann sagt ihr nicht mehr solche Dinge wie: „Jesus in unser Leben einladen" oder „Öffne dein Herz und lass Jesus hinein", so als ob ein kleiner Jesus in dein Herz schlüpft. Ihr dachtet von ihm, dass er hier auf der Erde ist und in Menschenherzen wohnt, aber wenn ihr wirklich an die Himmelfahrt glaubt, dann wisst ihr, dass er dort oben beim Vater ist und das Universum regiert – eure Vorstellung von Jesus wird viel größer. Jesus kommt dann nicht mehr hier auf die Erde zu euch, sondern er regiert dort oben. Es ist der Geist, der hier bei euch hineinkommt. Und dennoch sagen Evangelisten immer wieder: „Öffne dein Herz und lass Jesus hinein." Dabei verwenden sie eine Textstelle, bei der es nicht um Evangelisation geht: „Siehe, ich stehe vor der Tür und klopfe an. Wenn jemand meine Stimme hört und mir die Tür öffnet, dann werde ich zu ihm kommen und mit ihm

## DAS WUNDER SEINER HIMMELFAHRT

Mahl halten." Diese Textstelle ist eine prophetische Rede, die sich an eine Gemeinde richtet, die Christus verloren hat; sie hat nichts mit Bekehrung zu tun. Dieser Text wird aus dem Kontext gerissen. Es gibt in den ganzen Paulusbriefen nur zwei Stellen, die über „Christus in euch" reden. Eine ist im Kolosserbrief: „Christus in euch, die Hoffnung der Herrlichkeit." Hier wird der Plural „euch" verwendet und sie bedeutet nicht, dass Christus individuell im Einzelnen wohnt, sondern es geht um den kollektiven Aspekt. Der andere Vers ist: „Nicht mehr länger lebe ich, sondern Christus lebt in mir." Aus beiden Fällen geht ganz klar hervor, dass Paulus vom Heiligen Geist spricht – denn er ist es, der in uns ist. Dutzende Male spricht Paulus davon, dass wir in Christus sind, es ist also genau anders herum.

Nur zweimal ist die Rede von Christus in euch, aber aus dem Kontext geht klar hervor, dass es bedeutet, dass der Heilige Geist in euch wohnt. All die anderen Male sagt er, dass ein Christ jemand ist, der *in Christus ist*. Wenn du ein Christ wirst, dann sagst du nicht: „Christus, komm bitte in mich hinein", sondern du sagst: „Ich bin jetzt in Christus." Das ist etwas ganz anderes, denn es bedeutet, dass du jetzt oben bei ihm bist. Du sitzt mit ihm an himmlischen Orten. Diese Sichtweise hat einen ganz grundlegenden Einfluss auf euer Leben.

So hat Paulus auch den Christen in Kolossä gesagt: „Wenn ihr nun mit dem Christus auferweckt worden seid, so sucht, was droben ist, wo der Christus ist, sitzend zur Rechten Gottes! Sinnt auf das, was droben ist, nicht auf das, was auf der Erde ist! Denn ihr seid gestorben, und euer Leben ist verborgen mit dem Christus in Gott." (Kol 3,1-3). Jesus hat so ziemlich dasselbe gesagt: „Sammelt euch aber Schätze im Himmel, wo weder Motte noch Fraß zerstören und wo Diebe nicht durchgraben noch stehlen! Denn wo dein Schatz ist, da wird auch dein Herz sein." (Mt 6,20.21).

Christus ist dort oben, und wenn ihr in Christus seid, dann seid ihr bzw. ist euer Geist bereits im Himmel. Euer Körper ist zwar noch auf der Erde und versucht euch tagtäglich davon zu überzeugen, dass ihr auf der Erde seid, aber eigentlich seid ihr jetzt in Christus, und euer Geist sitzt mit ihm an himmlischen Orten.

Wenn ihr sterbt, dann geht ihr nicht *in* den Himmel, denn ihr seid bereits *dort*. Wenn ihr sterbt, dann hört euer Körper auf, euch zu sagen, dass ihr auf der Erde seid; euer Geist realisiert dann, wo ihr seid und wo ihr eigentlich schon so lange wirklich wart. Für einen Christen liegt der Tod schon hinter ihm; und deshalb geht er nicht in den Himmel, sondern er bleibt in Christus, dort, wo er vorher schon war. Alles, was euch dann bewusst wird und was euer Geist euch dann sagen wird, ist, dass ihr dort im Himmel in Christus seid. Deshalb muss man den Tod auch nicht fürchten, ihr geht nirgendwo anders hin – ihr seid jetzt schon im Himmel. Das ist eine geistige Wahrheit – euer Geist ist bereits dort. Das Problem ist, dass mein Körper mir jeden Morgen, wenn ich aufwache, sagt, dass ich hier unten bin. Und wenn ich nicht aufpasse, dann vergesse ich, dass ich ja schon dort oben bin. Meine Sinne sagen mir viel zu viel über meine Umwelt hier unten – hört lieber auf euren Geist. Deshalb sagt Paulus: „Wenn ihr nun mit dem Christus auferweckt worden seid, so sucht, was droben ist, wo der Christus ist, sitzend zur Rechten des Vaters." Im Geist bin ich bereits dort. Wenn ich hier irgendwo spreche, dann ist hier die Adresse, unter der mein Körper zu finden ist, aber mein Geist ist in Christus verborgen in Herrlichkeit. Amen!

Wenn ich einst sterben werde, dann hört mein Körper einfach auf, mir von den Dingen der Erde zu erzählen, und ich werde dann nur noch das hören, was mein Geist mir sagt: „Du bist bei Christus. Du bist in ihm und du warst schon so lange Jahre in ihm, ohne es voll und ganz erkannt zu haben."

## DAS WUNDER SEINER HIMMELFAHRT

Deshalb predigt Paulus immer wieder: „Sucht das, was oben ist; lebt in Christus; lebt jetzt schon im Himmel; erkennt, dass euer Geist in ihm ist. Er ist nicht so sehr hier unten bei euch; ihr seid oben bei ihm." Das ist die Wahrheit, die ihr euch immer vor Augen halten müsst, damit ihr so lebt, als ob ihr bereits oben wärt.

Holt also Christus nicht hier herunter; versucht es nicht und überredet auch niemanden dazu, Christus in sein kleines Leben einzuladen – bringt sie vielmehr zu Christus, sodass sie in ihm sind. Wir finden von diesem ganzen Sprachgebrauch, den wir bei der Evangelisation verwenden, keine Spur im Neuen Testament. Aber was wir finden, ist: Glaube an Christus, der zur Rechten des Vaters ist, und empfange seinen Heiligen Geist auf der Erde. Niemals wird gesagt: „Empfange Christus." Niemals wird gesagt: „Übergebe dein Leben an Christus." Niemals wird gesagt: „Lade ihn in dein Herz ein." Diesen ganzen Sprachgebrauch haben wir selbst erfunden und eingeführt. Vielmehr wird gesagt: „*Tue Buße* hin zu Gott." „*Glaube* an Jesus." „*Empfange* den Heiligen Geist." „*Lass dich taufen* im Namen des Vaters, des Sohnes und des Heiligen Geistes."

Alles ist bereits vorhanden. Das christliche Leben sollte von Anfang an trinitarisch sein. Möge der Herr uns in dieser trinitarischen Beziehung erhalten, damit der Himmel hier auf der Erde um uns herum demonstriert wird, um seines Namens willen. Amen.

# 6

# Das Wunder seiner WIEDERKUNFT

Einerseits sind wir alle von der Zukunft fasziniert, andererseits fürchten wir sie. Nehmen wir einmal an, ich hätte eine besondere Gabe des Wortes der Erkenntnis und könnte euch den Tag eures Todes nennen. Würdet ihr zu mir kommen und euch danach erkundigen wollen? Würdet ihr gerne das Datum eures Todestages wissen oder lieber nicht? Ihr könntet dann nicht nur jedes Jahr euren Geburtstag, sondern auch euren Todestag feiern. Das wäre doch witzig, oder? Obwohl wir in Bezug auf unsere Zukunft so neugierig sind, will ein anderer Teil von uns die Zukunft lieber nicht wissen – wir sind mit der Gegenwart zufrieden. Ganz allgemein gesagt gibt es drei Methoden, um in die Zukunft zu blicken.

Die erste Methode ist der *Aberglaube*, der okkulte Weg, um in die Zukunft zu schauen. Dazu gehören solche Dinge wie Handlesen, Kaffeesatzlesen, Tarotkarten und Horoskope. Wusstet ihr, dass sechs von zehn Männern und sieben von zehn Frauen jeden Tag ihr Horoskop lesen? Deshalb steht auch in allen Zeitungen und Magazinen, was die Sterne über eure Zukunft wissen. All diese abergläubischen und okkulten Methoden liegen aber nur zu fünf Prozent richtig, oder besser gesagt – und so drücke ich es lieber aus – sie liegen zu fünfundneunzig Prozent daneben. Warum also die Leute ihre Zeit damit verschwenden, ist mir schleierhaft.

Als ich einmal in Paris die Champs-Élisées hinabging, diese große Avenue, die vom Arc de Triomphe hinabführt, sah ich eine große Menschenschlange vor einem Geschäft stehen. Ich fragte meinen Freund: „Warum stellen sich die Leute hier an, was gibt es hier zu kaufen?" Er sagte: „Sie verkaufen dir hier für eine beträchtliche Summe dein Glück der nächsten Monate." Da stellen sich also Leute an, um ihre Zukunftsvorhersage für die nächsten Monate zu erhalten. So etwas Armseliges, aber manche Menschen machen großen Profit damit.

Die zweite Methode, um die Zukunft vorherzusagen, ist die wissenschaftliche Methode. Vor nicht allzu langer Zeit besuchte ich eine Universität, wo ein Student an einem Computer arbeitete. Ich sagte: „Woran arbeitest du?" Er antwortete: „Ich finde gerade das Datum des Endes der Welt heraus." „Oh, das ist aber interessant. Wie machst du das?" „Ich füttere den Computer mit allen relevanten Daten der Gegenwart: Bevölkerungswachstum, Nahrungsreserven, Rohstoffreserven. Ich füttere den Computer also mit allen Daten, und dann frage ich ihn: Wann kommt der große Kollaps, an dem ein Weiterleben auf der Erde für Menschen unmöglich sein wird?" Ich fragte: „Hast du schon ein Datum errechnet?" „Ja." „Wann wird das sein?" „2040", sagte er „im Jahre 2040 überschneiden sich so viele Entwicklungen, dass die Menschheit einem zu großen Risiko ausgesetzt sein wird." Ich antwortete: „Das ist sehr interessant, denn das MIT (Massachusetts Institute of Technology) in Amerika ist mit seinen Computern auf dasselbe Datum gekommen."

Natürlich weiß niemand, welche Entwicklungen wirklich stattfinden werden, ob nicht große Katastrophen die Weltbevölkerung reduzieren werden oder ob man neue Energiequellen finden wird. Aber nach heutigem Stand erwartet man das Ende der Welt im Jahr 2040. Ich muss mir darum keine Sorgen machen! Es gibt einen

## DAS WUNDER SEINER WIEDERKUNFT

Wissenschaftszweig der Futurologie, deren Professoren versuchen, die Zukunft vorherzusagen. Es gibt auch sogenannte Thinktanks (Denkfabriken), die dasselbe versuchen. Aber die Wissenschaft lag bisher nie zu mehr als fünfundzwanzig Prozent richtig, oder besser gesagt – und so drücke ich es lieber aus – sie lagen zu fünfundsiebzig Prozent daneben.

Es gibt aber noch einen dritten Weg, die Zukunft vorherzusagen, und das ist die *Bibel*. Wende dich zum Aberglauben und erhalte fünf Prozent richtige Antworten, so wie es die meisten Menschen tun, wende dich zur Wissenschaft und bekomme zu fünfundzwanzig Prozent die richtige Antwort oder wende dich an die Bibel, und du wirst zu einhundert Prozent richtige Antworten bekommen. In der Bibel gibt es 735 verschiedene Vorhersagen über die Zukunft. Fünfundzwanzig Prozent der Bibelverse betreffen Vorhersagen. Warum wenden sich die Leute an den Aberglauben oder die Wissenschaft, wenn sie doch so genaue Zukunftsvorhersagen haben könnten? Eine dieser 735 Vorhersagen ist im Alten und Neuen Testament über dreihundert Mal erwähnt. Diese Vorhersage ist: Jesus kommt zurück! Wenn wir an die Zukunft denken, dann ist dies die wichtigste Vorhersage in der Bibel. Bisher sind einundachtzig Prozent aller Vorhersagen der Bibel exakt, praktisch und buchstäblich eingetroffen. Deshalb glaube ich, dass die ausstehenden neunzehn Prozent in der Zukunft auch noch eintreffen werden. Der Kern dieser Zukunftsvorhersagen betrifft die Wiederkunft unseres Herrn Jesus Christus zum Planeten Erde.

Wir werden uns also jetzt mit der Wiederkunft Jesu zum Planeten Erde befassen. Danach werden wir gemäß dem Apostolischen Glaubensbekenntnis, auf dem ja die Kapiteleinteilung unseres Buches beruht, über sein Gericht sprechen. Das folgende Kapitel wird sich also mit dem großen Tag des Gerichts, wenn Jesus die Menschheit richten wird, befassen.

Aber vorher wird Jesus zurückkommen. Es gibt ein paar simple Fragen, die wir uns hier stellen müssen. Eine davon ist: *„Wer kommt zurück?"* Die Antwort ist, dass es derselbe Jesus ist, der vor zweitausend Jahren gegangen ist. Die Engel haben ja bei der Himmelfahrt den Jüngern gesagt: „Dieser selbe Jesus wird wiederkommen." Da wird es keinen Unterschied geben. Er wird genau derselbe Jesus sein, der gegangen ist. Deshalb wird er mit demselben Auferstehungsleib, als er selbst, und nicht mit dem alten Leib zurückkommen, und wir werden genau denselben wiedersehen, der er war, als er den Jüngern auf dem Ölberg „Auf Wiedersehen" gesagt hat. Daran besteht kein Zweifel, er ist derselbe gestern, heute und für immer. Er wird in keine der Welthauptstädte zurückkehren. Er kommt nicht nach Washington D.C. Er kommt auch nicht nach London und auch nicht nach Moskau. Er kommt auch in keine der geistlichen Hauptstädte wie Genf, Canterbury oder Rom zurück. Wir wissen, dass er nach Jerusalem zurückkommen wird.

Deswegen ist Jerusalem sehr bedeutend. Ich besuche Jerusalem oder Israel aus drei Gründen. Im Jahre 1961 besuchte ich Israel nur deshalb, um die *Vergangenheit* zu studieren, um zu sehen, wo sich die biblischen Berichte zugetragen haben, um mit Bildern, die mit den Ereignissen der Bibel zu tun haben, nach Hause zu kommen. Mir ging es nur um die Vergangenheit. Mir kam es vor, als ob die biblischen Orte von Menschen verunziert wären, ganz besonders von Postkartenverkäufern. Die Menschen, die jetzt dort sind, waren für mich ein Störfaktor. Ich hätte Israel gerne als Open-Air-Museum vorgefunden, wo ich die Vergangenheit studieren könnte. Im Jahre 1967, gerade am Ende des Sechstagekrieges, kam ich das nächste Mal nach Israel und besuchte die Golanhöhen. Ich begleitete einen Major der israelischen Armee in dessen Jeep, und diesmal interessierte ich mich für die *Gegenwart*. Bei meinen Besuchen in den folgenden Jahren studierte ich die Gegenwart – besonders die erstaunliche Tatsache, wie aus einem verödeten Land das fruchtbarste Land, das man sich nur vorstellen kann, geworden ist.

Wieder einige Jahre später, bereiste ich dieses Land aus einem anderen Grund – wegen seiner *Zukunft*. Wenn ich jetzt nach Israel komme, dann besuche ich einmal im Jahr das Laubhüttenfest, um mich mit Tausenden von anderen Christen aus 120 Ländern zu treffen, und mit ihnen zusammen an der Zukunft Israels teilzunehmen. Es ist etwas Besonderes, die Plätze zu besuchen, wo sich die wichtigen Ereignisse abspielen werden. Ich nehme jetzt auch keine Kamera mehr mit. Ich schaue mir Orte wie Harmagedon an, denn dort werden sich noch große Dinge abspielen. Oder Jerusalem, die Stadt des großen Königs, wie Jesus sie nannte, denn dorthin wird er zurückkommen. Wir wissen jetzt also, *wohin* Jesus zurückkommen wird – es wird derselbe Ort und derselbe Jesus sein.

Drittens: Wir wissen, *wie* er zurückkommen wird, denn alles steht bereits in der Apostelgeschichte: Derselbe Jesus kommt zum selben Platz *auf dieselbe Art und Weise*, wie er gegangen ist zurück. Ich muss aber klar darauf hinweisen, dass er nicht auf dieselbe Art und Weise zurückkommen wird, wie er das erste Mal gekommen ist. Sein zweites Kommen wird sich von seinem ersten abheben. Beim ersten Kommen zeigte ein kleiner Stern am Himmel sein Kommen an, jetzt wird es wie ein Blitz sein, der vom östlichen bis zum westlichen Horizont den Himmel durchzuckt, auch hier wird es der Himmel sein, der sein Kommen ankündigt. Aber trotzdem wird es ganz anders sein. Beim ersten Mal kam Jesus als kleines Baby. Wenn er wiederkommt, dann kommt er nicht mehr als kleines Baby. Als ich neulich auf einem

Treffen predigen sollte, fragte man mich zuvor, ob ich mir ein bestimmtes Lied zum Abschluss des Abends wünschen würde. Ich sagte „Ja, ich werde über die Wiederkunft Jesu sprechen. Spielt also bitte ein Lied, das vom zweiten Kommen handelt." Oh weh! Sie hatten echt Probleme, ein passendes Lied zu finden. Unter den vielen Hunderten von Liedern gab es wohl keines, das von der Wiederkunft Jesu handelt. Ist das nicht merkwürdig? Schließlich haben sie eines gefunden. In diesem Lied heißt es: „Wir werden ihn wieder als kleines Baby in einer Krippe willkommen heißen." Ich dachte mir nur: „Wer hat denn bloß so ein Lied geschrieben?" Ihr wisst, dass es heutzutage einige Lieder gibt, die einfach nur Müll sind. Dieses Lied gehörte mit Sicherheit dazu. Als kleines Baby in einer Krippe zurückkommen? Nein, er kommt als erwachsener Mann zurück. Die ganze Welt feiert immer noch Weihnachten und betet ein kleines Baby an; sie werden bestimmt einen gewaltigen Schock bekommen, wenn sie ihm begegnen werden, denn er ist kein Baby mehr. Er kommt als ausgewachsener Mann zurück, als der Sohn Gottes.

Es besteht also ein großer Unterschied zu seinem ersten Kommen, nicht aber zu seinem letzten Abschied. So wie er ging, so wird er wiederkommen, denn es besteht ein direkter Zusammenhang. Er ging in Wolken hinweg und wurde in den Himmel getragen; er wird in Wolken kommen, herabgetragen zur Erde. Wir werden es *sehen*. Das bedeutet auch, dass es an diesem Tag einen Westwind geben wird, der Wolken vom Mittelmeer mit sich führt. Es wird übrigens ein Tag mit großem Lärm sein; wenn du laute Zusammenkünfte nicht magst, dann komm lieber nicht! Trompeten werden geblasen und Engel werden rufen. Ich werde mich bestimmt auch nicht still verhalten! Wenn ich – wie ich bereits erwähnt habe – vor seiner Wiederkunft sterben sollte, werde ich nichts verlieren, sondern nur gewinnen. Ich bekomme nämlich einen Platz in den vorderen Reihen, denn die Toten in Christus werden zuerst auferstehen. Ich werde euch also bei diesem großen Treffen sehen. Das Treffen wird riesig sein, viel zu groß, um es in einem Stadion abzuhalten. Deshalb wird es in der Luft stattfinden, dort wird genug Platz für uns alle sein!

In unserem Neuen Testament werden drei griechische Worte verwendet, um das zweite Kommen Jesu zu beschreiben. Das erste Wort ist *parousia*. Es hat die Bedeutung „Ankunft". Es wird normalerweise bei der Ankunft eines Königs in einem Land verwendet. Als unsere Queen zum ersten Mal Irland besuchte, habe ich mir das in den Nachrichten angesehen. Die Frage der Sicherheit war dabei sehr wichtig, aber sie wurde sehr herzlich empfangen. Als sie am Flughafen ankam, glich das einer *parousia*. Dieses Wort hat einen gewissen Beiklang. Es beschreibt die Ankunft einer königlichen Person, die eine Stadt besucht. Aber diese königliche Person wird außerhalb der Stadt empfangen und dann mit einer Prozession in die Stadt begleitet. Genau das geschah mit der Queen in Irland. Sie wurde am Flughafen von Würdenträgern und wichtigen Leuten empfangen, und dann in einem Fahrzeugkorso in die Stadt begleitet. Es wäre eine Beleidigung, wenn eine königliche Person ohne Empfang in einer Stadt ankommen würde. Deshalb trifft man sich immer außerhalb der Stadt und begleitet sie zur Stadt. Dort zeigt sie sich dann der Bevölkerung. Es ist sehr interessant, dass die Wiederkunft Jesu als *parousia* bezeichnet wird. Wir treffen mit ihm in der Luft zusammen, um ihn dann auf die Erde zu begleiten, wo dann die Öffentlichkeit erfährt, dass er zurückgekommen ist. Das ist ein sehr wichtiger Punkt: Wenn wir dem Herrn in der Luft begegnen, wenn wir entrückt werden, so wie man dazu sagt, werden wir nicht in den Himmel gehen, sondern wir werden mit ihm zusammen zur Erde zurückkommen. Wir begleiten ihn nur das letzte Stück auf seiner Reise – das bedeutet *parousia*.

Das nächste griechische Wort, das für seine Wiederkunft verwendet wird, ist *epiphaneia*. Es bedeutet „Erscheinen" – öffentlich erscheinen, wenn die Menschenmenge es sehen und miterleben kann. Unsere königliche Familie lebt im Buckingham Palast. An der Vorderseite des Gebäudes ist ein großer Balkon. Bei großen Feierlichkeiten erwartet jeder, dass die königliche Familie öffentlich auftritt und auf diesem Balkon erscheint, sodass jeder sie sehen kann. Das ist dann ein „Erscheinen". Die große Straße vor dem Buckingham Palast, genannt „The Mall", ist dann voller Menschen, die auf das Erscheinen der königlichen Familie warten. Das bedeutet *epiphaneia*. Und dieses Wort wird ebenso für die Rückkehr Jesu verwendet.

Das dritte griechische Wort ist *apokalypsis*. Eigentlich bedeutet dieses griechische Wort „Enthüllung", ein Offenbarwerden in Herrlichkeit. Alles was bisher verborgen war, wird jetzt sichtbar, nämlich ein König mit königlicher Robe und einer Krone. Es wird enthüllt, wer diese Person wirklich ist. Als kleiner Junge habe ich ein Märchen erzählt bekommen, wo ein König einen Tag vor seiner eigentlichen Ankunft bereits die Stadt besuchte. Er war als Bettler verkleidet und ging durch die Straßen der Stadt, um zu testen, wie die Leute ihn behandeln würden. Am nächsten Tag kam er als König mit seiner Kutsche. Die Leute erkannten sein Gesicht und merkten, dass er der Bettler war, der sie am Vortag besucht hatte – es ist ein wunderschönes Märchen, das sehr gut auf Jesus zutrifft. Beim ersten Mal kam er demütig – nur Petrus, Jakobus und Johannes sahen ihn in seiner Herrlichkeit, sonst niemand. Es heißt: „Das Licht schien durch seine Kleider hindurch, sodass er strahlte und seine Kleider leuchteten."

Ihr könnt euch das so vorstellen: Ein helles Licht innerhalb der Kleider, das durch die Kleider hindurchstrahlt. Sie sahen ihn in seiner Herrlichkeit und seine Herrlichkeit strahlte durch seine Kleider hindurch. Aber niemand bis auf Paulus auf der Straße nach Damaskus hat ihn nach dieser Verklärung vor den drei Jüngern jemals wieder so gesehen. Als Paulus Jesus sah, der in seine Herrlichkeit zurückgekehrt war, wurde er geblendet, sodass er von diesem Moment an nichts mehr sehen konnte. Wenn Jesus zurückkommt, dann wird es eine *apokalypsis* sein, eine Enthüllung seiner Herrlichkeit, und die Welt wird ihn so sehen, wie er wirklich ist – in all seiner Herrlichkeit als Sohn Gottes.

Zusammenfassend gehen wir noch mal diese drei interessanten griechischen Worte durch, die die Wiederkunft Jesu beschreiben: *parousia*, ein königlicher Besucher, der außerhalb der Stadt von wichtigen Persönlichkeiten empfangen wird und dann von ihnen zurück zur Erde begleitet wird. Zweitens: *epiphaneia* – er wird öffentlich vor den Menschen erscheinen, und sie werden wissen, dass er zurückgekommen ist. Und schließlich: *apokalypsis* – sie werden ihn in all seiner Herrlichkeit sehen. Wir haben jetzt unsere drei Fragen beantwortet: Wer kommt zurück? Wie kommt er zurück? Wohin kommt er zurück?

Aber die Frage, die jeder beantwortet haben will, ist „wann kommt er zurück?" Schon immer haben Menschen versucht, dieses Datum herauszufinden. Martin Luther und John Wesley stellten auch Versuche an. Diese beiden Männer waren weise genug, ein Datum, das nach ihrer Lebenszeit liegt, zu wählen – so würden sie sich bei niemandem entschuldigen und sich vor niemandem schämen müssen, wenn sie falsch liegen würden. Dann gibt es Leute wie Russel von den Zeugen Jehovas, der sagte, es würde im Jahre 1914 geschehen. Miller von den Sieben-Tages-Adventisten sagte, dass es im Jahr 1843 sein würde. Immer wieder hat man es versucht. Ich habe schon vom Jahre 1996 gehört. Jemand hat mir ein ganzes Buch geschickt, in dem er beweisen will, dass Jesus dann zurückkommen wird. Dieser Mensch hat den

Kontakt mit mir seitdem abgebrochen, aus gutem Grund. Kann Jesus jederzeit wiederkommen? Steht sein Kommen unmittelbar bevor? Könnte es heute sein? Könnte es heute Nacht sein? Ich habe schon davon gehört, dass es Eltern gibt, die etwas Schlimmes mit ihren Kindern machen. Sie sagen ihren Kindern: „Du solltest dich besser heute noch für Jesus entscheiden, denn es könnte sein, dass du morgen aufwachst, und deine Eltern nicht mehr da sind." Ich finde so etwas fürchterlich, und es passt auch nicht zum Wesen Jesu.

Jesus sagte: „Wachet und betet." Was meinte er mit „wachen"? Er meinte, dass wir nach Zeichen Ausschau halten sollen. Wer nicht wacht und betet, wird völlig überrascht werden. Sie werden schockiert sein; sie werden wie die Menschen in den Tagen Noahs sein – sie aßen, sie tranken, sie heirateten, und plötzlich wird er da sein. Er wird völlig unerwartet für sie kommen, wie ein Dieb in der Nacht, denn sie werden alles verlieren. Aber das Neue Testament sagt ganz klar, dass wachsame Gläubige niemals überrascht sein werden. Sie werden wie ein Hausherr sein, der weiß, dass ein Dieb kommen wird, und der deshalb wach bleibt und Ausschau nach dem Dieb hält. So sollen auch wir bereit sein. Genau deshalb hat Jesus uns auch Zeichen angekündigt, die vor seiner Wiederkunft geschehen müssen, damit die Gläubigen wachsam sind, beten und nicht überrascht werden. Wenn die Ereignisse stattfinden, wissen sie, dass es immer näherkommt, bis er schließlich erscheint.

Als die Jünger Jesus eine eindeutige Frage stellten, gab er ihnen eine eindeutige Antwort. Wir finden diese Antwort in Matthäus Kapitel 24. Sie sagten: „Was sind die Zeichen bzw. die Signale deiner Ankunft? Er gab ihnen vier Zeichen, von denen eineinhalb schon ganz eindeutig in unserer Welt eingetreten sind, was auch bedeutet, dass zweieinhalb Zeichen noch ausstehen. Deshalb sind wir noch nicht ganz am Ende angelangt. Diese zweieinhalb Zeichen könnten aber sehr rasch

## DAS WUNDER SEINER WIEDERKUNFT

eintreten, wenn man sich die Geschwindigkeit vor Augen hält, in der jetzt alles in der Welt abläuft. Es könnte aber noch weitere fünfzig oder hundert Jahre dauern – niemand weiß es. Wenn aber das dritte und das vierte Zeichen kommen, dann wissen wir, dass seine Wiederkunft ganz nahe ist.

In den mittleren Kapiteln der Offenbarung findet ihr einen viel detaillierteren Ablauf vor, wo ihr euch bedienen könnt. Matthäus 24 gibt einen Überblick der Zeichen, während uns die Offenbarung eine detaillierte Ansicht bietet. Ich will euch jetzt aber nur den Überblick zeigen, denn er wird euch eine Vorstellung davon geben, nach was ihr Ausschau halten sollt. Die Zeichen finden an bestimmten Orten statt – das erste Zeichen ist *in der Welt*, das zweite Zeichen *in der Gemeinde*, das dritte Zeichen *im Nahen Osten* und das vierte Zeichen *am Himmel*. Ihr wisst also nicht nur, nach was ihr Ausschau halten sollt, sondern auch wo ihr Ausschau halten sollt. Jesus gibt uns jede nur mögliche Hilfe, um für dieses große Ereignis gerüstet zu sein.

Das erste Zeichen findet in der Welt statt, es sind allgemeine Katastrophen. Jesus hat drei davon aufgelistet – Kriege, Hungersnöte und Erdbeben. Schon jetzt haben wir alle drei in unserer Welt und wir haben sie schon lange. Ich dachte früher, dass die Zahl der Erdbeben zunimmt, aber dem ist nicht so. Es werden nur immer mehr Menschen bei Erdbeben getötet, weil nämlich die Weltbevölkerung zunimmt, und immer mehr Menschen in Erdbebengebieten wohnen. Anscheinend macht es niemandem etwas aus, dort Häuser zu bauen, weil sie hoffen, dass zu ihren Lebzeiten kein Erdbeben geschieht, und dann kommt doch eines. Erdbeben geschehen heute in Gegenden, wo schon lange kein Erdbeben mehr stattgefunden hat. So kommt es zu einer scheinbaren Zunahme.

Mitten in Indien gab es ein Erdbeben, wo es bisher noch nie ein Erdbeben gegeben hat, und es hat einen großen

Schaden verursacht. Ein Gebäude, in dem sich in einem oberen Stockwerk Leute von „Jugend mit einer Mission" versammelt hatten, stürzte komplett zusammen, aber sie wurden glücklicherweise verschont (ihr Stockwerk lag über den zusammengestürzten Stockwerken!). Es kursieren viele Geschichten über Erdbeben, aber Erdbeben werden nicht von Menschen verursacht, sie sind Naturkatastrophen. Ich habe ein Buch mit dem Titel „Warum lässt Gott Naturkatastrophen zu?" geschrieben.

Kriege werden allerdings von Menschen verursacht, ebenso Hungersnöte. Ich gab einmal im Australischen Rundfunk ein Interview, wo ein ziemlich unfreundlicher Moderator sagte: „Ich war gerade in Äthiopien, und sah Millionen von Menschen hungern. Wie können Sie an einen guten Gott glauben, der so etwas geschehen lässt?" Sein Name war Daryl Hench. Ich sagte: „Herr Hench, wussten Sie, dass es auf der Erde genug für jeden Menschen zu essen gibt? Das WFP (Welternährungsprogramm der Vereinten Nationen) sagt aus, dass es genug Nahrung für jeden Menschen auf der Erde gibt; man kann nicht Gott die Schuld dafür geben, dass Menschen verhungern. Wir sind es, die das Essen nicht gerecht verteilen. In westlichen Gesellschaften wird Essen weggeworfen, über das die Dritte Welt glücklich wäre. Geben Sie also Gott niemals die Schuld für Hungersnöte. Er ist nicht dafür verantwortlich. Er hat versprochen, seinen Teil beizutragen, indem er dafür sorgt, dass Sommer, Winter, Frühling und Herbst immer wieder stattfinden, und er hat sein Versprechen gehalten. Wir sind es, die ihn im Stich lassen und den anderen nichts abgeben." Kriege und Hungersnöte werden also von den Menschen verursacht, nicht aber Erdbeben. Besorgt euch mein kleines Büchlein über die Naturkatastrophen, und warum Gott sie zulässt.

Jesus warnt uns vor Verführungen, wenn die Welt von Katastrophen heimgesucht wird. Wenn diese vier Zeichen eintreffen, müssen wir uns daran erinnern, dass Jesus sagte: „Lasst euch nicht verführen." Wenn die Welt von diesen Katastrophen erschüttert wird, werden falsche Messiasse auftreten. Es wird Menschen geben, die die Unsicherheit der Menschen ausnutzen und mit falschen Versprechen locken. Menschen werden denjenigen nachfolgen, die falsche Hoffnungen in Zeiten der Erschütterung machen. Das haben wir schon öfters gesehen. Wenn sich falsche Messiasse aufspielen, dann folgen verunsicherte Menschen ihnen nach. Normalerweise endet das in einer Katastrophe, aber so ist unsere Welt eben. Wenn die Welt von Kriegen, Hungersnöten und Erdbeben erschüttert wird, gibt Jesus uns den Rat: „Geratet nicht in Panik, habt keine Angst, lasst euch nicht durcheinanderbringen, wie die anderen Menschen, eure Herzen sollen nicht beunruhigt sein." Er sagt: „Es ist zwar schmerzhaft, aber es sind Geburtsschmerzen und keine Schmerzen des Todes. Es sind Wehen eines Neubeginns. Genauso wie eine Gebärende vor der Geburt Wehen hat, so wird auch diese Welt Wehen erleiden, bevor eine neue Welt geboren wird." Wenn ihr also in den Zeitungen von Katastrophen lest, dann sagt nicht: „Das ist das Ende!", sagt vielmehr: „Das ist der Anfang! Das sind Geburtswehen und keine Todesschmerzen." Und deshalb solltet ihr euch nicht erschüttern lassen, wenn eure Nachbarn beben. So sollte es zumindest sein, aber auch Christen werden erschüttert. Jesus sagte: „Keine Panik! Lasst euch nicht erschüttern." Das ist das erste Zeichen.

Das zweite Zeichen ist in der Gemeinde. So wie Jesus drei Zeichen in der Welt gegeben hat, so gibt es auch drei Zeichen in der Gemeinde. Das erste Zeichen ist Feindseligkeit: „Ihr werdet von allen Nationen gehasst werden." Das war noch nie der Fall, und es ist auch heute noch nicht so, aber es wird so kommen. In vielen Nationen wird die Gemeinde bereits gehasst. Es ist ein Vorrecht in einer Nation zu leben, wo Christen nicht gehasst werden; man mag sie vielleicht nicht besonders, aber sie werden nicht gehasst. Mit dem zweiten Zeichen sagt Jesus einen globalen Hass auf die Christen voraus, der natürlich zu Verfolgung führen wird. Die Mehrheit der Christen lebt jetzt schon unter Nationen, die ihnen das Leben schwer machen. Und diese Entwicklung schreitet stetig voran. Ich hätte nie gedacht, dass ich einmal in einem England leben würde, wo Christen unter Druck geraten, aber jetzt weiß ich es besser. Sie werden nicht nur in den Medien ausgelacht und verspottet, sondern zum ersten Mal in meinem Leben werden Menschen verhaftet, wenn sie unter freiem Himmel predigen. Sie werden beschuldigt, den öffentlichen Frieden zu stören, denn mit den neuen Gesetzen verlieren wir die Redefreiheit. Wenn diese Gesetze erst einmal richtig greifen, dann werden Christen das vorrangige Ziel sein. Deshalb sagte Jesus: „Die Gemeinde wird in jeder Nation angefeindet werden."

Er sagte außerdem: „Es wird zu einer Verkleinerung der weltweiten Gemeinde führen." Er sagte: „Die Liebe wird in vielen erkalten, und sie werden die Gemeinde verlassen." Die Gemeinde wird also eine zahlenmäßige Verkleinerung erfahren. Vor einigen Jahrzehnten, als die Christen in Russland noch unter großer Bedrängnis waren, traf sich einmal eine Gruppe von Christen heimlich zu Hause zum Gebet. Während der Versammlung stürmten zwei russische Soldaten mit Kalaschnikows diese Gebetsversammlung und schrien: „Wir werden euch töten." Die Christen starrten die russischen Soldaten an, welche riefen: „Wer kein Christ ist… raus hier!" Einige sprangen auf und rannten davon. Dann sagten die zwei Soldaten zu denen, die geblieben waren: „Könntet ihr uns jetzt bitte sagen, wie man ein Christ wird? Wir wollten nur sichergehen, dass jetzt wirkliche Christen mit uns reden." Was wäre mit uns, wenn Leute mit gezückten Gewehren unsere

Gebetsversammlungen stürmen würden? Wir wissen es nicht, aber in dieser Gebetsversammlung fand eine gewisse Dezimierung statt, und die wahren Christen blieben. Jesus sagte: „So wird es geschehen. Die Liebe der meisten wird erkalten." Die Sonntagschristen werden blitzschnell verschwinden. Wenn du das für einen Verlust hältst, höre dir die Worte Jesu an, die dann folgen: „Das Evangelium wird allen Völkern gepredigt werden." Das hört sich für uns vielleicht unlogisch an, nicht aber für Gott. Eine Gemeinde, die in der Verfolgung Menschen verliert, wird dann bereit sein, zu evangelisieren, denn sie ist gereinigt. Wisst ihr, wie viele Gemeindemitglieder in Amerika notwendig sind, um eine Person im Jahr für Christus zu gewinnen? Die Statistiken geben uns Auskunft: Dreiunddreißig. Als Gemeindewachstum kann man das nicht bezeichnen, oder? In England ist dieses Zahlenverhältnis sogar noch ausgeprägter. Aber Jesus sagt: Wenn Verfolgung kommt und sich die Anzahl der Gemeindemitglieder verringert, dann wird der Rest bereit sein, die Arbeit zu tun, und sie werden weitermachen. Das Evangelium wird in allen Völkern verkündet werden, und dann wird das Ende kommen.

Ich kann euch das auch beweisen. Überall in der Welt, wo die Gemeinde verfolgt wird, wächst sie. Anscheinend reinigt die Verfolgung die Gemeinde, und dann wächst sie. Das ist erstaunlich – durch Verfolgung wird die Gemeinde nicht ausgelöscht, sondern Verfolgung bewirkt, dass die Gemeinde wächst.

Jesus sagte also: „Lasst euch nicht verführen", aber beim zweiten Zeichen sagte er: „Lasst euch nicht durch falsche Propheten verführen."

In der Welt gibt es falsche Messiasse, und die Welt folgt ihnen, nicht aber die Christen. Wir wissen, dass Jesus der Messias ist und wir halten zu ihm. Aber in Zeiten der Verfolgung können falsche Propheten uns verführen, und

Jesus warnt uns davor: „Hört nicht auf falsche Propheten, wenn der Gemeinde all das widerfährt." Aus der Bibel wissen wir, was ein falscher Prophet ist. Sie prophezeien Frieden, wenn kein Friede da ist. Sie sagen: „Alles ist in Ordnung, keine Sorge." Sie predigen Ruhe und Genügsamkeit, wenn die Gemeinde in echten Schwierigkeiten ist. Man kann also von falschen Propheten sagen, dass sie trösten oder vertrösten, wenn sie eigentlich herausfordern sollten. Jesus sagte: „Hütet euch vor falschen Propheten, wenn ihr diese Dinge in der Gemeinde seht." Sein Rat ist, dass man ausharren soll. Halte durch und evangelisiere! Predige das Evangelium sogar denen, die dich verfolgen, und halte durch. An dieser Stelle sagt er auch: „Wer bis zum Ende durchhält, wird errettet werden." Jedes Mal, wenn Jesus uns ein Zeichen nennt und beschreibt, dann sagt er uns auch, worin die Verführung liegt und was sein Ratschlag ist. Es ist ein klares Muster.

Wir kommen jetzt zum dritten Zeichen, das er uns gegeben hat. Es ist spezifischer als die ersten Zeichen, und es ist auch noch nicht in Erfüllung gegangen. Es ist die Schändung im Nahen Osten – und zwar in Jerusalem selbst. Jesus zitiert dabei das Buch Daniel. Er erinnert seine Zuhörer an ein schreckliches Ereignis, von dem Daniel berichtete, dem „Gräuel der Verwüstung" im Tempel in Jerusalem. Diese Prophetie des Daniel ist bereits in Erfüllung gegangen, aber sie wird sich vor der Wiederkunft Jesu noch einmal erfüllen. Sie ging mit einem Mann namens Antiochus Epiphanes in Erfüllung. Er kam 160 Jahre vor Christus nach Jerusalem und tat schreckliche Dinge. Er ging zum Tempel und opferte Schweine auf dem Altar Gottes, wohl wissend, dass es unreine Tiere sind. Er füllte die Räume im Tempel mit Prostituierten, er entweihte einfach alles – zum Glück war nach dreieinhalb Jahren der Spuk vorbei.

Das war der „Gräuel der Verwüstung" von dem Jesus sprach: „Dieselbe Sache wird am Ende der Welt noch einmal passieren." Er bezieht sich auf den Antichristen in Jerusalem, der eine absolute Schändung begehen wird, indem er sich selbst als Gott bezeichnen wird. Das ist bisher noch nicht geschehen, aber es wird geschehen. Er wird ein völlig gotteslästerlicher und absolut grausamer Mann sein. Jesus sagte, dass dies zu solcher Bedrängnis führen wird, wie sie die Welt nie zuvor gesehen hat. Es wird eine schreckliche aber kurze Zeit sein. An dieser Stelle sagte Jesus: „Wenn diese Tage nicht verkürzt würden, würde niemand überleben." Dann warnt er erneut vor Verführung, und dieses Mal sagt er: „Es werden falsche Messiasse und falsche Propheten auftreten." Es wird eine Zeit sein, in der viele Menschen verführt werden, und deshalb müssen wir auf den Ratschlag hören, den Jesus uns gibt: „Rührt euch nicht vom Fleck, außer wenn ihr in oder in der Nähe von Jerusalem seid. Dann müsst ihr so schnell wie möglich fliehen." Aber er sagte auch: „Der Rest von euch soll sich nicht bewegen. Glaubt keinen Gerüchten. Lasst euch nicht von dem, was ihr hört, verführen. Gebraucht lieber eure Augen und haltet nach diesen Zeichen Ausschau." Dann zitiert er einen Spruch: „Wo der Leib ist, da sammeln sich die Raubvögel." Das ist eine Anspielung auf die falschen Messiasse und die falschen Propheten, die den Leib Christi gerne verzehren würden, wenn sie könnten.

Jetzt kommen wir zum vierten Zeichen, und dieses ist unmissverständlich. Alle Lichter am Himmel werden ausgeschaltet – Sonne, Mond und Sterne. Die Welt wird sich in totaler Finsternis befinden. Wer könnte dieses Zeichen missverstehen? Es ist die Vorbereitung auf den Blitz, der von Ost nach West zuckt, und der die Ankunft Jesu markiert. Genauso wie die Sonne sich beim Tode Jesu verfinsterte, werden sich Sonne, Mond und Sterne bei seiner Wiederkunft verfinstern, uns in Dunkelheit zurücklassen, wo wir auf das kommende Licht warten. Ein Blitz von Ost nach West wird den ganzen Himmel erleuchten. „Wenn ihr das seht", sagte Jesus „wenn ihr diese Dinge seht..." Zu diesem Zeitpunkt wisst ihr, dass er an der Türe steht und aus dem Hintergrund wieder die Bühne dieser Welt betritt.

Ich erinnere mich noch daran, wie ich als kleiner Junge das erste Mal in ein Theater mitgenommen wurde. Das Theaterstück habe ich vergessen, wahrscheinlich ein Weihnachtsspiel. Aber ich erinnere mich daran, wie nach und nach die Raumbeleuchtung ausgeschaltet wurde, bis wir in völliger Finsternis dasaßen. Mein kleines Herz klopfte – ich wartete darauf, dass irgendetwas passiert. Dann teilte sich der Vorhang, die Enthüllung geschah, und auf der hell erleuchteten Bühne stand die ganze Menge der Schauspieler und sang. War das ein aufregender Moment! Seitdem glaube ich zu wissen, was passiert, wenn Jesus wiederkommt. Das ganze Universum – alle Lichter des Hauses werden ausgeschaltet, und wir warten in der Dunkelheit, dass irgendetwas passiert. Dann teilt sich der Vorhang, und Jesus erleuchtet die ganze Welt mit seiner Herrlichkeit. Halleluja! Welch ein herrliches Ereignis das sein wird!

Wenn die Lichter ausgehen, wird dann Verführung stattfinden? Es wird alles viel zu schnell gehen. Keiner kann uns dann mehr verführen, denn wir werden vollkommen überzeugt davon sein, dass er im nächsten Augenblick kommt. Was war also sein Ratschlag? Es gab hierzu keinen. Den Jüngern wurde gesagt, dass sie nach oben sehen und warten sollen, dann würde Jesus kommen.

Wir haben jetzt einige Zeit mit diesen Zeichen verbracht, weil es das ist, was wir sehen werden, bevor er kommt. Er sagte, wenn ihr all das sehen werdet, dann wisst ihr, dass er nahe vor der Tür steht, und zwar nur, wenn ihr sie alle seht. Wir sehen noch nicht, dass die ganze Gemeinde in jeder Nation gehasst wird. Deshalb haben wir auch das zweite Zeichen noch nicht zur Gänze gesehen. Wir haben auch sicherlich noch nicht den „Gräuel der Verwüstung" in Jerusalem gesehen, und ganz sicherlich auch noch nicht den komplett verfinsterten Himmel. Es gibt immer noch natürliches Licht dort oben, aber irgendwann wird es dort oben keinerlei Licht mehr geben, dann werden wir es wissen. Unsere Herzen werden voll Erwartung sein: „Jetzt ist er endlich da!" Wir haben schon so lange gewartet.

Das ist meine Botschaft zu seinem zweiten Kommen, aber die große Frage ist: *Warum* kommt er zurück? Diese Frage stellen sich die Menschen nicht, obwohl ich mir wünschte, dass sie sie sich stellen würden. Ich denke, dass sie sich einfach darauf freuen, ihn von Angesicht zu Angesicht zu sehen. Aber *warum* soll er wieder auf die Erde kommen? Was hat er beim ersten Mal nicht getan? Weswegen muss er wiederkommen, was wird er dann tun? Und vor allen Dingen, warum leert er den ganzen Himmel, wenn er wiederkommt, denn es heißt, dass er alle Menschen, die in Christus gestorben sind, mit sich bringt? Alle bereits gestorbenen Heiligen – auch meine Tochter, meine Schwester, ihren Ehemann, meine Schwiegermutter und alle die jetzt in Christus sind – wird er wieder hierher zurückbringen. Warum, oh Herr? Ich will doch so gerne im Himmel bleiben. Warum bringst du mich wieder zurück auf diese Erde? Ich muss euch leider sagen, dass es unter den Christen eine große Spaltung bezüglich der Frage, *warum* er zurückkommt, gibt. Das Apostolische Glaubensbekenntnis, dem ich hier in meinen Ausführungen folge, liegt da leider auch falsch. Es besagt, dass er kommen wird, die Lebenden und die Toten zu richten. Ich glaube auch, dass er die Lebenden und die Toten richten wird, aber *nicht bevor* die Erde und der Himmel vergangen sind (Offenbarung 20,11).

Warum also bringt er bei seinem Kommen auf diese Erde alle Heiligen im Himmel mit sich? Das ist ein ziemlich großer logistischer Aufwand, der dazu notwendig ist. Warum benötigt er sie alle wieder hier auf der Erde? Es gibt eine große Spaltung unter den Theologen rund um den Globus. Eine Gruppe sagt, dass er zurückkommt, um zu richten, was aber nicht konform mit der Bibel ist. Die andere Gruppe sagt, dass er zurückkommt, um zu herrschen, um zu regieren – die Welt zu übernehmen, bis alle Nationen der Welt zum Volk Gottes und seines Messias geworden sind. Das ist es, wovon ich fest überzeugt bin. Wenn ihr eine weitere Frage stellt: „Wie lange wird er bei seinem zweiten Besuch bleiben?", dann meinen einige Christen anscheinend, dass es nur zwei Minuten sind, und dass er dann sofort wieder geht. Warum sollte er denn den Himmel leeren, alle mit hierherbringen und sie dann sogleich wieder mit nach oben nehmen? Das wäre in meinen Augen eine Zeit- und Energieverschwendung. Nein, ich glaube, dass er zurückkommt, um zu regieren und zu herrschen. Zum ersten Mal wird diese Welt eine christliche Regierung haben.

Er braucht diese Heiligen, damit sie ihm dabei helfen, die Welt zu übernehmen. Er wird den Thron auf dieser Welt einnehmen, und seine Heiligen werden mit ihm regieren; auch Israel wird mit ihm regieren, denn zu diesem Zeitpunkt werden sie ebenso gerettet sein. Die Heiligen werden diese Welt übernehmen. Teilweise habe ich Schwierigkeiten mit diesem Gedanken, denn wenn wir jetzt schon die Gemeinde nicht richtig führen können, wie können wir dann die Welt regieren? Wir müssen praktisch werden – wir werden die Nationen regieren, so wie Paulus es ausdrückt: „Wir müssen in der Lage sein, untereinander zu richten, denn wir werden die Nationen richten." Unsere zukünftige Bestimmung ist es, eine christliche Regierung über dieser Welt zu sein. Jesus sagte: „Wenn ich zurückkomme, dann möchte ich gerne sagen können: ‚Gut gemacht, du guter und treuer Knecht, gehe ein in die Freude deines Herrn. Ich werde dich über zehn Städte setzen.'" Er meinte das buchstäblich. Wir werden die Welt übernehmen: Wir werden über Banken bestimmen,

## DAS WUNDER SEINER WIEDERKUNFT

wir werden die Medien kontrollieren. Könnt ihr euch das vorstellen? Aber nicht in dem Zustand, in dem wir uns jetzt befinden – er hat noch viel Arbeit mit uns, um uns dafür fit zu machen, dennoch steht es so in der Bibel.

Ich möchte euch jetzt ein Kirchenlied vortragen, das ich als kleiner Junge sehr gerne sang. Vielleicht weil es eine sehr einprägsame Melodie hat, aber mein kleines Jungenherz wurde ganz ergriffen, obwohl ich Christus noch gar nicht kannte.

¾ Singet dem König, der kommt zu regier'n,
Singet zu Jesus, dem geschlachteten Lamm.
Leben und Rettung Sein Reich mit sich bringt,
Freude der Völker, wenn Jesus regiert.

Jeder bewohnet sein wundervoll Licht,
Getrennte Nationen seine Liebe vereint,
Wahrheit und Recht seinem Zepter entkeimt,
Böses wird enden, wenn Jesus regiert.

Wohlstand für alle sein Friedensreich bringt,
Freiheit wird blühen und Weisheit ohn' Gleich'.
Aus Feind wird ein Freund, wenn wir triumphier'n,
Schwerter zu Sicheln, wenn Jesus regiert.

Seelen errettet von Sünde und Tod,
Sein Zeugnis in uns kein Zweifel mehr trübt,
Kein Schrecken der Hölle, kein Stachel der Tod,
Siegreich die Liebe, wenn Jesus regiert.

Königreich Christi, sein Kommen erfleht!
Eile, oh Vater, das Morgenrot naht!
Neu ist das Lied, deine Schöpfung es singt.
Satan besiegt, weil nun Jesus regiert.

## DIE SIEBEN WUNDER SEINER WELTGESCHICHTE

Lasst mich dieses Kapitel beenden, indem ich euch noch etwas erzähle. Zwischen zwei Anschlussflügen hatte ich in New York einmal sechs Stunden Aufenthalt. Ich rief eines dieser gelben Taxis herbei und sagte: „Machen Sie mit mir eine Stadtrundfahrt, ich will aber auf alle Fälle das UN-Hauptquartier in Manhattan besuchen." Ich hatte von diesem riesigen Gebäude gehört, in dem sich die Vereinten Nationen versammeln, und ich wusste, dass es für Besucher geöffnet war. Das Taxi lieferte mich ab, und vor dem Haupteingang war ein großer Granitblock, auf dem ein halber Bibelvers eingraviert ist. Es ist immer etwas gefährlich, wenn man nur einen halben Bibelvers zitiert, wie ich euch gleich zeigen werde, aber so steht es nun einmal dort auf dem Granitblock: „Und sie werden ihre Schwerter zu Pflugscharen umschmieden, und ihre Speere zu Winzermessern. Keine Nation wird mehr ihr Schwert gegen eine andere Nation erheben, und sie werden den Krieg nicht mehr erlernen." Das steht in Jesaja, aber es ist nur der halbe Vers. Dann führte uns eine junge Dame in blauer Uniform durch das ganze Gebäude – durch den Saal der UN-Vollversammlung, den Saal des Sicherheitsrats, die Räume der einzelnen Kommissionen. Alle Räume waren mit Kunstwerken aus der ganzen Welt geschmückt. Es ist ein großartiges Gebäude. Nach zwei Stunden sagte die junge Dame in der blauen Uniform: „Meine Damen und Herren, die Führung ist beendet, auf Wiedersehen." Ich sagte: „Aber einen Raum haben Sie uns nicht gezeigt." Sie sagte: „Welchen Raum meinen Sie?" Ich beschrieb ihn ihr. Sie sagte: „Oh, dieser Raum ist für den Publikumsverkehr geschlossen, tut mir leid." „Aber ich bin extra deswegen hierhergekommen, um diesen Raum zu sehen." antwortete ich. Sie sagte: „Entschuldigen Sie vielmals, aber sie können diesen Raum nicht besichtigen, er ist geschlossen." „Aber ich komme den ganzen Weg aus dem kleinen England hierher, um diesen Raum zu sehen" fuhr ich fort. Irgendwie rührt es die amerikanische Seele an, wenn man aus dem kleinen England kommt. Sie wurde etwas freundlicher und sagte: „Gut, gehen Sie bitte in die Lobby und fragen Sie dort einen Wärter, damit er Ihnen diesen Raum zeigt." Ich ging also zur Lobby hinunter und da stand ein Zwei-Meter-Mann mit mehreren Pistolen im Halfter. Ich sagte: „Die junge Dame hat mir gesagt, dass Sie mir diesen Raum zeigen können." „Nein" sagte er „dieser Raum ist geschlossen, kein Publikumsverkehr." „Aber ich komme den ganzen Weg aus dem kleinen England hierher, um diesen Raum zu sehen." Er sagte: „Nun gut, wie lange wollen sie drinnen bleiben?" „Zwei Minuten reichen. Ich habe nur davon gehört, und wollte mich davon überzeugen, dass es wahr ist, was ich davon gehört habe." „In Ordnung." Er nahm einen Schlüssel vom Schlüsselbrett und führte mich quer durch die Lobby zu einer kleinen Tür. Er zeigte mir den Raum, und da sah ich ihn: Den Gott der Vereinten Nationen, den Gott, zu dem sie für den Weltfrieden beten.

Als das UN-Hauptquartier gebaut wurde, sagte der erste Generalsekretär: „Wir haben keinen Gebetsraum." Da bauten sie zwischen den beiden Flügeln des Gebäudes einen besonderen Raum. Er hat keine Fenster. Der Raum hat einen keilförmigen Grundriss und wirkt irgendwie hineingequetscht. Man hatte also einen Gebetsraum, aber dann begann die große Debatte: Was sollte man dort hineinstellen? Einige wollten ein Kreuz, andere wollten kein Kreuz. Die Hindus wollten Blumen, die Moslems wollten keine Blumen. Schließlich beauftragten sie einen Bildhauer und sagten: „Könnten Sie bitte mit all Ihrem Kunstgeschick etwas anfertigen, das all die Götter der Welt repräsentiert, und das wir dann in diesen Gebetsraum hineinstellen können?" Er ging von dannen und fertigte einen einfachen schwarzen Block an, der mit mattschwarzer Farbe angemalt ist, sodass es keinerlei Reflexionen gibt – man schaut sozusagen mit seinen Augen ins Nichts. Er präsentierte sein Werk den Vereinten Nationen und sagte: „Jeder kann dort hineinkommen, sich davor niederknien und sich dabei seinen eigenen Gott vorstellen." Dieser Block repräsentiert also alle Götter dieser Welt. Er hat keine klaren Umrisse, sodass er alles repräsentieren kann. Dann hat man noch Schemel und Gebetsteppiche um den Block herum verteilt.

Ich hatte davon gehört und dachte mir nur: „Das kann doch nicht wahr sein!", aber ich habe es mit eigenen Augen gesehen. Wenn ihr mir nicht glaubt, könnte ich euch ein Foto davon zeigen. Zu diesem großen schwarzen Block beten sie für den Frieden in unserer Welt. Ich wusste nicht, ob ich lachen oder weinen sollte; ich bin mir auch nicht mehr sicher, ob ich damals gelacht oder geweint habe. Zu einem Klotz für den Weltfrieden beten?!? Aber eigentlich steht das UN-Hauptquartier in der falschen Stadt. Der Text auf dem Granitblock vor dem Gebäude wird sich deshalb nie erfüllen. Die erste Hälfte des Satzes sagt nämlich: „Wenn der Herr in Zion regieren wird, wird er die Streitigkeiten der Völker schlichten, dann werden sie ihre Schwerter zu Pflugscharen umschmieden, und ihre Speere zu Winzermessern." Man darf die erste Hälfte des Verses nicht weglassen. Ich glaube, dass der Herr eines Tages in Zion regieren wird – in Jerusalem – und dort werden die Vereinten Nationen sein. Es wird eine internationale Abrüstung geben, und all das Geld, das wir für Gewehre, Bomben und Raketen ausgeben, wird für die Speisung und die Bekleidung der Hungrigen und Bedürftigen ausgegeben werden. Das ist kein Traum, Gott hat es versprochen. Es wird geschehen. Preis sei seinem Namen!

# 7

## Das Wunder seines
## GERICHTS

Für mein privates Bibelstudium benutze ich so viele Übersetzungen, wie ich nur bekommen kann, dabei finde ich manche moderne Übertragungen sehr anregend. In meinen Morgenandachten habe ich eine moderne Version der Psalmen gelesen. Hier nun gebe ich eine sehr zutreffende und erfrischende Version von Psalm 73 wieder:

> Darüber gibt es keinen Zweifel! Gott ist gut – er ist gut zu guten Menschen,
> gut zu denen, die ein gutes Herz haben.
> Aber fast hätte ich es verpasst,
> versäumt, seine Güte zu sehen.
> Ich suchte den falschen Weg,
> schaute zu den Menschen,
> die ganz oben sind,
> beneidete die bösen Menschen, die es geschafft haben,
> die sich um nichts sorgen,
> sich um nichts in dieser weiten Welt kümmern.
>
> Mit Arroganz, Stolz und Gewalttat
> kleiden sie sich wie mit den neuesten Modetrends,
> verhätschelt und überfüttert,

herausgeputzt mit seidenen Spitzen der Torheit.

Sie spotten und töten mit ihren Worten;

mit Worten boxen sie sich den Weg frei.

Mit nichts als heißer Luft,

stören sie lauthals den Frieden.

Aber die Leute hören auf sie – es ist kaum zu glauben.

Wie durstige Hundewelpen schlecken sie ihre Worte auf.

Was ist nur los? Hat Gott sich zum Mittagessen zurückgezogen?

Niemand kümmert sich um den Laden.

Die Bösen kommen einfach mit allem durch;

sie ziehen es tatsächlich durch, häufen sich Reichtum auf.

Ich wäre ja dumm, wenn ich mich weiter an Regeln hielte;

was bringt mir das noch?

Nichts anderes als eine ewige Pechsträhne ist das –

ein Schlag ins Gesicht, sobald ich vor die Haustüre gehe.

Aber wenn ich nachgegeben hätte und genauso reden würde,

dann hätte ich deine geliebten Kinder betrogen.

Ich bekomme immer noch Kopfschmerzen, wenn ich darüber nachdenke…

Bis ich endlich in das Heiligtum Gottes hineingegangen bin.

Dann wurde mir alles klar:

Du hast sie auf eine rutschige Straße gestellt,

wo sie mit großem Krachen in einem Graben der

Illusionen zerschellen.

## DAS WUNDER SEINES GERICHTS

Ein kurzer Augenblick, dann ist die Katastrophe da!

Eine unübersichtliche Kurve in der Dunkelheit, und –
ein Alptraum!

Wir wachen auf und reiben uns die Augen… Nichts ist
mehr übrig.

Keine Spur von ihnen. Nichts ist mehr da von ihnen.

Als ich frustriert und verbittert war

und von Neid zerfressen,

da habe ich absolut nichts verstanden, wie ein dummer Ochse

war ich in deiner Gegenwart.

Jetzt bin ich immer noch in deiner Gegenwart,

und du hast mich bei meiner Hand genommen.

Du hast mich weise und einfühlsam geleitet,

und dann hast du mich auch noch gesegnet.

Nichts anderes als Dich will ich im Himmel!

Nichts anderes als Dich will ich auf der Erde!

Wenn meine Haut faltig wird und meine Knochen brüchig,

dann ist Gott immer noch felsenfest und treu.

Begreift es endlich! Wer dich verlässt, um den ist
es geschehen!

Von den Abtrünnigen wird man nie mehr etwas hören.

Aber ich bin in der kostbaren Gegenwart Gottes,

das ist so erfrischend!

Ich habe Gott zu meinem Zuhause gemacht.

Gott, ich will der Welt verkünden, was du tust!

## DIE SIEBEN WUNDER SEINER WELTGESCHICHTE

Mein letztes Kapitel über die Wunder der Weltgeschichte Jesu handelt vom Tag des Gerichts. Es ist eine sehr ernste Angelegenheit, aber es ist das letzte, was Jesus für diese Welt, so wie sie jetzt besteht, tun wird. Es ist die zweithäufigste Vorhersage im Neuen Testament.

Die häufigste Vorhersage ist, dass er wiederkommen wird. Die zweithäufigste ist, dass er der Richter der ganzen Welt sein wird. Wir wollen ein paar beliebige Texte herausgreifen (ich halte mich jetzt also einmal nicht an meine eigenen Regeln): Apostelgeschichte 17,31: „Gott hat einen Tag festgesetzt, an dem er die Welt in Gerechtigkeit durch einen Mann, den er dazu bestimmt hat, richten wird." Paulus predigte das in Athen. Oder nehmen wir diesen: „Denn wir müssen alle vor dem Richterstuhl Christi erscheinen, damit jeder das empfängt, entsprechend den Dingen, die er während der Zeit im Leib getan hat, sei es nun Gutes oder Böses." Das war 2. Korintherbrief 5,10. Und hier noch einer aus dem Hebräerbrief 9,27: „So wie der Mensch dazu bestimmt ist, einmal zu sterben und danach vor Gericht zu eerscheinen...".

Es gibt also für jeden von uns zwei Termine in Gottes Terminkalender, deren Datum wir allerdings nicht kennen. Der erste Termin ist der Termin unseres Todes. Wenn der Herr nicht vorher wiederkommt, werden wir alle sterben – das ist sicher. Hat nicht einmal jemand gesagt, dass im Leben nur zwei Dinge feststehen – der Tod und die Steuern? Das ist zwar zynisch, aber dennoch wahr. Es steht fest, dass wir sterben werden, und Gott kennt den Termin, er steht in seinem Terminkalender. Aber es gibt später noch eine weitere Verabredung mit uns, und das ist der Gerichtstermin. Jeder Mensch muss sich an diese beiden Termine halten, die Gott für jeden einzelnen Menschen festgesetzt hat. Das erste Datum wird für jeden von uns zu einem anderen Zeitpunkt sein; aber das letzte Datum ist für uns alle dasselbe. Zum ersten Termin wird jeder für sich erscheinen; beim zweiten Termin werden wir alle erscheinen, allerdings nicht im Kollektiv, sondern als Individuen. Wenn die Bibel irgendetwas klarmacht, dann das, dass wir als Individuen gerichtet werden, nicht als Teil einer Familie oder als Teil einer Kirche, sondern als eigenständige Personen. Wir sollten uns immer an diese beiden Termine erinnern, deren Datum wir nicht kennen, aber die in Gottes Kalender feststehen. Das hat heilsame Auswirkungen auf uns und hat nichts Morbides an sich.

Wir sollten uns zwar immer wieder daran erinnern, aber wir vergessen beides nur allzu gerne. Wir würden den Todestag gerne noch etwas hinausschieben; wir vergessen gerne, dass wir sterben müssen. Wir besuchen die Begräbnisse anderer und denken nicht an unser eigenes Begräbnis. In unserer Stadt gab es einen Geschäftsführer eines Bestattungsunternehmens, der sein ganzes Leben lang Begräbnisse von anderen Leuten durchgeführt hat. Er sagte mir einmal, dass er kein einziges Mal daran gedacht habe, dass er selber sterben müsse. Ist das nicht erstaunlich? Erst als seine kleine Tochter, die unsere Sonntagsschule besuchte, eines Tages nach Hause kam und ihm von Jesus erzählte, begann er, über seinen eigenen Tod nachzudenken, und kam so schließlich zum Glauben an Christus. Ich erinnere mich noch an sein Lebenszeugnis. Er erzählte, dass er sozial geächtet wird. Wenn er den Leuten erzählt, dass er Leichen wäscht und einbalsamiert und ihnen dann die Hand schütteln will, dann wollen die Leute das normalerweise nicht.

Wie auch immer, wir müssen jetzt über den zweiten Termin, den Tag des Gerichts, nachdenken. Ganz instinktiv wünschen sich die Menschen, dass Gott richten soll. Es ist irgendwie widersprüchlich, dass sie einerseits selbst nicht gerichtet werden wollen, aber andererseits wollen, dass Gott richtet. Sie würden ihm gerne vorschreiben, wie er zu richten hat. Drei Dinge hätten sie gerne: „Du solltest uns sogleich richten; du solltest uns nach unseren Maßstäben richten; du solltest jeden außer mir richten." Die Welt hätte gerne, dass unter diesen Bedingungen gerichtet wird. Gott soll jetzt richten, mit den Bösen jetzt gleich ins Gericht gehen und sie bestrafen. Ich amüsiere mich immer, wenn man folgende Frage stellt: „Warum beseitigt Gott nicht alle bösen Menschen in dieser Welt und gewährt uns ein glückliches, freies und sicheres Leben?" Diese Forderung hat einen kleinen Schönheitsfehler, der darin besteht, dass man annimmt, übrig zu bleiben, wenn Gott alle bösen Menschen beseitigt. Eine gewaltige Annahme, aber sie ist leider falsch! Dank sei Gott, dass er die Welt nicht sogleich richtet. Dank sei Gott, dass er so geduldig ist. Dank sei Gott, dass er unsere Schlechtigkeit, unsere Rebellion und unseren Ungehorsam erträgt. Dennoch hat er einen Tag festgesetzt, an dem Rechenschaft gegeben werden, und an dem alles Falsche richtiggestellt werden muss, aber er ist sehr geduldig, und dafür kann man ihm nur danken.

Ich habe irgendwo gelesen, dass sechsundsechzig Prozent der Amerikaner sich sicher sind, dass sie in den Himmel kommen, und dass genauso viele Leute sich absolut sicher sind, dass sie jemanden kennen, der in die Hölle kommt. Das führt zu einem interessanten Problem: Die Zahlen passen nicht zueinander. Wir wollen immer, dass Gott die anderen richtet – wir selbst sind in Ordnung; ach, wenn Gott doch nur die anderen richten würde! Ihr wisst, dass wir andere Menschen gerne nach unseren Maßstäben richten. Und das ist auch der Grund dafür, warum wir meinen, andere Leute würden das Gericht Gottes verdienen, und nicht wir. Aber er richtet eben gerade nicht nach unseren Maßstäben.

Gott hat einen starken Sinn für Gerechtigkeit, aber er hält mit seiner Gerechtigkeit aus gutem Grund zurück und wartet. Der Grund ist ganz einfach: Um uns Zeit zur Buße zu geben. Ansonsten könnte er schon morgen einschreiten, die Welt richten, und jeden beseitigen, der die Welt für Gott, für jeden anderen und sogar für sich selbst verdirbt. Dann aber würde niemand übrigbleiben – niemand! Wir alle haben zu den Problemen dieser Welt beigetragen. Wenn also Gott jeden beseitigen würde, der die Welt schlechter macht, dann müsste er uns alle beseitigen – das ist die Wahrheit. Aber er ist Richter. Er ist der Gott des Gerichts und des Erbarmens; jetzt zeigt er uns Erbarmen, und später wird er Gerechtigkeit zeigen. Dank sei Gott, dass er es in dieser Reihenfolge macht, denn wenn er uns zuerst Gerechtigkeit zeigen würde, bliebe niemand mehr übrig, dessen er sich erbarmen könnte.

Er richtet die Welt nicht sogleich, sondern es wird ein Endgericht geben, nicht in diesem Leben, sondern nachdem wir gestorben sind. Die ganze Welt muss daran teilnehmen. Das bedeutet auch, dass jeder wieder lebendig werden muss. Die Bibel lehrt die Auferstehung des Leibes der Gerechten und der Ungerechten. Daniel sagte das, Jesus sagte das und Paulus sagt es. Jeder muss wieder lebendig werden, sogar diejenigen, die im Meer ertrunken sind – sie werden lebendig werden und gerichtet werden. Alle, die mit der Titanic ertrunken sind, werden daran teilhaben. Es muss Tausende von Menschen geben, die im Meer ertrunken sind, und deren Körper sich im Wasser aufgelöst haben und verschwunden sind. In der Titanic hat man übrigens kein einziges Skelett finden können, alle diese Menschen haben sich aufgelöst und sind verschwunden. Man hat zwar einige Stiefel gefunden, aber keine Füße, die darin steckten. Trotzdem werden all diese Menschen wieder da sein. Sie werden aus den Tiefen des Ozeans hervorgeholt werden und vor Gott stehen.

Gott zögert das Gericht also hinaus, um uns die Möglichkeit zur Buße zu geben, um Dinge zu bereinigen und das Gute und nicht das Böse zu erwählen. Deswegen kann man das Leid in dieser Welt auch nicht direkt der Sünde zuordnen. Das allgemeine Leiden in der Welt ist groß, und manchmal müssen auch die heiligsten Menschen leiden. Einige meiner besten christlichen Freunde sind an Krebs gestorben. Es gibt keine direkte Beziehung zwischen Sünde und Leiden in dieser Welt. Das führt natürlich zu Unruhe und Unzufriedenheit, denn wir leben in einer ungerechten Welt. Je eher wir uns damit abfinden, desto besser können wir damit zurechtkommen. Es ist eine ungerechte Welt. An den Maßstäben Gottes gemessen ist es eine böse Welt. Gericht und Strafe scheinen nicht in Beziehung zu den Taten der Menschen zu stehen; deswegen habe ich vorhin auch diesen Psalm vorgelesen. Der Psalmist sagt: „Ich wäre selbst fast glaubensmäßig ins Schleudern geraten, als ich sah, wie die Bösen überleben und wie der Unschuldige leiden muss, und, wie allem Anschein nach, die bösen Menschen auf der Karriereleiter nach oben steigen." Er sagte: „Fast wäre ich ausgeglitten, bis ich ihr Ende betrachtete, wo sie wirklich enden." Er sagte „Sie befinden sich auf einem schlüpfrigen Weg ins Nichts; sie sind noch viel schlimmer dran." Um so etwas sagen zu können, braucht man Glauben, man muss den Glauben behalten, wenn die Unschuldigen leiden müssen und die schlechten Menschen nicht leiden müssen.

Es ist ganz einfach: Es kommt ein Tag, an dem Gott wieder alles richtigstellt. Niemand in dieser Welt kommt ungestraft davon. In meinem Land können zwei Drittel aller Verbrechen von der Polizei nicht aufgedeckt, vor Gericht gebracht und gesühnt werden. Heutzutage macht sich Kriminalität in Großbritannien wirklich bezahlt. Die meisten Verbrecher werden nicht bestraft. Es gibt junge Männer, die in die Häuser von Rentnern einbrechen und neunzigjährige Großmütter berauben, und sie kommen einfach ungestraft davon.

Aber vor Gott kommt niemand ungestraft davon. Es wird ein Tag kommen, an dem alle diese Verbrechen in Büchern aufgezeichnet vorgefunden werden, und an dem die Leute mit ihrem Leben konfrontiert werden. Bei uns gab es einmal eine sehr bekannte Show im Fernsehen mit dem Namen „Das war Dein Leben". Bei dieser Show führte man eine Person durch ihre ganze Vergangenheit. Das war sehr spannend. Aber das Problem war dabei, dass man nur die erfreulichen Dinge gezeigt hat. Ich sprach mit denjenigen, die das Leben der Personen erkundet hatten. Sie berichteten, dass sie viele unerfreuliche Dinge in Erfahrung gebracht hatten, die man natürlich ausblenden musste. Nur so konnte man den Zuschauern lauter gute und nette Menschen präsentieren. Einen von ihnen kannte ich persönlich, er wurde abgelehnt, weil er gelogen hat und in Wahrheit ein Verbrecher war. Er trat in dieser Fernsehsendung „Das war Dein Leben" wegen angeblicher Heldentaten im zweiten Weltkrieg auf. Er wurde als Held dargestellt, aber wir Zuschauer wussten, wer er in Wirklichkeit war. Das war eine absurde Situation. Ich dachte mir dabei: „Was ist wohl mit all den anderen? Was wird man wohl bei all den anderen ‚Helden' insgeheim entdeckt haben?" Diejenigen, die die Nachforschungen angestellt hatten, legten auch Akten an „Nur für den geheimen Dienstgebrauch", die natürlich niemand zu Gesicht bekam. Aber es kommt der Tag, wo alles offenbar wird, was du im Leben so getrieben hast.

Gott wird dich mit einem Buch konfrontieren „Das war Dein Leben", worin auch die Dinge geschrieben sind, die du vergessen oder in dein Unterbewusstsein verdrängt hast. Jedes Wort, das wir ausgesprochen haben, jeder Gedanke, den wir gedacht haben und jedes Gefühl, das wir gefühlt haben, wird darin verzeichnet sein – aber vor allem jede Tat, die wir begangen haben. Wenn im Neuen Testament das Gericht zur Sprache kommt, dann ist genau davon die Rede. Du wirst nicht anhand deines Glaubens gerichtet werden; du bist durch den Glauben gerechtfertigt worden, – so hast du dein christliches Leben begonnen – jeder wird aufgrund seiner Taten gerichtet werden, was wir in diesem Leben und in diesem Körper während der Zeit zwischen Geburt und Tod getan haben, darauf richtet sich das Augenmerk beim Gericht. Wir sollen nach den Maßstäben Gottes gerichtet werden, und nicht nach unseren Maßstäben oder den Maßstäben anderer Menschen.

Wir werden nach den Erwartungen, die Gott für unser Leben gehabt hat, gerichtet werden. Sobald Menschen das von mir zu hören bekommen, bestürmen sie mich mit folgender Frage: „Was ist mit denen, die nie etwas davon gehört haben?" Darauf habe ich immer mit einer anderen Frage geantwortet: „Du willst also gerne Missionar werden?" Dann sagen sie: „Nein". Dann sage ich: „Ich dachte, dass du dir Sorgen um diejenigen machst, die noch nie davon gehört haben." In Wirklichkeit sind sie nämlich gar nicht um diejenigen besorgt, die noch nie etwas davon gehört haben, sondern sie versuchen, Gott zu kritisieren. Sonst würden sie nämlich tatsächlich Missionare werden und den Menschen, die noch nie das Evangelium gehört haben, davon erzählen. Sie wollen eigentlich nur argumentieren. Aber was glauben wir? Diejenigen, die das Evangelium Christi und seine Lehre gehört haben, werden aufgrund dessen gerichtet werden. Diejenigen, die es nicht gehört haben, sondern nur die Zehn Gebote (z.B. manche Juden, die nichts anderes kennen), werden aufgrund dessen gerichtet werden. Im Römerbrief Kapitel 2 lehrt Paulus ganz klar, dass man nicht aufgrund dessen gerichtet wird, was man nie gehört hat, sondern nach dem, was man gehört hat.

Die Bibel lehrt außerdem, dass Gott einige seiner Gesetze in das Gewissen eines jeden Menschen auf dieser Erde hineingeschrieben hat. Deshalb sind viele Maßstäbe von Gut und Böse bei allen Menschen gleich. In ihre Herzen ist hineingeschrieben, dass manche Dinge gut und manche Dinge böse sind. Sehr interessant ist auch, dass es ausreichen würde, wenn wir nach dem gerichtet werden würden, worin wir andere richten. Denn wegen unseres Gespürs dafür, was richtig und was falsch ist, erkennen wir bei anderen das Falsche sehr leicht. Allerdings erkennen wir es bei uns selbst so schwer. So oft verdammen wir andere gemäß unseren Maßstäben, dabei sollten wir selbst genau nach diesen Maßstäben gerichtet werden. Deshalb sagte Jesus auch: „Richtet nicht, damit ihr nicht gerichtet werdet", denn jedes Mal, wenn ich sage, dass ein anderer etwas falsch macht, stelle ich einen Maßstab auf, nach dem Gott mich richten wird. Es ist Heuchelei, wenn man andere richtet und sich selbst mit demselben Gesetz von Gut und Böse nicht richtet. Es scheint so, als ob jeder Mensch etwas vom Gesetz Gottes in sich trägt.

Nehmen wir ein Beispiel: Jeder Mensch in der Welt weiß, dass Kindesmissbrauch falsch ist. Auch Inzest ist in jeder menschlichen Gesellschaft geächtet – das ist wirklich interessant. Jesus hat es auch gelehrt. Er sagte: „Engel wachen über den Kindern, und es wäre besser für dich, wenn du mit einem Mühlstein um den Hals ins Meer geworfen würdest, als dass du eines dieser Kleinen verletzt. Gott passt genau darauf auf, was wir mit unseren Kindern machen. Und trotzdem sind im Internet Pädophile unterwegs, die Kinder zu Tausenden missbrauchen. Was denkt Gott wohl darüber? Jeder Mensch weiß, dass es falsch ist, und die Menschen, die es tun, tun es nur deshalb, weil sie meinen, dass niemand es erfahren wird. Das ist die große Gefahr des Internet, dass du es ganz privat anschauen kannst. Du meinst, dass niemand dir dabei zuschaut, und du dir alles ganz privat und geheim anschauen kannst. Aber Gott beobachtet dich und führt seine Aufzeichnungen, und es kommt in deinen Bericht. Ihr seht also, dass diejenigen, die Gott nicht fürchten, und die meinen, dass es ihn gar nicht gibt, heimliche Dinge tun, von denen sie wissen, dass sie falsch sind, aber die sie tun, weil sie meinen, dass sie davonkommen können und niemand etwas davon mitbekommt. Heutzutage kann man aber nachprüfen, wozu ihr euren Computer gebraucht habt, und hin und wieder sprengt die Polizei einen Pädophilen-Ring. Trotzdem weiß jeder Mensch ganz tief im Inneren, dass es falsch ist, Kinder als Sexobjekte zu missbrauchen. Gott hat es in unsere Herzen geschrieben.

Irrt euch nicht, Gott ist gerecht. Er ist nicht unfair. Er wird jeden Menschen nach dem richten, was er gewusst und was sie bei anderen verdammt haben. Das ist nur fair. Er wird nicht sagen: „Ich lehne dich ab, weil du dem Evangelium nicht gehorcht hast," wenn du das Evangelium nie gehört hast. Das wäre absolut ungerecht, aber wir können sicher sein, dass er uns nach dem, was wir wussten, was man uns gesagt hatte und was wir als richtig oder falsch erkannt haben, richten wird. Er wird jeden Menschen, der jemals auf der Erde gelebt hat, richten. Und deshalb lehrt die Bibel die Auferstehung aller Menschen, nicht nur der Heiligen. Jeder wird einen neuen, unsterblichen Körper bekommen, und das Gericht entscheidet, wo jeder mit diesem Körper leben wird.

Die Bibel spricht nicht nur von den Gesetzen Gottes, sie spricht auch über den *Zorn* Gottes. Das ist ein sehr wichtiges Thema im Neuen Testament. Ich möchte euch etwas über den Zorn Gottes erzählen. Es gibt zwei Phasen des Zornes Gottes. Eine Phase ist, wenn der Zorn siedet, und die andere ist, wenn er überkocht. Im Neuen Testament gibt es zwei verschiedene Worte dafür, und zwar wenn Gottes Unmut am Wachsen ist und das andere, wenn sich sein Zorn entlädt. Am Tag des Gerichts wird er überkochen, aber momentan ist er noch am Sieden, wie ein Topf Milch auf dem Herd. Du willst Milch heißmachen, du lässt den Topf aus den Augen und auf einmal siedet er nicht nur, sondern kocht über, wenn du nicht damit rechnest. Dann musst du den ganzen Dreck aufwischen – einen Herd mit eingebrannter Milch zu säubern, macht keinen Spaß; das kann ich euch verraten, ich habe meiner Frau schon dabei zugesehen! Aber das passierte ihr immer, wenn sie nicht dabeigestanden ist und aufgepasst hat, plötzlich kocht die Milch über und besudelt alles.

Es ist augenscheinlich, dass der Zorn Gottes momentan am Sieden ist. Wenn ihr den Römerbrief lest, findet ihr eine Beschreibung von dem, was passiert, wenn der Zorn Gottes in einer Gesellschaft siedet. Im Römerbrief 1 heißt es: „Wenn die Leute Gott aufgeben, dann gibt er sie auch auf" – was nur recht und billig ist. Wenn die Leute Gott aufgeben, und er sie aufgibt, dann werden die Zügel losgelassen; und die menschliche Natur wird nicht besser, sondern schlimmer, wenn Gott die Zügel schießen lässt. Ein Beispiel dafür, dass es schlimmer wird, ist die Zunahme von Homosexualität. Zuerst will ich etwas sagen, was euch vielleicht schockieren wird: Ich glaube, dass in jedem von uns Homosexualität vorhanden ist, und dass jeder dafür anfällig ist. Wenn die Schranken geöffnet sind, dann könnte jeder von uns darin gefangen werden. Der Mensch macht verschiedene Phasen durch, besonders in der Pubertät, in denen er vom gleichen Geschlecht angezogen wird. Zum Beispiel verliebt man sich als Junge in einen Lehrer oder als Mädchen in eine Lehrerin. So etwas gibt es. Es gehört zu unserer gefallenen Natur, Sexualität auf andere als die von Gott vorgesehene Art und Weise auszuüben. Wir sind alle anfällig dafür, nur dass bei den meisten von uns diese Neigung durch viele Einflüsse zurückgehalten wird, z.B. durch soziale Schranken. Aber wenn erst einmal die Bremsen gelöst sind, dann sind wir zu allem imstande.

Ich erinnere mich noch daran, wie uns einmal Richard Wurmbrand besuchte. Er war ein jüdischer Pastor in Rumänien, der lange Zeit im Gefängnis gewesen ist. Wir führten ein sehr ernsthaftes Gespräch. Er schaute mir ins Gesicht und sagte: „David, ich könnte ein Mörder sein." Ich schaute ihn an; er war so ein netter Mann. Er war so nett, dass sich unsere drei Kinder sofort in ihn verliebten und auf seinem Schoß Platz nahmen. Als er sagte: „David, ich könnte ein Mörder sein," sagte ich: „Richard, wie willst du das wissen?" Er sagte: „Ich war in Rumänien im Gefängnis in einer Zweimannzelle, der andere Mann war ein Christ. Sie folterten ihn jeden Tag und versuchten ihn dazu zu bringen, Christus zu verleugnen. Dann warfen sie ihn wieder in die Zelle; blutend und geschunden sackte er auf seiner Pritsche zusammen. Tag für Tag folterten sie ihn, damit er Christus verleugnet." Er sagte: „Eines Tages warfen sie ihn wieder zurück in die Zelle, und er war so schwach, dass er sagte: ‚Richard, ich halte es nicht mehr aus. Ich habe solche Schmerzen, ich kann es nicht länger ertragen. Ich weiß es, morgen werde ich Christus verleugnen, ich kann nicht mehr länger durchhalten.'" Richard lag in dieser Nacht wach in seiner Zelle und dachte: „Morgen wird er Christus verleugnen." Dann kam Richard ein Gedanke: „Wenn ich mich heute über ihn lege und ihn erwürge, dann wird er im Himmel sein, ohne Christus verleugnet zu haben." Er ging zur Pritsche seines Freundes und legte seine Hände um seinen Hals. Der Mann öffnete die Augen und sagte: „Richard, was machst du da?" Richard sagte: „Ich wollte dich töten, damit du in den Himmel kommst, ohne Christus verleugnet zu haben." Dieser Mann hat Christus niemals verleugnet. Er wurde so lange gefoltert, bis er starb, aber er hat Christus nicht verleugnet. Aber Richard blieb mit der Gewissheit zurück, dass er zum Mörder hätte werden können. Er wusste, dass er einen Menschen ermorden würde, wenn nur genug Druck auf ihn ausgeübt wird. Er sagte, dass ihm nun klar war, dass alle Sünden in jedem Menschen stecken – aber durch unsere Erziehung und unsere Gesellschaft werden wir von den Sünden abgehalten.

Es ist also vor allem Gott, der unsere gefallene Natur bremst. Aber wenn Gott seinen Geist von uns und von unserer

## DAS WUNDER SEINES GERICHTS

Gesellschaft wegnimmt, dann werden wir von Gewalt und pervertiertem Sex überschwemmt. So erkennen wir, dass der Zorn Gottes in unserer westlichen Welt am Sieden ist. Er ist noch nicht übergekocht. Die Bibel sagt, dass es einen Tag des Zorns geben wird, wenn dieser Zorn überkocht. Diejenigen, die das Sieden des Zornes beobachten, die die Symptome in der Gesellschaft erkennen, sehen das Auseinanderbrechen von Familien und die Verrohung der Gesellschaft. Lest den Römerbrief Kapitel 1, dort werdet ihr alle Symptome einer Gesellschaft finden, über die Gott bereits zornig ist, obwohl sein Zorn erst siedet. Eines Tages, am Tag des Zorns, kocht er über, und Gott wird mit jedem gerecht verfahren. Wir leben in einer ungerechten Welt, einer ungerechten Gesellschaft, aber eines Tages wird Gott sich um all das kümmern. Falsches wird richtiggestellt und gerichtet. Das ist der Tag seines Gerichts.

Jetzt wollen wir etwas weitergehen. Es mag viele überraschen, dass nicht Gott selbst es ist, der die Menschheit richten wird. Wenn der große weiße Thron erscheint, und alle Welt vor diesem Thron steht, wird nicht Gott auf diesem Thron sitzen. Wer aber wird die Welt richten? Gott hat ganz wohlüberlegt das Gericht einem Mann namens Jesus übergeben. Jesus, der Retter, wird auch der Richter sein. Viele Menschen schauen nur auf das erste Kommen Jesu als Retter und meinen, dass sie Jesus kennen, aber die Bibel spricht auch über sein zweites Kommen als Richter. Es ist derselbe Jesus, diesmal aber mit einer ganz anderen Mission. Das erste Mal kam er, um zu retten, aber das zweite Mal wird er kommen, um uns zu richten. Das ist die ganze Wahrheit über Jesus.

Aus diesem Grund ignorieren viele Christen das Buch der Offenbarung, denn es spricht davon, dass Jesus die Welt richtet, und nicht davon, dass er sie rettet. Im Buch der Offenbarung heißt es, dass die Welt vor ihm ängstlich zurückweichen und zu den Bergen rufen wird, dass sie sie bedecken mögen, um sie vor dem Angesicht Jesu zu verbergen. Welch außergewöhnliche Situation! Es ist derselbe Jesus, aber jetzt zeigt er eine ganz andere Seite seines Charakters, obwohl es eine Seite ist, die er schon immer hatte. Sie zeigte sich, als er voller Zorn den Tempel reinigte; sie zeigte sich, als er einen Mann mit einer verdorrten Hand heilte, und sie ihn dafür kritisierten, und er voller Zorn auf sie blickte, als sie ihn kritisierten, weil er ihn an einem Sabbat geheilt hatte. Selbst bei seinem ersten Kommen gab es leichte Anzeichen seines Zorns, aber eben nur ganz leichte. Wenn er zum zweiten Mal kommen wird, dann wird dieser Zorn offenbar. Die Menschen werden schockiert sein, dass dieser Jesus, den man ihnen in der Sonntagsschule als freundlichen und milden Jesus beschrieben hatte, nun mit seinen Feinden so verfährt. Wer also, wenn es nicht Gott ist, wird der Richter sein? Die christlichen Glaubensbekenntnisse liefern die eindeutige Antwort, dass es Jesus sein wird..., und das ist ein großer Unterschied. Es bedeutet nämlich, dass er berechtigt ist, zu richten – denn er war in unserer Welt; er wurde genauso wie wir bedrückt; er wurde in allen Punkten – so wie wir – versucht. Wenn es irgendjemanden gibt, der das Recht hat, die Menschheit zu richten, dann ist es Jesus, und alle Welt wird vor ihm den Mund schließen.

Aber nicht nur das, Jesus wird alles über uns wissen. Das hat auch die Frau am Brunnen in Samaria überrascht: „Du hattest fünf Männer, und der Mann, mit dem du jetzt zusammenlebst, ist nicht dein Ehemann." Sie war darüber erschüttert, dass er alles über sie wusste. Jesus weiß auch alles über mich; er weiß alles über dich. Ich möchte euch jetzt etwas ganz Persönliches von mir erzählen: Ich habe meine Lebensgeschichte geschrieben. Ich habe sie genannt: *„Nicht so schlimm wie die Wahrheit"*, was ein lustiger Titel für eine Autobiographie ist. Aber vor einigen Jahren gab es in Wales ein paar Leute, die Gerüchte über mich in die Welt setzten, die überhaupt nicht der Wahrheit entsprachen; es waren Lügen. Und weil Menschen gerne etwas Schlechtes glauben, verbreiteten sich diese Gerüchte in ganz England. Ich erhielt Briefe mit folgendem Inhalt: „Lieber Herr Pawson, es tut uns sehr leid, aber wir müssen die Veranstaltung mit Ihnen leider absagen." Man sagte mir nie warum, aber ich wusste, dass es wegen dieser Gerüchte war. Für meine Frau war das sehr schmerzlich. Sie wusste, dass nichts davon wahr ist, und sie beklagte sich beim Herrn darüber.

Ich sagte: „Herr, es tut nicht nur weh, dass sie Lügen erzählen, auch mein Dienst wird beschädigt, und geöffnete Türen schließen sich wieder." Wisst ihr, was der Herr mir sagte? Er sagte: „David, das Schlimmste, was sie über dich sagen können, ist nicht so schlimm wie die Wahrheit." Wisst ihr was? Ich musste vor Erleichterung laut lachen, weil meine Widersacher nicht die Wahrheit wussten. Dann fügte der Herr hinzu: „Ich weiß das Schlimmste von dir, und trotzdem liebe ich dich und gebrauche dich." Das war eine Erleichterung. Ich ging in die Küche und sagte meiner Frau: „Weißt du, was der Herr gerade zu mir gesagt hat? Er sagte einfach: ‚Das Schlimmste, was die Menschen über dich sagen, ist nicht so schlimm wie die Wahrheit.'" Auch meine Frau kringelte sich vor Lachen – und die ganze Lage entspannte sich wieder. An diesem Tag beschloss ich, meiner Lebensgeschichte, wenn ich sie einmal aufschreiben würde, den Titel *„Nicht so schlimm wie die Wahrheit"* zu geben. Ich erkannte, dass der Herr wirklich alles über mich weiß. Habt ihr auch schon erkannt, dass er nicht nur alles weiß, sondern dass er auch alles in seinen Büchern verzeichnet hat?

Eines Tages werden diese Bücher geöffnet werden, und zwar nicht nur vor dir, sondern in aller Öffentlichkeit, denn Gottes Gerechtigkeit muss öffentlich sichtbar werden. Dem Tag des Gerichts werden wir ganz persönlich entgegengehen, aber es wird in aller Öffentlichkeit geschehen, alle werden dein Leben betrachten können. Diese Tatsache sollte uns nüchtern werden lassen. Bücher werden geöffnet, all unsere Taten werden offenbar werden; sogar das, was insgeheim in unserem Schlafzimmer gesprochen wurde, wird von den Hausdächern ausgerufen werden. Das ist der Tag des Gerichts.

Wer kann dann überhaupt freigesprochen werden? Wer kann an diesem Tag überhaupt für unschuldig erklärt werden? Ehrlich gesagt: Niemand. Ich habe noch niemanden kennengelernt, der sich darauf freut, dass sein ganzes Leben vor der Öffentlichkeit ausgebreitet wird. Jeder von uns hat seine Geheimnisse. Jeder von uns bereut Dinge, die niemand erfahren soll. Es gibt jedoch an diesem Tag zwei Gruppen von Menschen – die einen werden freigesprochen, und die anderen werden für schuldig erklärt. Zu den einen wird Jesus sagen: „Kommt her, ihr Gesegneten meines Vaters, erbt das Königreich." Zu den anderen wird er sagen: „Geht von mir hinweg, ihr Verfluchten, an den Ort, der für den Teufel und seine Engel bereitet ist." Könnt ihr erkennen, dass dieser Ort niemals für menschliche Wesen vorbereitet wurde? Er wurde für den Teufel und seine Engel vorbereitet, denn Jesus ist für keinen einzigen Engel gestorben. Aus der Bibel wissen wir, dass im Himmel ein Drittel der Engel von Satan angeführt, der auch ein Engel ist, rebelliert haben. Wir nennen die Engel, die ihm nachgefolgt sind, Dämonen, aber sie sind und waren nichts anderes als gefallene Engel. Für Engel gibt es keine Rettung und keine Vergebung. Deswegen musste Gott einen Ort zubereiten, wo er sie abliefern kann, denn Engel sind unsterblich. Die Hölle wurde für sie vorbereitet und für keinen einzigen von uns. Trotzdem werden wir, wenn wir an diesem Tag nicht freigesprochen werden, damit bestraft, mit dem Teufel und all seinen Engeln die Ewigkeit dort zu verbringen.

Ich kann mir nichts Schlimmeres vorstellen, als zu wissen, dass keine Hoffnung besteht, diesem Ort zu entkommen.

## DAS WUNDER SEINES GERICHTS

Deswegen hat Jesus auch immer mit drastischen Worten darüber gesprochen – „Heulen und Zähneknirschen." Das zeigt eine Mischung von Reue und Frustration an: Zähneknirschen zeigt an, dass ihr dort nicht mehr herauskommt, wissend, dass es für immer sein wird. Aus diesem Grund habe ich auch ein Buch über die Hölle geschrieben: *„Der Weg zur Hölle"*. Leider glauben immer weniger Prediger heutzutage noch an die Hölle. Sie predigen auch nicht mehr darüber; sie lehren nicht mehr darüber. Sie reden über die „bedingungslose Liebe Gottes", die nie zulassen wird, dass irgendjemand in die Hölle geworfen wird. Aber Jesus sagte mehr über die Hölle als jede andere Person in der Bibel. Alles, was ich über die Hölle weiß, habe ich von Jesus gelernt. Aus seinem Mund erfahren wir die Wahrheit, und zwar die ganze Wahrheit.

Also, hört zu: Es heißt, dass an diesem Tag Bücher geöffnet werden, die Bücher unseres Lebens, in denen alles verzeichnet ist, was wir in unserem Körper, das heißt in dieser Welt getan haben. Aber es wird noch ein anderes Buch geöffnet werden. Es ist nicht unser Buch, es wird „Das Buch des Lebens des Lammes" genannt. Es ist sein Buch und darin stehen Hunderte über Hunderte von Namen, und dennoch ist es sein Buch. Das Buch dessen, der als Einziger auf dieser Erde Satan nie nachgegeben hat. Jesus wurde in allem versucht, genauso wie wir, jedoch hat er nie gesündigt. Es ist das Buch von Jesus, und es ist das einzige Buch, das von Gott akzeptiert wird. In diesem Buch stehen aber auch Hunderte von Namen, und ich vertraue darauf, dass auch euer Name dort verzeichnet ist, denn an dem Tag, an dem dieses Buch geöffnet wird, werden die anderen Bücher geschlossen. Wenn euer Name im Buch des Lebens des Lammes steht, dann wird dieser Tag euch nichts anhaben.

Wie aber kommt euer Name in das Buch des Lebens des Lammes? Ganz einfach, wenn eure Sünden vergeben worden sind, und dann, weil Jesus für euch gestorben und für eure Sünden bereits bezahlt hat, könnt ihr freigesprochen werden, aus Gottes Sicht gerechtfertigt, dann seid ihr dort in seinem Buch.

Es gibt natürlich noch mehr dazu zu sagen. Ich habe euch gesagt, wie euer Name in dieses Buch des Lebens, das Buch des Lebens des Lammes hineinkommt – aber wisst ihr, dass das Buch des Lebens nur vier Mal in der ganzen Bibel erwähnt wird, und dass drei Mal die Rede davon ist, dass Namen wieder daraus entfernt werden können?

Und deshalb muss ich einen zweiten Punkt ganz klar betonen. Ich habe euch gesagt, wie euer Name in das Buch *hineinkommt*, aber wie *bleibt* euer Name *darin stehen*, denn drei Erwähnungen in der Bibel handeln davon, wie Namen aus diesem Buch entfernt werden? Er kann wieder ausradiert werden. Gott hat durch Jesus im Buch der Offenbarung Kapitel 3 ein Versprechen abgegeben: „Gesegnet ist, der überwindet. Sein Name wird nicht aus dem Buch des Lebens ausradiert werden." Wenn durch Sprache überhaupt irgendetwas ausgedrückt werden kann, dann dieses: Die Namen von Gläubigen, die nicht überwinden, werden ausradiert. Das ist ernst. Ihr wisst, dass eure Namen in dieses Buch hineingeschrieben wurden, als euch die Sünden vergeben wurden, aber schaut zu, dass sie auch darin stehenbleiben. Sagen wir es noch auf eine andere Weise. *Vergebung* sorgt dafür, dass euer Name in dieses Buch hineinkommt, aber *Heiligkeit* sorgt dafür, dass er darin stehenbleibt. Ihr braucht Heiligkeit genauso wie Vergebung. Das sind die beiden größten Anforderungen an das menschliche Herz, um für Gottes neue Welt gerüstet zu sein. Am Ende der Offenbarung heißt es, dass nicht alle Gläubige den neuen Himmel und die neue Erde erben werden, sondern nur diejenigen, die überwinden.

Was bedeutet „überwinden"? Es bedeutet, dass man die

## DAS WUNDER SEINES GERICHTS

Bedrängnisse von außen und von innen überwunden hat, die Verfolgung von außen und die Versuchung von innen. Wer beides überwindet, wird den neuen Himmel und die neue Erde erben. Lest dazu Offenbarung Kapitel 21. Die klein beigeben und sich nicht durchsetzen, sondern untergehen – deren Namen werden aus dem Buch des Lebens ausgelöscht. Ich bete, dass mein Name und eure Namen immer noch darin enthalten sind, wenn der große Tag kommt. Gott weiß nicht nur, dass uns vergeben worden ist, sondern wir selbst jagen der Heiligung nach, ohne die niemand den Herrn sehen wird.

Meine Worte sind ernst. Gericht ist ein ernstes Thema und ich schließe mit diesem ernsten Thema. Die gute Nachricht ist, dass Gott uns nicht sagt: „Ich schenke euch Vergebung, und ihr müsst Heiligkeit hervorbringen." Das wäre Vergebung *anbieten* und Heiligkeit *einfordern*. Aber in meiner Bibel steht, dass Gott sowohl Vergebung als auch Heiligkeit schenkt; beides sind Geschenke, aber beide muss man sich aneignen. Beides ist für euch da. Euer Name wird eingeschrieben, wenn ihr seine Vergebung empfangt; und ihr behaltet euren Namen dort, wenn ihr bereit seid, seine Heiligkeit zu empfangen. Beides wird euch angeboten; beide werden umsonst im Evangelium Jesu Christi angeboten, und beide sind notwendig. Wenn also der Tag kommt, mögen eure Namen und mein Name im richtigen Buch stehen. Ich möchte nicht, dass mein Name in *meinem* Buch steht, ich will ihn dort nicht sehen. Ich will, dass mein Name in *seinem* Buch steht und für alle Ewigkeit dort stehenbleibt.

Wir wollen mit einem Wort aus der Offenbarung schließen: „Wenn jemandes Name nicht im Buch des Lebens gefunden wird, dann wird er in den Feuersee geworfen werden." Gott möge gewähren, dass das niemals über uns gesagt werden wird. Amen.

# NACHWORT
# Deine Geschichte?

Ein deutscher Pastor erzählte mir einmal seine ungewöhnliche Geschichte. Als Junge war er der Hitlerjugend beigetreten. Er wurde von einem Offizier befragt. Die Befragung lief folgendermaßen ab:

„Junge, wo lebst du?" „In Hamburg." „Ich habe gefragt: ‚Wo lebst du?'" „In Deutschland?" „Falsche Antwort! Wo lebst du?" „Im Dritten Reich." „Immer noch falsch." „Ich weiß nicht, was ich Ihnen antworten soll." „Von nun an musst du sagen: Ich lebe in Hitler." Von diesem Moment an lebte er durch, mit und für seinen Führer. Er kämpfte im zweiten Weltkrieg in der Wehrmacht, wurde von den Briten gefangengenommen und kam in ein Gefangenenlager in Ostengland. Ein Einheimischer kam zu ihm, sprach mit ihm durch den Stacheldrahtzaun und gab diesem hungrigen Gefangenen, der fern von der Heimat interniert war, sogar etwas von seiner kargen Essensration. Als den Gefangenen später erlaubt wurde, auf den umliegenden Bauernhöfen zu arbeiten, konnte er seinen neuen Freund und Wohltäter ausfindig machen. Es stellte sich heraus, dass er ein methodistischer Laienprediger war. Er teilte ihm das Evangelium mit, führte ihn zur Buße und zum Glauben. Heute ist er in seiner Heimat selber ein Pastor in einer Kirche. Er sagte mir: „Ich lebte einst in Hitler," dann fingen seine Augen an zu strahlen und er fügte hinzu: „aber jetzt lebe ich in Christus."

Die kürzeste und einfachste Definition für einen Christen

ist: jemand der „in Christus" ist. Evangelisten können es nicht lassen und drängen ihre Zuhörer, „Jesus in ihr Leben einzuladen", „ihn kommen und ihn in ihren Herzen wohnen zu lassen". Aber das erweckt den Eindruck, dass Jesus kleiner als wir ist, obwohl er doch viel größer ist. Es ist wahr, dass Paulus einmal (und nur einmal) sagte: „Christus in uns"; aber viel öfter hat er es anders herum ausgedrückt, und schrieb über sich und seine Leser, dass sie „in Christus" sind. Es wäre also angemessener, wenn man die Leute dazu drängt, dass sie in *sein* Leben kommen, als dass sie ihn bitten, in ihres zu kommen.

Bis jetzt habe ich euch nur die halbe Geschichte erzählt: Wie er sich mit uns identifiziert hat, wie er unser Menschsein in seinem Leben und unsere Unmenschlichkeit in seinem Tode erfahren hat. Du aber, lieber Leser, musst die Geschichte selbst zu Ende schreiben, indem du dich mit ihm identifizierst. Mehr *über* ihn zu erfahren als bisher, das ist die eine Sache; aber *ihn* besser kennenzulernen, ist eine andere Sache. Ich meine damit, ihn persönlich kennenzulernen, mit ihm zu reden. Eigentlich könntest du jetzt einmal das Buch zur Seite legen und genau das tun, indem du erkennst, dass er alles das getan hat, tut und weiter tun wird, um dich vor dir selbst zu retten. Diese traurige und sündige Welt wird dir genügend Gesprächsstoff bieten, um mit ihm darüber zu reden, und sei es nur ein dickes „Danke schön" und ein ganz tiefes „Entschuldigung" dafür, dass du es noch nicht eher erkannt hast.

Aber bitte ihn vor allem darum, dass du dein Leben mit dem seinen tauschen kannst. Um mit Paulus zu sagen: „Gott machte ihn, der keine Sünde kannte, zur Sünde für uns, so dass wir in ihm die Gerechtigkeit Gottes sein sollen." (2. Korinther 5,21). Was für ein Tausch! Unsere Sünde für seine Gerechtigkeit, unser Leben für seines.

Das Erstaunlichste dabei ist, dass alles, was du über

## NACHWORT DEINE GESCHICHTE?

ihn gelesen hast, auch deine Geschichte wird! Die sieben Wunder werden auch auf alle, die Jesus nachfolgen, vollständig angewendet.

Sie sind aus dem Heiligen Geist geboren (Johannes 3,5; Titus 3,5).

Sie sind mit Christus gekreuzigt (Galater 5,24; Kolosser 3,3).

Sie sind mit ihm begraben (Römer 6,4; Kolosser 2,11.12).

Sie sind mit ihm auferstanden (Kolosser 3,1).

Sie sind mit ihm in den Himmel aufgefahren (Epheser 2,6).

Sie werden mit ihm zurückkehren (1. Thessalonicher 4,14).

Sie werden mit ihm richten (1. Korinther 6,2).

Versuche beim Lesen, das „sie" mit einem „ich" zu ersetzen. Fühlt sich das gut und beruhigend an? Ist seine Geschichte für dich passend? So sollte es jedenfalls sein. So war es vom Himmlischen Vater vorgesehen. Eigentlich hat er uns nur deshalb geschaffen, weil er seinen einzigen Sohn so geliebt und Gefallen an ihm gefunden hat, dass er sich eine größere Familie gewünscht hat, vorausgesetzt wir geraten so wie er (Römer 8,29). Wenn also sein Leben zu unserem wird, dann wird Gott sein Wohlgefallen an uns haben, so wie er es an ihm hat (Matthäus 3,17). Habt ihr bemerkt, dass ich jetzt die Schriftstellen angebe (Buch, Kapitel, Vers)? Das hätte ich die ganze Zeit schon machen können, aber ich habe es unterlassen, damit ich den Erzählfluss nicht ständig unterbreche. Jetzt will ich aber, dass ihr wisst, woher ich all das habe. Ohne meine Bibel wüsste ich absolut nichts von diesen „sieben Wundern". Weil ich regelrecht über der Bibel brüte, meinen Verstand, meine Gefühle, meine Vorstellungskraft und jede brauchbare Information, die ich irgendwoher bekommen kann, verwende, bin ich in der Lage, euch „die großartigste Geschichte aller Zeiten" zu erzählen.

Um euch dabei zu helfen, dieselben spannenden Entdeckungen zu machen, habe ich ein anderes, viel dickeres Buch mit dem Namen „Schlüssel zur Bibel" geschrieben, in dem ich alle sechsundsechzig Bücher der Bibel auslege, so wie Gott es mir gezeigt hat. Eigentlich fügt jedes Buch noch etwas zum Bild von Jesus, so wie er wirklich ist, hinzu. Als er sagte, dass „die Schriften" auf ihn hinweisen, bezog er sich nur auf das Alte Testament; denn vom Neuen Testament war noch nichts geschrieben worden (Johannes 5,39). Wenn ihr also dieses vorliegende Buch erhellend findet, dann wäre jenes Buch eine gute Folgelektüre. Genauso spannend wie es für mich war, es zusammenzustellen, war es für Tausende von Lesern faszinierend, es zu lesen.

Möge deine Geschichte, so wie seine, ein glückliches Ende nehmen (Hebräer 12,2), abgesehen davon, dass seine Geschichte niemals enden wird. Auch deine muss nicht enden. Du kannst für immer und ewig glücklich in ihm leben.

www.ingramcontent.com/pod-product-compliance
Lightning Source LLC
Chambersburg PA
CBHW071607080526
44588CB00010B/1048